智慧交通关键技术与应用系列丛书

交通仿真及驾驶模拟联动关键技术与应用

刘 浩 边 扬 李 佳
马凌飞 高景伯 霍俊江 编著

中国建筑工业出版社

图书在版编目（CIP）数据

交通仿真及驾驶模拟联动关键技术与应用 / 刘浩等编著. —北京：中国建筑工业出版社，2023.11
（智慧交通关键技术与应用系列丛书）
ISBN 978-7-112-29413-8

Ⅰ.①交… Ⅱ.①刘… Ⅲ.①交通系统—系统仿真 Ⅳ.① U491.2-39

中国国家版本馆 CIP 数据核字（2023）第 241229 号

责任编辑：李玲洁
责任校对：芦欣甜

智慧交通关键技术与应用系列丛书
交通仿真及驾驶模拟联动关键技术与应用
刘　浩　边　扬　李　佳　马凌飞　高景伯　霍俊江　编著

*

中国建筑工业出版社出版、发行（北京海淀三里河路9号）
各地新华书店、建筑书店经销
北京点击世代文化传媒有限公司制版
天津画中画印刷有限公司印刷

*

开本：787毫米×1092毫米 1/16 印张：15 字数：347千字
2024年5月第一版 2024年5月第一次印刷
定价：58.00元
ISBN 978-7-112-29413-8
（42185）

版权所有　翻印必究
如有内容及印装质量问题，请联系本社读者服务中心退换
电话：（010）58337283　QQ：2885381756
（地址：北京海淀三里河路9号中国建筑工业出版社604室　邮政编码：100037）

前 言

随着城市交通的快速发展与计算机技术的不断进步，交通仿真技术逐渐成为支撑智能交通发展、优化城市交通运行的行业关键技术。我国在交通仿真技术和软件平台开发方面积累了一定的经验，但是当前国内交通仿真平台大多基于相对单一的模式和尺度独立搭建，不利于从整体上研判城市交通网络运行状况，难以实现针对土地利用形态调整、交通基础设施更新、交通管理措施实施、交通政策影响的集成分析。研发应用城市多模式交通网络运行仿真系统平台，既是当前国内外交通科技创新的主攻方向，又是赋能城市交通协同管控与精准施策的现实需要。未来，道路网、公交网、轨道网等多模式交通网络协同运行的需要，宏观、中观、微观多尺度交通仿真紧密融合的趋势，以及交通领域大数据、移动互联、智能网联等技术蓬勃发展的态势，既给交通仿真平台的开发和应用注入了新的内涵，也带来了新的挑战。

同时，交通仿真模型参数标定是交通仿真技术开发的重要步骤，合理标定交通仿真模型参数能够保证模型的准确性、有效性和不同情境的适用性，实现交通仿真技术的科学应用。以微观仿真为例，传统方法利用车载运动记录设备获取车辆驾驶参数的实测数据。这种方法尽管更能反映真实的驾驶行为特性，但是需要采集大量微观驾驶行为数据，对人力、物力资源产生大量消耗。随着计算机技术的发展，通过实验设计方法与智能优化算法反向筛选符合校核目标函数的参数组合，既提升了参数标定的效率，又节省了大量人力、物力，但也存在标定结果难以移植、可信度低等不足。近年来，驾驶模拟技术的发展，为驾驶行为研究提供了新的思路。驾驶模拟技术相比实车实验具有安全性高、可控性强、可重复性高、经济性好等优势，同时能够获取贴近真实的驾驶行为特征数据。利用驾驶模拟技术获取交通仿真模型参数数据，能够兼顾参数标定工作的效率、经济性与可靠性，对交通仿真技术的发展起到积极推动作用。同时，利用交通仿真获取交通流特性，亦能够为驾驶模拟技术中的交通流场景搭建提供更真实可靠的参考和依据。由此可知，交通仿真及驾驶模拟联动技术的研发，具有较大的潜力与发展前景。

本书作者在对此领域多年持续研究的基础上，针对城市多模式交通仿真平台建设及交通仿真与驾驶模拟的联动技术研发的关键问题，提出了技术解决思路与方案，并结合实际应用案例进行诠释与分析。其中，第1章城市多模式交通仿真技术发展现状，主要介绍交通仿真技术及其与驾驶模拟技术联动研发的研究与发展现状；第2章城市多模式交通仿真平台总体方案设计，主要介绍多维度交通仿真平台的总体架构设计、仿真流程设计与工程应用条件设计方案；第3章典型场景下的交通仿真系统综合测试，主要介绍交通仿真系统综合测试方案设计方法、指标体系与典型场景下的综合测试案例；第4章超大城市仿真平台应用案例——北京，主要介绍城市多模式交通仿真平台在北京这一超大城市背景下，面向基础设施建设、交通管控、智慧交通系统等多业务功能的示范工程应用案例；第5章基于驾驶模拟数据的多尺度一体化仿真联动技术，主要介绍驾驶模拟器和VISSIM

仿真软件的发展历程与功能架构以及驾驶模拟与VISSIM仿真联动方法;第6章基于驾驶模拟与VISSIM联动的实验设计流程,主要介绍基于驾驶模拟与仿真联动技术的实验设计方法与实验测试流程;第7章驾驶模拟与VISSIM联动实验数据采集与分析,主要介绍基于驾驶模拟与仿真联动技术实验的数据处理方法、驾驶行为特征评价指标和分析方法;第8章驾驶模拟与VISSIM联动实验案例分析,主要介绍不良天气条件场景下,驾驶模拟与仿真联动技术开展实验,研究不良天气对微观驾驶行为及交通流的影响。

本书由刘浩整体组织策划,并参与编写。边扬、马凌飞、高景伯、刘仲寅参与第1章、第2章和第3章的编写;边扬、马凌飞、李豪杰、刘仲寅、贾大智、李宇轩参与第4章的编写;李佳、霍俊江、赵晓华、赵德、华雪东、李成芊、参与第5章、第6章和第7章的编写;马凌飞、高景伯、霍俊江、赵晓华、任贵超参与第8章的编写。

本书在编写过程中参阅了大量国内外学术著作、学位论文和相关学术论文,有的文献可能由于疏忽未能在参考文献中列出,在此谨向本书直接或间接引用的研究成果的作者表示深切的谢意。此外,本书的出版得到了国家重点研发计划:城市多模式交通网运行仿真系统平台开发(项目编号:2019YFB1600200)、国家自然科学基金:面向极端灾害的城市交通系统安全运营与韧性恢复(项目编号:72242102)等项目的资助。

限于作者的理论水平和实践经验,书中难免存在不妥和错误之处,恳请广大读者提出宝贵意见。

目 录

第1章 城市多模式交通仿真技术发展现状 ··· 1
1.1 多层次交通仿真软件系统 ·· 1
1.1.1 宏观仿真软件系统 ·· 1
1.1.2 微观仿真软件系统 ·· 1
1.1.3 交通仿真系统架构设计 ·· 2
1.2 驾驶模拟与交通仿真联动 ·· 2
1.2.1 驾驶模拟技术 ··· 2
1.2.2 驾驶模拟与交通仿真联动技术 ··· 4

第2章 城市多模式交通仿真平台总体方案设计 ·· 5
2.1 多维交通仿真总体架构设计 ·· 5
2.1.1 宏观交通仿真平台介绍 ·· 5
2.1.2 微观交通仿真平台介绍 ·· 6
2.1.3 宏微观一体化仿真平台架构 ··· 7
2.2 面向不同交通业务的仿真流程设计 ·· 10
2.2.1 仿真流程设计思路 ·· 10
2.2.2 面向交通规划业务的仿真流程设计 ·· 10
2.2.3 面向交通设施建设业务的仿真流程设计 ···································· 11
2.2.4 面向交通管控业务的仿真流程设计 ·· 12
2.3 交通仿真系统工程应用条件设计 ·· 15
2.3.1 物理接口设计 ·· 15
2.3.2 接入协议设计 ·· 16
2.3.3 数据交换设计 ·· 16
2.3.4 信息发布设计 ·· 17
2.3.5 界面集成设计 ·· 18

第3章 典型场景下的交通仿真系统综合测试 ·· 19
3.1 交通仿真系统综合测试方案设计 ·· 19
3.1.1 测试流程 ·· 19
3.1.2 测试需求 ·· 19
3.1.3 测试数据 ·· 20
3.1.4 测试内容 ·· 20
3.2 交通仿真系统功能性能评价指标体系构建 ······································ 20
3.2.1 指标选取原则 ·· 20
3.2.2 功能测试指标 ·· 21

  3.2.3　性能测试指标 ··· 22
 3.3　典型场景下的交通仿真系统功能性能综合测试评估 ·· 23
  3.3.1　面向交通规划业务的典型场景交通仿真系统综合测试 ·································· 23
  3.3.2　面向交通设施建设业务的典型场景交通仿真系统综合测试 ······························ 30
  3.3.3　面向交通管控业务的典型场景交通仿真系统综合测试 ·································· 38

第4章　超大城市仿真平台应用案例——北京 ··· 50
 4.1　示范应用概况 ·· 50
  4.1.1　北京回天地区 ·· 50
  4.1.2　北京大兴国际机场 ·· 50
  4.1.3　北京市高级自动驾驶示范区 ·· 51
 4.2　北京市城市多模式交通系统基础数据库构建 ······································· 51
  4.2.1　道路网络与主要设施数据 ·· 51
  4.2.2　交通小区与OD数据 ·· 52
  4.2.3　交通流运行数据 ·· 52
  4.2.4　交通控制数据 ·· 52
  4.2.5　模型校正数据 ·· 53
 4.3　面向交通基础设施建设业务功能的仿真平台应用——北京回天地区 ··············· 53
  4.3.1　研究区域范围 ·· 53
  4.3.2　现状调研与问题分析 ·· 54
  4.3.3　仿真场景设计 ·· 56
  4.3.4　示范应用实施效果评估 ·· 57
 4.4　面向交通管控业务功能的仿真平台应用——北京大兴国际机场 ··················· 67
  4.4.1　机场陆侧客流特征分析 ·· 67
  4.4.2　现状问题分析 ·· 73
  4.4.3　仿真场景设计 ·· 73
  4.4.4　仿真场景搭建过程 ·· 74
  4.4.5　示范应用实施效果评估 ·· 76
 4.5　宏微观一体化仿真平台应用——北京市林萃路典型交叉口 ······················· 81
  4.5.1　现状调研与分析 ·· 81
  4.5.2　单项优化方案设计 ·· 83
  4.5.3　单项优化方案实施效果评估 ·· 84
  4.5.4　综合优化方案设计 ·· 90
  4.5.5　综合优化方案实施效果评估 ·· 91
  4.5.6　各优化方案对比分析 ·· 93
 4.6　面向智慧交通系统业务功能的仿真平台示范应用——北京市高级自动驾驶示范区 ··· 95
  4.6.1　城市基本路段无人配送车应用现状调研 ·· 95
  4.6.2　城市基本路段仿真实验设计 ·· 101

		4.6.3 机非分隔场景下的无人配送车投放策略研究 ············· 107

- 4.6.3 机非分隔场景下的无人配送车投放策略研究 ·············· 107
- 4.6.4 机非混行场景下的无人配送车投放策略研究 ·············· 113

第5章 基于驾驶模拟数据的多尺度一体化仿真联动技术 ·············· 118

- 5.1 驾驶模拟器介绍 ··· 119
  - 5.1.1 发展历程 ··· 119
  - 5.1.2 设备分类 ··· 121
  - 5.1.3 组成结构 ··· 123
- 5.2 VISSIM微观仿真软件介绍 ································· 125
  - 5.2.1 基本原理 ··· 126
  - 5.2.2 软件特点 ··· 126
  - 5.2.3 功能模块 ··· 127
- 5.3 驾驶模拟与VISSIM联动技术 ······························ 128
  - 5.3.1 场景平行建模 ··· 128
  - 5.3.2 交通数据映射 ··· 128

第6章 基于驾驶模拟与VISSIM联动的实验设计流程 ·············· 129

- 6.1 实验设计方法 ··· 129
  - 6.1.1 实验设计原则 ··· 129
  - 6.1.2 实验因素与水平 ······································· 130
  - 6.1.3 典型实验设计方法 ····································· 130
  - 6.1.4 VISSIM仿真环境标定 ································· 132
- 6.2 实验测试流程 ··· 133
  - 6.2.1 实验准备阶段 ··· 133
  - 6.2.2 实验过程 ··· 134
  - 6.2.3 实验结束 ··· 135
  - 6.2.4 VISSIM仿真流程 ····································· 135

第7章 驾驶模拟与VISSIM联动实验数据采集与分析 ·············· 136

- 7.1 实验数据处理 ··· 136
  - 7.1.1 数据预处理 ··· 136
  - 7.1.2 数据时空转化 ··· 139
  - 7.1.3 典型数据特征值计算 ··································· 140
  - 7.1.4 特征数据库构建 ······································· 142
- 7.2 指标体系构建 ··· 144
  - 7.2.1 生理特性指标 ··· 145
  - 7.2.2 车辆绩效指标 ··· 146
  - 7.2.3 主观感受指标 ··· 147
  - 7.2.4 交通运行指标 ··· 149
- 7.3 假设检验 ··· 149

- 7.3.1 参数检验 ··· 149
- 7.3.2 非参数检验 ·· 154
- 7.4 评价方法 ·· 155
  - 7.4.1 因子分析 ··· 155
  - 7.4.2 层次分析 ··· 155
  - 7.4.3 模糊综合评价 ·· 156
  - 7.4.4 熵权—TOPSIS ·· 157
  - 7.4.5 灰色近优 ··· 158
- 7.5 影响分析 ·· 159
  - 7.5.1 线性回归模型 ·· 159
  - 7.5.2 Logistic 回归模型 ······································ 160
  - 7.5.3 广义线性混合效应模型 ······························ 161
  - 7.5.4 结构方程模型 ·· 161
  - 7.5.5 灰色关联 ··· 163

第8章 驾驶模拟与 VISSIM 联动实验案例分析 ············· 164
- 8.1 不良天气条件下的实验设计与数据提取 ············· 164
  - 8.1.1 实验目的 ··· 164
  - 8.1.2 实验对象 ··· 164
  - 8.1.3 实验设计 ··· 164
  - 8.1.4 实验流程 ··· 170
  - 8.1.5 数据获取及预处理 ····································· 171
- 8.2 不良天气条件下微观驾驶行为特征描述 ············· 171
  - 8.2.1 不良天气对跟驰行为影响分析 ··················· 171
  - 8.2.2 不良天气对变道行为影响分析 ··················· 184
  - 8.2.3 不良天气对超车行为影响分析 ··················· 191
- 8.3 影响因素模型构建 ··· 208
  - 8.3.1 主成分分析 ·· 208
  - 8.3.2 驾驶行为影响模型 ····································· 210
- 8.4 基于微观驾驶行为的不良天气对交通流影响 ····· 215
  - 8.4.1 VISSIM 仿真环境标定 ································ 215
  - 8.4.2 不良天气对交通流特性影响 ······················· 217

参考文献 ··· 230

第 1 章　城市多模式交通仿真技术发展现状

1.1　多层次交通仿真软件系统

交通仿真技术起源于 20 世纪 50 年代，分为微观交通仿真、宏观交通仿真以及中观交通仿真。宏观交通仿真不考虑个体车辆的行为，一般用于大范围的交通流仿真，如仿真整个国家范围的高速公路车流；微观交通仿真考虑每个车辆的行为与交通单元的交互，在城市交通仿真或区域交通仿真中应用较广；中观交通仿真则介于前两者之间。

1.1.1　宏观仿真软件系统

宏观交通仿真软件主要有：① TransCAD 是一款完全基于地理信息系统的宏观交通仿真软件；② EMME 能够提供丰富的多模式分析系统与参考模型；③ VISUM 主要用于完成交通规划建模与管理数据等任务，在多模式分析的基础上把各种交通方式都融合到统一的网络模型中；④ TranStar 交运之星是目前国内唯一一款商品化的交通软件，主要应用于交通运输网络系统规划、建设及管理等方面。宏中微一体化的交通仿真系统中，国外主要有 AIMSUN（Advanced Interactive Microscopic Simulator for Urban and Non-urban Networks），能够对各种不同的道路交通网进行处理，包括环状道路、干线道路以及前两者混合的道路网等。AIMSUN 软件可以模仿汽车自动引导系统、自动适应交通管控系统等，为用户提供了程序外侧接口 GETRAM 扩展，该扩展能够和 GETRAM 进行传输数据，从而在仿真运行时调用 AIMSUN 的内部数据决定仿真的过程。国内主要有深圳城市交通仿真系统 SUTSS（Shenzhen Urban Transport Simulation System），SUTSS 是一个综合交通仿真系统，最终实现数千交通数据的采集，覆盖深圳市 70% 以上的路网，提供一个多元交通数据管理的一体化仿真架构，初步形成城市智能交通系统应用服务体系，实现对深圳市整体交通网络的管控，有效地解决深圳市的交通拥堵问题。

1.1.2　微观仿真软件系统

微观仿真软件主要有 PARAMICS、PTV VISSIM、SIMSIO 等：① PARAMICS 交通仿真系统由模拟功能模块、编程功能模块、处理功能模块、分析功能模块与预测功能模块组成，该系统使用了共同运行的先进技术，根据不一样的仿真要求，能够使用分布式算法对 100 万个仿真节点、400 万个城市道路路段以及 32000 个城市地区的大型路网进行仿真，让使用者通过对一个车辆进行仿真驾驶，预测当前道路交通之中的流量状况，并提供了三维展示画面。② PTV VISSIM 软件由车辆定义模块、车速分布模块、车辆跟驰模块等组成,能够使用一定的算法来获取仿真车辆在仿真路网之中运行的路径。在车辆运行的过程之中,车辆会使用基于心理-生理的跟驰模型来让车辆在路网之中有规则地跟随前车行驶,车辆会使用基于规则的换道模型来让车辆在路网之中有规则地进行换道,软件还支持一些更为复杂的信号,例如共同信号、感应-共同信号灯,同时,PTV VISSIM 提供了多种仿真模式,允许用户自定义各种车辆类型,包括小轿车、公共汽车、卡车、重型车辆、轻轨车辆、行人和非机动车。③ SIMSIO (Simulation Model of Signalized Intersection Operations) 是一款信号交叉口微观交通仿真软件,该软件从车辆自身的参数出发,建立信号交叉口仿真模型,通过对车辆自身参数,例如速度、加速度、跟驰模型以及换道模型等方面的分析,进一步对交叉口进行解析。孙晋文等人完成了基于 Agent 的智能交通仿真原型系统,该系统能够允许使用者根据自己要求修改城市交通路网的功能,其中包括城市车辆、城市道路、道路交叉口以及红绿灯等设施,各类 Agent 与周围环境进行交互以调整自己的运行状态,能对车辆跟车、车道变化等细节行为进行简单的仿真。

1.1.3 交通仿真系统架构设计

在交通仿真系统架构设计方面,在仿真软件开发初期缺少足够重视,因此相对于热门的交通仿真模型、数据和算法领域,研究成果较少。邓兴栋以符合我国国情并具有实际可操作性为出发点,以四阶段模型为依据,对仿真系统进行功能分解,提出由区域模型、市域模型、道路模型和公交模型 4 个层次,共 12 个子模块组成的宏观交通仿真架构。廖爱国、韩可胜等人按照面向对象的分析和设计原则,在需求分析的基础上,对城市道路交通微观仿真系统进行了模块划分,按功能把系统分为建模器、处理器、仿真器、编程器和分析器 5 个模块。苏岳龙、程思瀚等人基于交通参与者行为模式分析,对城市混合交通微观仿真系统总体架构进行设计,建立试验仿真平台,根据关注点分离原理划分为完全相对独立功能的多个子系统模块,并详细描述了各个子系统的实现功能和其对应的子系统架构设计方案。罗永琦将动态数据驱动应用系统(DDDAS)范式应用于微观仿真系统 Movsim,提出动态数据驱动的交通仿真方法,对逻辑流程、车辆模型和路网模型进行分析,提出动态数据驱动的交通仿真框架,将车辆运行实测数据反馈到交通状态预测中,从而使预测结果更准确可靠。

1.2 驾驶模拟与交通仿真联动

1.2.1 驾驶模拟技术

驾驶模拟技术是指采用高科技手段,如三维即时成像、动力学仿真、大视场显示等关键技术,构造出一种逼真的人工虚拟驾驶环境,体验者能够在该虚拟环境中感受到接近真实效果的驾驶体验。驾驶模拟技术相比于实车试验具有以下优势:首先,驾驶模拟技术具有较高安全性,能够避免车辆和试验人员发生交通事故;其次,驾驶模拟技术能够根据试验需要设置特定的、可重复获取的交通场景与交通流条件;此外,驾驶模拟技术能够缩短试验周期、降低试验成本。因此，驾驶模拟技术自20世纪70年代兴起以来，在交通行为与安全领域得到了广泛的应用，主要体现在交通行为、车辆主动安全技术、道路与交通设计、车辆驾驶环境以及交通事故等方面。

1. 交通行为方面

驾驶模拟技术主要应用于不良驾驶行为特性的研究，包括分心驾驶、疲劳驾驶、超限行驶、激进驾驶、酒后驾驶等行为。Kaber等人通过驾驶模拟技术，对比了视觉分心和认知分心下驾驶员的操作行为，发现在视觉分心的情境下，驾驶员往往会降低车速或增加车头时距；而在认知分心的情境下，驾驶员会通过微调方向盘来提升车道线保持能力、降低车道偏离率。King等人通过驾驶模拟实验采集驾驶员疲劳状态下的车辆运动参数，并利用人工神经网络构建了驾驶员疲劳检测系统，该系统对专业驾驶员与非专业驾驶员的检测准确率分别达到81.49%和83.06%。

2. 车辆主动安全技术方面

驾驶模拟技术凭借其因素可控性、安全性等优势而被广泛用于各类车辆主动安全技术的功效验证和安全性评价中。例如，Soudbakhsh通过驾驶模拟实验发现基于ESC技术的避撞系统在复杂场景中具有较好的避撞效果；杨建森通过将固定底座的驾驶模拟器与一些硬件设备联合使用，形成了硬件、驾驶员及环境三者之间可以交互的验证装置，实现了对ESC硬件与控制器算法的有效性验证；高振海等人对驾驶员在虚拟驾驶环境中的制动时刻数据进行了研究，并分析了驾驶员在跟车行驶过程中的制动行为影响因素。

3. 道路与交通设计方面

驾驶模拟技术可以通过道路与交通的可视化设计，对现实道路进行仿真，使设计者在早期即可从道路使用者的角度，对道路与交通设计的合理性和安全性进行评价，实现不同设计方案的比选与问题诊断。Davidse利用驾驶模拟技术研究了不同形式的道路交叉口对老龄驾驶员驾驶行为和工作强度的影响。Wang等人通过驾驶模拟实验获取了山区高速公路在各种线形组合下的驾驶数据，通过对这些数据进行分析，实现对山区高速公路不同道路线形组合的安全性评价，并得到了相应的安全评价阈值。Lee等人通过驾驶模拟发现可变限速板和交通警告标志的设置对减少行车速度的波动和缓解交通的拥堵具有一定的效果。Yan等人进一步对可变信息板的放置位置进行了研究，研究发现可变信息板置于交叉口上游150~200m处时效果会更好，而且显示图像的可变信息板比仅显示文字的会更加有效。

4. 车辆驾驶环境方面

驾驶模拟技术可以通过构建不同车辆驾驶环境下的场景，研究不同环境对驾驶行为与行车安全的影响。目前，国内外在道路行车安全性问题的研究中，涉及的车辆驾驶环境类型主要有不良气象条件、路侧景观和交通冲突等。例如，张驰等人研究发现不同的路面能见度、道路曲率半径、行车速度均会对车辆横向偏移产生显著影响，且影响程度依次为：路面能见度＞道路曲率半径＞行车速度。Bella通过驾驶模拟实验获得车辆在不同路侧景观下的横向位置和行驶速度，分析了不同路侧景观对驾驶行为的影响。戴俊晨研究了互通交织区的车流运行特征和冲突机理，利用驾驶模拟实验获取了交织区的交通冲突样本，并对其进行安全性评价。

5. 交通事故方面

驾驶模拟技术可以依据调查获得的事故数据，通过人机交互再现交通事故的全过程，对事故前后驾驶行为的变化进行分析，获取事故发生前后相关车辆的行车状态参数，分析引发交通事故的主要原因及影响因素。例如，Yan等人利用驾驶模拟器构建了8个道路交叉口的行车事故场景，将行车事故类型、事故前后驾驶员的驾驶行为与实际事故数据进行对比，发现驾驶模拟技术可用来评价交叉口的行车安全性。侯莉莉等人对车辆碰撞事故发生前的行车状况、碰撞时、碰撞后的形态进行再现分析，确定出车辆碰撞时的行驶速度，得出碰撞事故发生的原因。

1.2.2 驾驶模拟与交通仿真联动技术

当前少部分研究综合运用驾驶模拟技术与交通仿真技术开展研究，主要从两个角度开展：一是交通仿真技术辅助驾驶模拟技术；二是驾驶模拟技术辅助交通仿真技术。

交通仿真技术辅助驾驶模拟技术旨在通过交通仿真技术获取贴近真实的道路交通网络和交通流条件，以提升驾驶模拟技术中驾驶场景的真实性。如高晶对驾驶模拟系统与成熟交通仿真软件间的道路数据和交通流数据转换接口进行研究，将交通仿真软件中构建的道路网络与生成的交通流参数输入至驾驶模拟系统中，生成驾驶模拟系统中的动态视景数据，实现驾驶模拟系统中的动态交通流仿真。

驾驶模拟技术辅助交通仿真技术旨在通过驾驶模拟实验获取驾驶员行为特征，用于交通仿真模型中的参数标定与验证。如梁星灿通过驾驶模拟实验获取货车分心驾驶行为数据，用于分心驾驶下跟驰模型参数和分心影响参数的标定与验证，并分析了三种分心驾驶行为对货车单车自身的车辆驾驶绩效的影响以及多车并行共线下货车分心驾驶对后方跟随车辆运动状态的影响；为了探究宏观层面上货车分心驾驶对交通流效率与安全水平的影响，构建了考虑分心驾驶影响的换道模型和驾驶员随机分心模型，基于交通仿真软件搭建了考虑分心驾驶的交通仿真模型框架，对分心驾驶情境下的交通流进行仿真，研究交通流中货车比例和发生分心驾驶的比例对交通流效率和安全水平的影响。

第 2 章　城市多模式交通仿真平台总体方案设计

2.1　多维交通仿真总体架构设计

2.1.1　宏观交通仿真平台介绍

宏观交通仿真平台以四阶段交通规划模型为基础，以 OD 矩阵为主要研究对象，通过速度-流量曲线等宏观交通流模型控制交通流的运行，分析交通设施建设、宏观管理措施及交通发展政策等对仿真区域宏观路网交通需求及运行状态的影响。宏观交通仿真系统对交通要素、实体、行为等细节描述要求较低，不考虑单个车辆的移动。

四阶段法包括交通生成、交通分布、交通方式划分和交通分配四个步骤。交通生成是四阶段法的第一步，主要对各个小区未来年的出行产生量和吸引量进行预测。它是通过当前和过去的交通道路系统以及其外部系统，根据客观资料和历史经验来进行逻辑分析判断，寻找未来交通系统的发展规律和趋势的一个过程。其预测的结果只是各小区的出行产生量或吸引量的总和，而并未将产生量和吸引量联系起来。常用的出行生成预测方法有原单位法、交叉分类法、回归分析法及增长系数法等。

交通分布是指根据预测的各小区出行发生量、吸引量计算未来年 OD 矩阵，进而确定未来年各交通小区的出行交通量。常用的交通分布预测方法主要有两类：一类是增长系数法，将现状出行分布乘以相应的增长系数得到未来年的出行分布，常用的增长系数法包括常数增长系数法、平均增长系数法、Detroit 法、Fratar 法等；另一类是重力模型法，该方法认为两个小区间出行分布量受两个小区间的距离、费用、时间等因素的影响。

交通方式划分是将各小区间的出行分布量划分成各小区间不同交通方式的分布量。出行者的出行特性及交通方式特性等均会影响出行者对出行方式的选择，而良好的方式划分模型应能对影响出行者出行选择的因素进行准确的描述。常用的交通方式划分模型有转移曲线法、重力模型法、回归分析法、非集计模型等。Logit 模型是较为常用的一种非集计模型。

交通分配是指根据未来年的 OD 矩阵，按照可选路径的出行阻抗，将交通量分配到各个路网上，继而得出每个路段的交通流量。常用的交通分配方法包括最短路径法、容量限制法、多路径法、动态多路径法等。

宏观交通仿真模型主要包含四个部分：一是供应模型，主要用于输入仿真需要的路网信息、交通小区划分、调查交通量及核查线等信息；二是需求模型，主要包括出行生成模型、反推 OD 模型、出行分布模型等，用于分析仿真区域内各交通小区间的出行需求分布情况；三是分配模型，将预测的 OD 矩阵分配至路网中，得到各路段的交通量；四是分析模型，主要用于对交通分配结果进行图形分析,并对路网服务水平变化进行分析。

本书以 TranStar 软件为基础搭建宏观交通仿真平台。TranStar 软件由东南大学王炜教授团队研发,是一款集城市开发分析、交通规划分析、交通管控分析、交通政策分析、公共交通分析等功能于一体的城市综合交通系统集成分析与仿真平台软件。不同于其他交通仿真分析软件,TranStar 是以交通方案的决策支持业务为轴,面向交通、交管、发改、规划等部门,对仿真流程进行梳理,并对功能模块进行集成化处理,形成了以交通业务仿真评价与方案优化为导向的整体架构体系。根据城市的不同业务需求,形成了面向城市规划与土地利用开发业务功能、面向城市公交系统规划与管理业务功能、面向城市交通系统管理与控制业务功能、面向城市交通基础设施规划建设业务功能以及面向城市交通系统政策制定业务功能五大业务功能,并通过"一键式"流程设计,满足城市交通系统规划、设计与管理相关部门不同业务人员的工作要求。软件为各类交通规划、交通设计、交通建设、交通管理与控制等交通相关项目提供详细的交通分析与评价结果,也可对相关方案的实施情况进行交通系统能源消耗与交通环境影响方面的评估,基础功能强大,结果分析可靠,人机操作灵活,环境界面友好。

2.1.2 微观交通仿真平台介绍

微观交通仿真平台以不同车辆间的相互作用为研究目标,以微观交通流理论为核心,结合路网构建技术、交通流生成模型、车辆路径规划算法、信号控制模型等技术,实现对现实中车辆行为的模拟,从车辆的行驶行为、车道组的设置及交通设施的配置等各个微观细节来分析交通系统的特征或者优化其性能。

微观交通流理论是对交通流中单个车辆个体行为的描述,包括跟驰模型和换道模型。跟驰模型用于刻画单行道上前车运动状态变化所引起跟驰车相应运动状态变化的微观驾驶行为。换道模型用于描述车辆行驶过程中车道变更的必要性、可行性与可行条件,以及根据上述条件做出的个体车辆的换道决策。

路网构建技术用于创建仿真区域内的路网场景并设置路网信息,是进行仿真工作的基础。路网信息包含车道数、车道宽度、道路几何形状、交叉口通行规则、信号灯基本控制规则等信息。在微观仿真系统中,路网通常以"节点-连接"的形式构建,将城市道路中的各个路口抽象为节点,将道路抽象为节点之间的连接,将路网整体抽象为拓扑图,在图中引入路网的具体信息。路网构建的方法主要有两种:一种是基于地图文件手动绘制路网;另一种通过导入电子地图自动识别与生成路网。

交通流生成模型是在仿真系统的路网中以贴近现实的方式完成交通流的输入。在现实的交通流中,车辆的到达在整体上是随机的,而在仿真中常常通过数学概率随机分布的方式来计算车辆进入路网的随机时间间隔,以此计算出随机的时间间隔来作为车辆生成的依据。根据生成算法使用的概率分布模型进行划分,微观交通流生成模型可以分为均匀分布模型、指数分布模型、正态分布模型、伽马分布模型等。此外,为了确定交通流生成中车辆起点与终点,通常使用 OD 矩阵来确定交通流的分布。

车辆路径规划算法用于确定交通流中的车辆在路网中的行驶路径。在交通仿真系统中，通常采用最短路径算法来设置车辆的行驶路径。常用的最短路径算法包括 Dijkstra 算法、Bellman-Ford 算法、Floyd 算法、A* 算法等，在仿真过程中可依据仿真规模和场景选择适合的算法，以保证仿真效率与真实度。

信号控制模型用于利用仿真系统中的交通信号灯组来模拟实际道路上的信号控制，不仅是对实际情况的信号控制进行模拟，也需要模型中的行驶车辆如实接受交通信号的控制。传统的交通信号模型包括单点信号控制模型、干线信号控制模型、区域信号控制模型等。随着机器学习技术的逐步发展，越来越多的研究者开始尝试将神经网络和交通信号控制结合，通过机器学习技术来优化交通信号控制模型。

本书以 TESS NG 软件为基础搭建微观交通仿真平台。TESS NG 软件由同济大学孙剑教授团队主持开发，融合了交通工程、软件工程、系统仿真等交叉学科领域的最新技术研发而成，具备了全交通场景仿真、多模式交通仿真、智能交通系统仿真、可视化评估、二次开发接口、3D 场景构建、与交通大脑及可计算路网一体化整合、跨行业应用等功能。TESS NG 微观交通仿真系统具有十大典型特色：①适应我国高密度交通流环境模型特色；②快捷易用的路网 CAD 化建模，实现对城市复杂道路交通网络的快速精细化建模；③针对机非共享空间设计具有中国特色的二维仿真模型；④机动车、非机动车、行人、公交系统、其他特种工程车与消防车辆等多模式交通仿真；⑤静动态数据便捷管理；⑥各类交通冲突自动处理；⑦快捷友好的全局路径设置；⑧接口特色强大的 API 开发接口，支持系统框架开发、自由导入大路网全局路径等二次开发接口功能及与宏观交通仿真软件的交互；⑨二维及三维场景可视化快速展示；⑩与城市交通大脑、交通控制系统及可计算路网一体化整合，与驾驶模拟器、BIM/CIM 系统、智能汽车虚拟测试工具整合，实现各类跨平台应用。

2.1.3 宏微观一体化仿真平台架构

宏微观一体化仿真平台架构包括四个组成部分：数据层、后台仿真层、中转层和展示层，如图 2-1 所示。

数据层：用于仿真平台基础方案的数据输入，分为宏观仿真输入数据和微观仿真输入数据两部分。其中，宏观仿真输入数据包括路网节点数据、小区划分数据、交通需求数据和管制措施数据；微观仿真输入数据包括路网连接数据、交叉口配时数据、交通管制措施、交叉口渠化数据、路径输入流量和检测器布设位置数据。将数据输入到后台仿真层以完成基础方案场景搭建。

后台仿真层：该层主要由宏观仿真运行后台和微观仿真运行后台构成。宏观仿真运行后台一方面针对输入数据的路网结构信息、交通需求预测模型参数与交通管制措施数据运行宏观路网仿真，得到路段的流量、速度、负荷度指标和交叉口转向比数据，并将路径流量输入到微观仿真运行后台中作为微观仿真的输入，此外，宏观仿真运行后台也能通过中转层将前端交互的参数设置传入至仿真模型中，完成如路段和节点属性修改的操作，并能够将仿真结果如交通小区的发生量、吸引量、交通小区 OD 等交通需求数据和路网流量、速度、负荷度等路网运行数据传输至中转层。在微观仿真运行后台接收到路径流量输入数据后，基于基础方案更改流量输入，并通过中转层将前端交互的参数设置

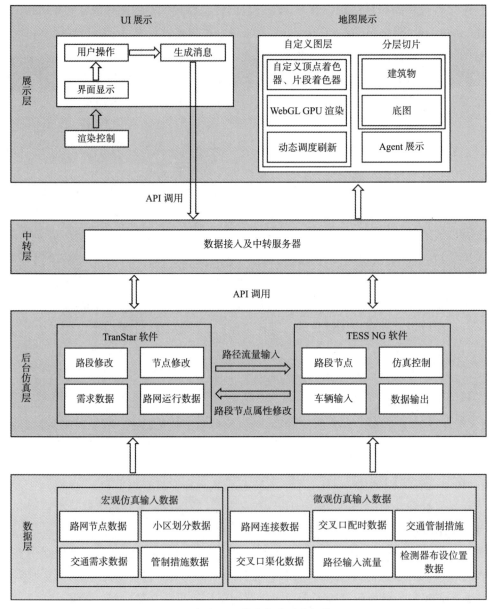

图 2-1 宏微观一体化仿真平台架构图

如信号配时、交叉口渠化、仿真控制等参数或动作传入微观仿真运行后台中，运行仿真后得到微观仿真车辆轨迹与检测器的流量、速度、排队长度等数据信息，并将微观修改的路段节点属性同步至宏观路网中，完成数据的输入与输出。

中转层：作为中转程序，通过与后台仿真层对接，向 Web 展示端提供数据，同时通过 WebSocket 与 Web 端和 Pad 端保持通信，中转控制信息。具体的，储存并向后台仿真层传输前端交互的参数，满足渲染和显示需要，同时储存对应方案下的仿真评价结果。在地理信息空间处理方面，地理信息空间数据库采用基于 P-SQL 的 PostGIS，并基于地理信息转换算法实现后台仿真平台到展示地图层之间的数据转换。

展示层：形式为 Browser/Server（简称 B/S）系统，包括 UI 展示和地图展示两部分。其中 UI 展示通过渲染控制展示交互界面，并通过用户操作生成消息，传入到中转层进行方案参数的储存与修改。地图展示应用自定义着色器、WebGL GPU 渲染和动态调度刷新技术，展示界面包括路网地图、建筑物地图与 Agent 仿真智能体展示。

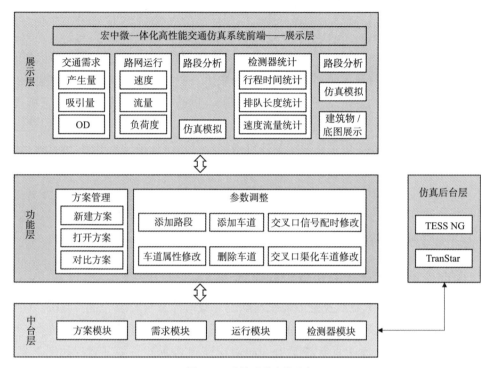

图 2-2　系统功能框架图

系统功能框架由中台层、功能层和展示层组成，如图 2-2 所示。其中，中台层整合用户交互的参数调整数据输入仿真后台层，并将仿真后台层的数据整合存储，转化为功能层和展示层的数据输出。

功能层包括方案管理和参数调整两部分。其中方案管理包括新建方案、打开方案和对比方案三个模块，用于方案名称、方案描述、方案参数与方案结果的保存。参数调整模块考虑业务需求设置了多种可调整的参数，如添加路段、添加车道、删除车道、交叉口信号配时修改、交叉口渠化车道修改、车道属性修改等功能，能够满足如潮汐车道的设置、渠化设置、车道数量和属性设置等同时影响宏中微观结果的方案仿真需求。

展示层展示了宏微观不同层次的仿真结果，其中交通需求、路网运行与路段分析展示了交通小区产生量、吸引量、OD 分布、速度、流量、负荷度等宏观交通仿真数据；仿真模拟基于微观车辆仿真轨迹展示车辆的仿真动画过程，检测器展示基于微观布设的行程时间检测器、排队长度检测器和速度流量检测器所检测的交通流集计数据结果。此外，地图图层展示还包括路网可视化、建筑物/底图展示与基于 Agent 的智能体仿真运行展示。

2.2 面向不同交通业务的仿真流程设计

2.2.1 仿真流程设计思路

面向不同业务的交通仿真平台应用遵循一套基本的仿真流程，包括6个主要步骤：总体设计、数据收集与导入、模型构建、模型运行与分析、方案评价、评价结果反馈与方案调整。总体设计、数据收集与导入是前期工作，总体设计是明确仿真对象、研究范围、仿真目标、年限以及交通规划、交通设施建设、交通管控、交通政策等不同业务下的具体实施方案；数据收集与导入是采取多种方法获取仿真所需的各种关键参数与数据，并输入至仿真平台中；模型构建是基于总体方案搭建相应的仿真场景；模型运行与分析是对各仿真场景进行仿真运行，得到交通运行状态仿真结果，并对不同仿真场景间的交通运行状态进行对比分析；方案评价是选取相关评价指标，对各仿真场景输出的交通运行状态进行可视化评价；评价结果反馈与方案调整是根据获取的交通仿真评价结果，对不同业务下的具体实施方案进行调整，以实现对方案的改进与优化。不同业务下的交通仿真主体流程趋于一致，只是在仿真模型构建过程中，需要根据不同业务的仿真需求，对所输入的数据、模型的参数、输出的评价指标进行不同的设计。

2.2.2 面向交通规划业务的仿真流程设计

面向交通规划业务主要涉及土地开发与利用、城市形态与区域扩展、城市路网布局、城市公共交通线网规划等方面，主要运用宏观交通仿真系统平台开展交通运行状态仿真评价研究。基于宏观交通仿真系统平台的面向交通规划业务的仿真流程如图2-3所示，包括：

1. 仿真方案总体设计

结合面向交通规划业务功能，选取交通规划方案设定的区域内外部道路网络为研究对象，研究交通规划方案的实施对研究对象内交通运行状态的差异，分析交通规划方案对路网交通运行状态的影响。

2. 数据收集与导入

采取网络地图下载、人工现场调查、向有关部门获取等方式，获取所选示范应用场景下宏观交通系统仿真所需的相关资料与数据，包括道路网络数据、公共交通数据、交通管理信息数据、交通需求数据，并输入到宏观交通仿真系统平台中。

3. 交通需求分析及预测

基于基础数据，对现状及将来的居民、车辆及货物在区域内移动的信息进行分析和预测，包括：社会经济发展指标、城市人口及分布、居民就业就学岗位、居民出行发生与吸引、居民出行方式、居民出行分布、交通工具拥有量、现状客运货运OD分布等。

4. 模型构建

根据交通网络基本情况，构建宏观交通仿真模型，并在此基础上，根据土地利用形态修改模型，形成替代方案，以此与原方案进行比较分析。

5. 方案评价

方案对比评价应从技术与经济两个角度进行，评价指标包括：交通网络总体性能、道路交通网络运行状态、公共交通网络运行、交通网络经济效益、交通环境。

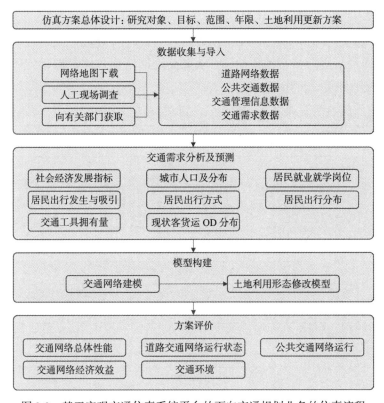

图 2-3　基于宏观交通仿真系统平台的面向交通规划业务的仿真流程

2.2.3　面向交通设施建设业务的仿真流程设计

面向交通设施建设业务主要涉及大型公共设施、新建道路设计、改建道路设计等方面，主要运用宏观交通仿真系统平台开展交通运行状态仿真评价研究。基于宏观交通仿真系统平台的面向交通设施建设业务的仿真流程如图 2-4 所示，包括：

1. 仿真方案总体设计

结合面向交通设施建设业务功能，以新建或改建的交通设施周边道路网络为研究对象，研究交通设施建设前后交通运行状态差异，以此为依据评估建设成效和交通影响。

2. 数据收集与导入

采取网络地图下载、人工现场调查、向有关部门获取等方式，获取所选示范应用场景下宏观交通系统仿真所需的相关资料与数据，包括道路网络数据、公共交通数据、交通管理信息数据、交通需求数据，并输入到宏观交通仿真系统平台中。

3. 交通需求分析及预测

基于基础数据，对现状及将来的居民、车辆及货物在区域内移动的信息进行分析和预测，包括：社会经济发展指标、城市人口及分布、居民就业就学岗位、居民出行发生与吸引、居民出行方式、居民出行分布、交通工具拥有量、现状客运货运 OD 分布等。

4. 模型构建

根据交通网络基本情况，构建宏观交通仿真模型，并在此基础上，根据交通设施建设方案修改模型，形成替代方案，以此与原方案进行比较分析。

5. 方案评价

方案对比评价应从技术与经济两个角度进行，评价指标包括：交通网络总体性能评价指标、道路交通网络运行状态评价指标、公共交通网络运行评价指标、交通网络经济效益评价指标、交通环境评价指标。

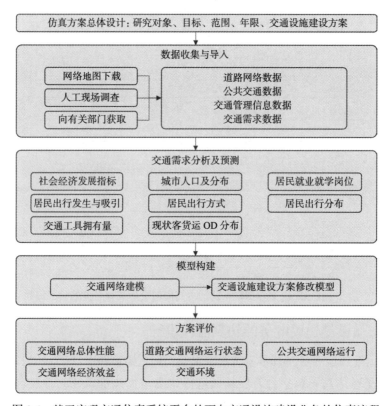

图 2-4 基于宏观交通仿真系统平台的面向交通设施建设业务的仿真流程

2.2.4 面向交通管控业务的仿真流程设计

面向交通管控业务主要涉及交叉口、干线、快速路、特定片区等不同规模区域下的各类交通管控措施，如信号配时、渠化设计、交通组织等。可根据不同的研究区域规模与研究目标，运用微观交通仿真平台或宏微观一体化交通仿真平台，开展交通运行状态仿真评价研究。

面向交通管控业务的示范应用包括北京大兴国际机场示范应用和北京林萃路典型交叉口示范应用。其中北京大兴国际机场示范应用主要运用微观交通仿真系统平台开展面向交通组织方案的仿真评价研究，北京林萃路典型交叉口示范应用主要运用宏微观一体化交通仿真系统平台开展交叉口运行状态仿真评价研究。

基于微观交通仿真系统平台的面向交通管控业务的仿真流程如图 2-5 所示，包括：

1. 仿真方案总体设计

结合面向交通管控业务功能，选取交通管控方案实施所在的交叉口或道路为研究对象，分析交通管控方案实施前后的交通运行状态差异，以评估交通管控方案的实施效果；或分析不同交通管控方案实施后交通运行状态的差异，得到最优的交通管控方案。

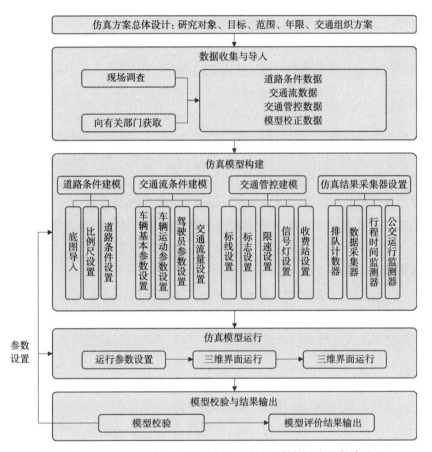

图 2-5 基于微观交通仿真系统平台的面向交通管控业务的仿真流程

2. 数据收集与导入

采取现场调查、向有关部门获取等方式，获取所选示范应用场景下微观交通系统仿真所需的相关资料与数据，包括道路条件数据、交通流数据、交通管控数据与模型校正数据，并输入到微观交通仿真系统平台中。

3. 仿真模型构建

基于获取的多源数据，结合针对具体业务设计的交通运行状态优化方案，对仿真场景进行搭建，包括道路条件建模、交通流条件建模、交通管控建模、仿真结果采集器设置等。

道路条件建模主要包括仿真区域底图导入、比例尺设置和道路条件设置（路段及交叉口的形状、断面结构、车道数、车道宽度、车道功能等）。

交通流条件建模包括仿真车辆基本参数设置（车辆类型、车辆长度、宽度等）、车辆运动参数设置（车辆期望速度、期望加速度等）、驾驶员参数（出行者的路径选择等）和交通流量设置（各发车点流量、交叉口进口道转向流量等）。

交通管控建模包括标线、标志、限速、交叉口信号灯、收费站相关管控方式参数的设置。

仿真结果采集器设置包括排队计数器、数据采集器、行程时间监测器和公交运行监测器，用于记录与统计仿真运行结果中各评价指标数据。

4. 仿真模型运行

对仿真系统的运行参数进行设置，包括仿真时长、仿真速度、仿真精度、线程数等。完成参数设置后，运行仿真模型，可以通过二维界面和三维界面实时监控仿真模型的运行状态。

5. 模型校验与结果输出

完成微观仿真运行后，需要结合获取的交通运行状态实测数据，对微观仿真模型进行精度校验，并将校验结果反馈给模型进行参数调整与修正。通过模型校验后，即可对仿真评价结果进行输出，进行示范应用实施效果的微观仿真评估。

基于宏微观一体化交通仿真系统平台的面向交通管控业务的仿真流程如图2-6所示，包括：

1. 仿真方案总体设计

结合面向交通管控业务功能，以交通管控方案实施所在位置周边的道路网络为研究对象，研究交通管控方案实施前后所在位置及周边路网的交通运行状态，以评估交通管控方案的实施效果；或分析不同交通管控方案实施后交通运行状态的差异，得到最优的交通管控方案。

2. 数据收集与导入

采取现场调查、向有关部门获取等方式，获取所选示范应用场景下宏微观一体化交通仿真系统所需的相关资料与数据，包括宏观仿真系统输入数据，如宏观路网、交通小区与OD等，以及微观仿真系统输入数据，包括道路条件数据、交通流数据、交通管控数据与模型校正数据，并分别输入宏观交通仿真系统平台和微观交通仿真系统平台中。

3. 仿真模型构建

宏微观一体化仿真模型的构建需要根据仿真方案，分别形成宏观仿真子模型和微观仿真子模型，并通过数据接口，实现宏观仿真子模型与微观仿真子模型之间的数据传输，形成宏微观一体化仿真模型。

4. 仿真模型运行与评价

首先通过宏观仿真运行，对宏观路网运行状态变化进行分析；其次实现对路段与交叉口的流量预测，利用实测数据对流量进行校核；之后将流量传输至微观仿真子模型中，完成微观仿真的运行，输出不同交叉口管控方案下的交叉口的交通运行状态变化评价结果，对各管控方案的实施效果进行对比分析。

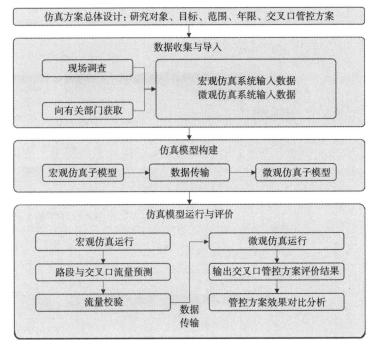

图 2-6 基于宏微观一体化交通仿真系统平台的面向交通管控业务的仿真流程

2.3 交通仿真系统工程应用条件设计

2.3.1 物理接口设计

示范应用涉及宏微观一体化交通仿真系统平台，需要使用宏观交通仿真和微观交通仿真两方面的接口，如表 2-1 所示。

示范应用物理接口需求　　　　　　　　表 2-1

一级分类	二级分类	接口名称
宏观交通仿真接口	参数设置接口	交叉口转向管理接口
		改扩建道路接口
		交通网络连接接口
		车种禁行设置接口
		单向车道设置接口
	结果输出接口	路网速度接口
		流量接口
		负荷度接口
		交通小区需求与 OD 接口
		车辆路径流量接口
		交通网络输出接口

续表

一级分类	二级分类	接口名称
微观交通仿真接口	参数设置接口	发车点流量接口
		车辆路径接口
		路段车道限速信息接口
		路网连接关系接口
		交叉口信号配时接口
		交叉口连接段设置接口
	结果输出接口	车辆轨迹信息接口
		排队长度数据接口
		行程时间数据接口
		速度流量数据接口
前后端数据调用接口		仿真优化接口
		方案参数设置接口
		仿真结果数据接口

2.3.2 接入协议设计

由于示范应用涉及宏微观一体化仿真系统平台的应用，需要大规模的城市道路交通网络基础数据和运行状态数据的传输，因此需要采用 HTTP+WebSocket 协议进行数据传输，通过 WebSocket 协议传输宏观层面大规模城市道路交通网络相关输入输出数据，通过 HTTP 协议传输微观层面局部路段与节点相关输入输出数据。

2.3.3 数据交换设计

根据面向交通规划、交通设施建设、交通管控三个业务的示范应用实际数据需求，输入输出数据包括以下几部分：

1. 宏观交通仿真系统相关数据

输入数据包括交通网络结构基础数据、综合交通管理信息基础数据和综合交通需求分析基础数据。

（1）交通网络结构基础数据：包括网络邻接目录、节点坐标信息、交通区域节点对照数据、节点类型数据、网络几何要素数据和网络路段参数修正数据。

（2）综合交通管理信息基础数据：包括节点交通管理信息和路段交通管理信息。

（3）综合交通需求分析基础数据：包括交通小区与 OD 数据。

输出数据包括交通网络特征指标和城市交通网络机动车交通质量指标。

（1）交通网络特征指标：包括城市交通网络总里程数及各级城市道路里程与比例、网络总节点数及各类交叉口比例、整个交通网络的交叉口平均排队长度及各类交叉口平均排队长度、整个交通网络的交叉口平均排队延误及各类交叉口的平均排队延误等。

（2）城市交通网络机动车交通质量指标：包括全网络机动车交通需求量、运输周转量、各级道路机动车周转量承担量及承担比例、全网络平均路段平均机动车流量、运输能力、负荷度、运行车速、服务水平、拥挤度、分级流量、分级服务水平道路里程与比例，各等级道路平均运行车速，全网络交叉口平均机动车流量、运输能力、负荷度、分级流量、服务水平交叉口比例，全网交叉口拥挤度等。

2. 微观交通仿真系统相关数据

输入数据包括道路网数据、交通管理与控制数据、交通流数据和公交数据。

（1）道路网数据：包括道路基本信息（名称、等级、方向、路面类型、车道数、横断面形式、分隔带类型）、交叉口渠化信息、交通设施信息、交通标志信息等。

（2）交通管理与控制数据：包括交叉口信号灯数据、路段出入口控制数据、公交优先情况等。

（3）交通流数据：包括分车型路段统计流量、分车型交叉口分流向统计流量、出租车与网约车接续运输流量等。

（4）公交数据：包括公交场站基本信息、公交线路基本信息、公交线路运营信息等。

输出数据包括行程时间相关数据、排队相关数据、采集点数据、仿真车辆个体数据和轨迹数据等。

（1）行程时间相关数据：包括仿真车辆在检测区间行驶的起始时间和结束时间、检测区间的平均行程时间、平均行程距离、平均行车延误等。

（2）排队相关数据：包括仿真车辆在检测区间排队的起始时间和结束时间、检测区间的最大排队长度、最小排队长度、平均排队长度、平均排队车辆数等。

（3）采集点数据：包括仿真车辆在检测区间运行的起始时间和结束时间、检测区间的平均车速、占有率、车辆数。

（4）仿真车辆个体数据：包括仿真车辆驶入到驶出仿真场景的时间、车辆类型、车长、检测距离、上游距离、下游距离、期望速度、当前速度、当前加速度、跟车距离、跟车时距等。

（5）轨迹数据：包括时间、车辆 ID、当前速度、当前加速度、行程距离、角度、XY 坐标、道路 ID 等。

3. 宏微观交通仿真系统平台交互数据

由于示范应用中涉及宏微观一体化交通仿真系统平台，因此需要宏观与微观仿真系统间的数据交互。其中宏观交通仿真系统需要向微观交通仿真系统传输路径流量、路网结构等数据，微观交通仿真系统需要向宏观交通系统反馈道路改造、交叉口渠化修改等节点和部分路段的修改信息。

2.3.4 信息发布设计

结合面向交通规划、交通设施建设、交通管控三个业务的示范应用方案，交通仿真系统平台需要展示示范应用研究范围内的道路网络基本信息，2D 或 3D 形式的示范应用仿真场景，示范应用研究范围内的道路速度、流量、负荷度、车辆排队等交通运行状态信息的动态演示，示范应用方案的交通运行状态评价指标的可视化分析结果等信息。

2.3.5　界面集成设计

由于示范应用涉及宏微观一体化交通仿真，因此不仅需要分别实现宏观与微观交通运行状态仿真方案的相关操作界面与信息展示界面，还需要实现宏观与微观交通仿真系统平台界面的动态切换与交互功能。

第 3 章　典型场景下的交通仿真系统综合测试

3.1　交通仿真系统综合测试方案设计

3.1.1　测试流程

交通仿真系统平台的综合测试主要经过四步开展，分别为测试需求分析、测试方案设计、测试开展和测试反馈。

（1）测试需求分析：为了梳理出平台的功能特点以及业务对平台功能需求，明确在功能测试中具体的测试对象、测试方法。

（2）测试方案设计：在需求分析的基础上，依据测试对象，确定测试指标及方法、评判标准。在指标和方法确定的基础上，对测试数据、测试环境、测试场景等进行设计。

1）测试数据：应根据设计预期、业务类型和测试场景，准备相对应数据，保证测试工作顺利开展。

2）测试环境：保证所要测试的仿真功能能够发挥体现出来的最小测试环境。

3）测试指标及方法：通过需求分析，确定具体测试指标以及测试方法。

4）评判标准：根据功能特征的分析，提出相应的评判方法。部分测试指标的评判，以项目研究提出预期目标为依据。

5）测试场景：根据业务需求分析，筛选测试场景。测试场景应当尽可能覆盖业务场景对仿真功能需求。

（3）测试开展：依据测试方案搭建测试环境，对测试场景进行测试，并输出测试结果。

（4）测试反馈：对测试结果进行分析，判断与测试需求是否匹配。达到要求，则说明平台功能满足业务仿真需求；未达到要求，则需要返回进行问题分析，寻找原因并对平台进行调整，调整后重新测试。

3.1.2　测试需求

不同业务涉及不同尺度的交通仿真系统平台，其测试需求也存在一定差异。面向交通规划业务以及面向交通设施建设业务主要采用宏观交通仿真，对交通设施建设后对周边城市路网交通运行状态的影响进行评估，需要交通仿真系统平台能够支持大规模城市道路网络交通运行状态的快速仿真，其仿真结果需要具备一定的稳定性与可靠性。面向交通管控业务主要采用微观交通仿真或宏微观一体化交通仿真，对不同交通管控方案下局部路网中的关键节点与关键路段的交通运行状态进行评估，需要交通仿真系统平台具备宏微观仿真数据交互与一体化仿真功能，同时需要交通仿真系统平台能够输出具备较高精准性、稳定性与可靠性的仿真结果。

从仿真场景搭建方面来看，仿真系统平台的基础功能应支持仿真场景搭建各部分流程的实现，包括方案组织、方案分析、方案效果评估与结果展示。其中方案组织流程重点需要考察数据库导入、路网图形编辑、方案的增设、方案的参数设定等功能，方案分析流程重点需要考察方案各模块功能是否能够正常运行，方案效果评估流程重点需要考察在不同场景下各仿真方案是否能够输出相应的评价指标，结果展示流程重点需要考察方案效果评估结果的可视化展示与报表输出功能，以及多方案之间的对比分析功能。

3.1.3 测试数据

不同尺度下的交通仿真系统平台测试所需数据有所不同。

针对宏观仿真系统平台，需要准备所选测试场景所需的仿真模型输入数据，包括道路交通网络数据、公共交通数据、交通管理信息数据、交通需求数据等。宏观仿真系统输出数据包括：交通设施建设区域周边路网流量、饱和度、对比方案流量和负荷差值等。最终通过评价仿真平台收敛性能反映仿真效率。

针对微观仿真系统平台，一方面需要准备相关的仿真模型输入数据，包括道路条件数据、交通流条件数据、交通管控数据等，另一方面需要准备所选测试场景下仿真模型输出的交通运行状态评价指标的实测数据，包括交通流量指标、车辆运行速度、排队相关指标（如排队车辆数）、行程时间相关指标（如行程时间与延误）等。

3.1.4 测试内容

交通仿真系统平台综合测试主要包括功能测试和性能测试两方面。功能测试主要考察交通仿真系统平台的数据输入与输出功能是否能够正常运行、各仿真模块的功能是否能够正常运行。性能测试主要考察交通仿真系统平台是否具备良好的仿真性能，包括可接受的仿真运行速度与精度，以及高稳定性与可靠性的评价指标输出结果。

不同尺度下的交通仿真系统平台的综合测试有不同的侧重点，对于宏观交通仿真系统平台，需测试其是否能够支持大规模城市道路网络交通运行状态的快速仿真；对于微观交通仿真系统平台，需要测试其仿真评价指标输出结果是否具备较高的精度；对于宏微观一体化仿真系统平台，除了需要测试上述仿真平台的主要功能与性能，还需要测试是否能够实现宏观仿真系统与微观仿真系统之间数据的有效传输。

3.2 交通仿真系统功能性能评价指标体系构建

3.2.1 指标选取原则

仿真平台测试中，所选取测试指标，主要是用于测试分析平台的仿真流程是否符合实际仿真过程，功能能否满足实际应用需求、是否能够支撑业务场景仿真运行实现，输出仿真结论是否能够支撑交通运行状态评价，同时评判平台的运行性能特征，即支撑的仿真规模、精度、运行速度等是否达到预期。因此，在进行测试指标选取时，需要遵循一定的基本原则：

1. 系统性

仿真平台是一个系统，对其认识也同样应该从系统的角度出发，按照系统工程的基本原则分层次、分目的地划分。测试指标从宏观到微观层层深入，注重各个指标之间的联系。

2. 科学性

测试指标的选取繁简要适宜，既不能过多过细，使指标相互重叠，又不能过少过简，无法全面地展示平台的功能和性能。另外，测试工作必须具有科学的测试方法、工作程序和组织管理，从而保证测试结论科学性。

3. 实用性

所选取的测试指标要具有良好可行性和可操作性。首先，测试指标的测试方法简便易行，保证测试结果的客观性、全面性。其次，无论是定性指标还是定量指标，其信息来源渠道必须可靠，并且易于取得，否则测试工作难以进行或代价太大。最后，整体操作要规范，各项测试指标及其相应的计算方法、各项数据都要标准化、规范化。

4. 可操作性

由于仿真在城市交通中使用面很广，涉及规划、设计、管理等各种业务场景中的应用，但是各场景对仿真需求有共性需求，也有个性需求，存在一定的差异性。因此，在选取测试指标的时候，要求指标要具有通用性，能够对平台的基础性功能进行如实地反映。

5. 定量分析与定性分析相结合

在定性分析的基础上，进一步对指标进行量化处理，使指标能够更为客观地反映评价对象某方面的特征，具有较好的可量度性，有利于进行准确、科学、合理地评价。

6. 目标指导原则

测试的目的是为平台使用者、系统开发者提供反馈，为平台的持续性使用以及促进功能、性能的优化开发提供依据。所以测试指标应能反映出平台优劣势。

基于以上原则，本书建立交通仿真系统功能性能评价指标体系，在选定的典型场景下，从仿真运行环境、多源数据交互匹配、一体化仿真模型实现、实际业务支撑、策略库构建、仿真规模、速度、精度、可靠性等方面开展仿真系统综合测试，并将测试结果反馈指导系统研发。

3.2.2 功能测试指标

1. 仿真运行环境

仿真运行环境指进行典型场景下的交通仿真系统功能性能测试时的软硬件配置要求。不同的仿真运行环境下，交通仿真系统的功能与性能存在差异，因此在进行综合测试时，应明确给出仿真运行环境条件。

2. 多源数据交互匹配

多源数据交互匹配主要考察是否实现了交通仿真系统平台的数据输入、输出、交换等功能，以及实现了哪些多源数据的交互匹配。

3. 一体化仿真模型实现

一体化仿真模型实现情况一方面考察所选典型场景是否实现了宏微观一体化仿真模型的构建，另一方面考察所选典型场景下交通仿真系统平台是否能够实现方案设计与编辑、方案查看、方案配置、方案运行与分析、方案评价、评价结果展示等各项功能。

4. 实际业务支撑

实际业务支撑情况通过选定的典型场景下能够支撑的不同实际业务数量来衡量。交通仿真系统平台应支持至少3种不同实际业务下的交通运行状态仿真评估分析。

5. 策略库构建

根据一体化交通仿真系统平台的目标，平台应能够形成交通资源配置策略库、协同管控策略库、交通政策预案库等不少于3种业务策略库。

3.2.3 性能测试指标

1. 仿真规模

仿真规模通过典型场景覆盖的路网节点数量、路段数量以及仿真车辆数量等指标来衡量。对于宏观仿真场景，应能够支持不少于2000个节点和不少于10000条路段的路网运行状态仿真，对于微观仿真场景，应能够支持不少于6000辆车辆的运行状态仿真。

2. 仿真速度

仿真速度通过典型场景下交通仿真系统运行开始至运行结束的过程所需时间来衡量。对于宏观仿真场景，在支撑10000条交通路段的情况下仿真时间应不大于1min，对于微观仿真场景，设置仿真时间为1h的条件下，仿真系统运行过程的时间应不超过0.8h。

3. 仿真精度

仿真精度通过对比仿真系统输出结果与实际测量值之间的偏差来衡量。在选定的典型场景下，选取宏观与微观仿真系统输出的运行状态评价指标，经过不少于3次的仿真运行后，计算选定运行状态评价指标的输出值与实测值之间的平均误差，应满足精度≥85%的要求。

4. 仿真可靠性

仿真可靠性通过对比多次仿真运行的输出结果之间的偏差来衡量。在选定的典型场景下，选取宏观与微观仿真系统输出的运行状态评价指标，经过不少于3次的仿真运行后，计算每一次仿真运行得到的运行状态评价指标输出值之间的误差，应满足总体偏差值控制在15%之内。

综上，交通仿真系统综合测试评价指标体系如表3-1所示。

交通仿真系统综合测试评价指标体系　　　　　　　　　　　　　表 3-1

测试项目	一级指标	二级指标	评价标准
功能测试	仿真运行环境	软硬件配置条件	满足最低配置要求
	多源数据交互匹配	仿真平台数据交互功能实现情况	实现仿真平台的数据输入、输出、交换等功能
	一体化仿真模型实现	宏微观一体化仿真场景数量	不少于 1 个
		仿真场景功能实现数量	实现方案设计与编辑、方案查看、方案配置、方案运行与分析、方案评价、评价结果展示等各项功能
	实际业务支撑	仿真场景不同业务支撑数量	不少于 3 个
	策略库构建	业务策略库完成数量	不少于 3 个
性能测试	仿真规模	覆盖节点数量	宏观仿真不少于 2000 个
		覆盖路段数量	宏观仿真不少于 10000 条
		仿真车辆数量	微观仿真不少于 6000 辆
	仿真速度	仿真运行时间	宏观仿真支撑 10000 个路段的场景下不大于 1min；微观对应 1h 仿真时长的仿真运行不大于 0.8h
	仿真精度	仿真值与实测值的偏差	精度大于 85%
	仿真可靠性	多次仿真值间的偏差	偏差小于 15%

3.3　典型场景下的交通仿真系统功能性能综合测试评估

3.3.1　面向交通规划业务的典型场景交通仿真系统综合测试

1. 功能测试

（1）仿真运行环境

面向交通规划业务典型场景的交通仿真系统综合测试在以下运行环境下进行，满足最低软硬件配置要求。

操作系统：Windows 11（x64）系统；

CPU：Intel（R）Core（TM）i7-9750H；

内存：32GB。

（2）多源数据交互匹配

在所选典型场景下，交通仿真系统实现了地图与路网数据、公共交通数据、交通需求信息数据、交通管理信息数据等数据的输入，综合评估智能停车场建设对于城市整体交通环境、网络交通流量分布、道路交通拥堵延误、交通系统能耗排放的全方位影响，为智能停车场的科学规划与建设提供信息支撑。

（3）一体化仿真模型实现

以宁波智能停车场规划的场景为例，对仿真系统的各项功能进行测试。

1）方案编辑与设计

基于宁波市基础方案新建对比方案，用于规划智能停车场并与基础方案进行比对，见图 3-1（a）。同时，设置基础方案与智能停车场规划方案的图形比较与报告比较，见图 3-1（b），方便后续直观地分析并评估智能停车场的建设效果。

图 3-1　方案比较设置示意图
(a) 新建对比方案；(b) 方案对比设置

根据 2019 年《宁波市中心城区停车设施专项规划》意见：宁波市核心区停车供给以配建停车为主，外围区域要加强停车换乘体系规划建设，减少核心区道路机动车数量。因此，核心城区（江北、鄞州及海曙区）与外围城区（奉化区）的衔接区域存在大量的停车需求，需要进行大型停车场规划。规划停车场所属交通小区位置如图 3-2 所示。

图 3-2　规划停车场所属交通小区位置示意图

为了方便进行交通分配，通过交通小区拆分，使规划停车场所在区域单独作为一个交通小区，交通小区编号为 472，如图 3-3 所示。小区形心点编号为 9065，可看作智能停车场所在位置。设定规划智能停车场的日停车数量为 5000 辆，故在原有的交通需求 OD 矩阵的基础上，将核心区的部分交通需求转移至停车场所在交通小区。

第3章 典型场景下的交通仿真系统综合测试

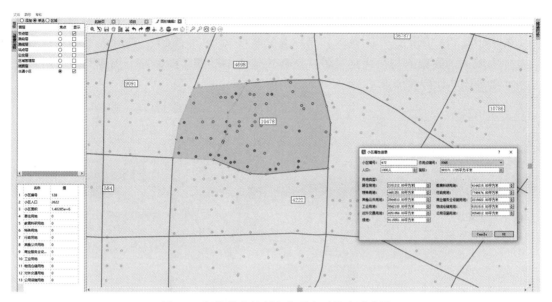

图 3-3　智能停车场所在交通小区构建示意图

2）仿真模块配置

相比于基础方案，停车场规划方案需要重新进行仿真模块配置。对于交通运行分析，由于停车场规划主要面向机动车，因此将慢行交通及公共交通的相关模块删除，减少平台的运算负荷。由于多路径－增量加载交通分配方法更加切合实际，因此交通分配方法选为"多路径－增量加载交通分配"。此外，设置方案综合评估模块与分析结果展示模块，然后点击方案中的"运行"按钮，平台即可实现一键式快速仿真，如图3-4所示。

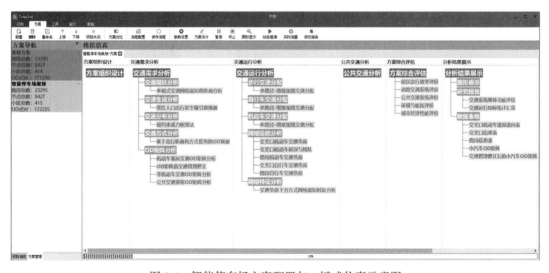

图 3-4　智能停车场方案配置与一键式仿真示意图

3）方案仿真结果

通过一键式仿真，获取智能停车场建设后宁波市的交通系统状态，包括机动车和客

25

车的路段及交叉口交通量分布,如图 3-5 所示。从仿真结果可以看出,路段和交叉口交通量主要集中在核心城区,外围城区的路段及交叉口交通负荷较小。此外,宁波市核心区以及外围城区的高架路与快速路具备快速客流输送的功能,高架路、快速路及其沿线交叉口交通量均处在较高的水平。

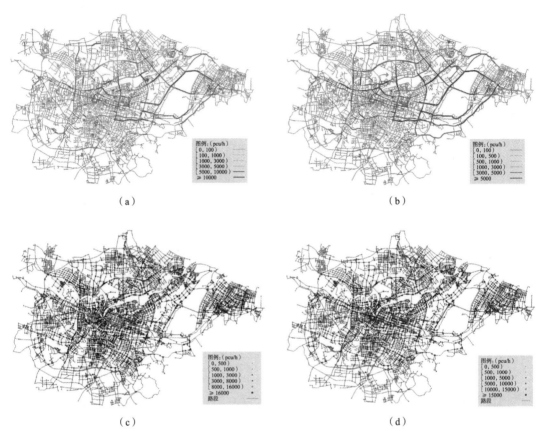

图 3-5 智能停车场方案仿真可视化结果

(a) 机动车路段交通量分布;(b) 客车路段交通量分布;
(c) 机动车交叉口交通量分布;(d) 客车交叉口交通量分布

除输出路段及交叉口的可视化流量外,宁波市虚拟交通系统仿真平台同样能生成仿真结果信息表,并支持用户下载与导出。智能停车场方案下的仿真信息汇总表包括:道路路段交通信息表、道路节点交通信息表以及城市交通网络交通信息汇总表,其示例如图 3-6 所示。

对宁波市虚拟交通系统仿真平台输出的智能停车场方案仿真信息进行汇总,包括交通量、通行能力、平均饱和度和平均服务水平,如表 3-2 所示。

宁波市智能停车场方案仿真信息统计表　　　　　表 3-2

类型	交通量(pcu/h)	通行能力(pcu/h)	平均饱和度	平均服务水平
路段	840	1289	0.652	C 级
交叉口	2161	2755	0.796	D 级

城市交通网络交通信息汇总表

1. 道路网络基础信息

交通网络道路路段总个数	22527	
实际参与评价的路段总个数	22527	
交通网络道路总里程	3767	km
实际参与评价的道路总里程	3767	km
其中，高架路长度	66	km
快速路长度	115	km
主干路长度	556	km
次干路长度	690	km
支路长度	2180	km
高速公路长度	160	km
交通网络道路交叉口总个数	7203	
实际参与评价网络交通节点总个数	7203	
其中，立体交叉口	0	
信号控制交叉口	2048	
信号控制渠化交叉口	272	
环形交叉口	1	
主路优先权交叉口	913	
无控制交叉口	3969	

运输周转量在交通网络上的分布:

高架路占	5.00	%
快速路占	14.10	%
主干路占	44.30	%
次干路占	16.31	%
支路占	11.92	%
城郊公路占	0.00	%
高速公路占	8.36	%

(2) 道路网络平均路段交通量(单向)

平均道路路段交通量	840	pcu/h
平均道路路段通行能力	1289	pcu/h
平均道路路段饱和度(V/C)	0.652	

不同交通量等级的道路里程分布：

0-500 pcu/h	4994	km
500-1000 pcu/h	848	km
1000-2000 pcu/h	626	km
2000-5000 pcu/h	826	km
>5000 pcu/h	241	km

不同交通量等级的道路里程分布比例:

0-500 pcu/h	66.28	%
500-1000 pcu/h	11.26	%
1000-2000 pcu/h	8.30	%
2000-5000 pcu/h	10.96	%
>5000 pcu/h	3.20	%

图 3-6　智能停车场方案仿真信息汇总表示例

从表 3-2 中可以看出，宁波市智能停车场方案路段与交叉口的平均饱和度分别为 0.652 和 0.796，平均服务水平分别处于 C 级与 D 级。整体看来，宁波市路段和交叉口均已接近饱和，侧面反映宁波市现状交通系统设施供需失衡问题相对突出。

4）方案评价分析

宁波市虚拟交通系统仿真平台可以直观展示智能停车场修建前后的路段交通量差值分布，如图 3-7 所示。从图中可以看出，由于智能停车场的修建，城市核心区的部分交通需求转移至智能停车场所在交通小区，城市核心区内的主要道路的交通量均减少。相反，智能停车场所在交通小区由于智能停车场的建设，周围道路的交通量明显增大。由于宁波市现状交通拥堵主要集中在核心区，智能停车场修建能够显著缓解城市核心区的交通压力，达到预期目标。

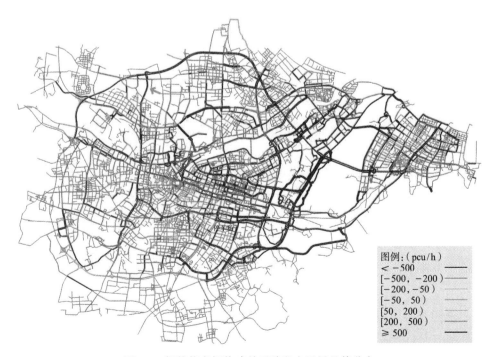

图 3-7　智能停车场修建前后路段交通量差值分布

此外，宁波市虚拟交通系统仿真平台对智能停车场建成前后城市交通系统的各项指标进行统计，包括路段平均车速、道路网络运行效率、环境与能耗指标、路段与节点运行信息，见表3-3～表3-6。基于上述指标，能够为科学评估智能停车场建设方案提供数据支撑。

智能停车场建成前后路段平均车速对比 　　　　　　　　　　　　　　表3-3

道路性质	建成前（km/h）	建成后（km/h）	变化量（km/h）	变化率
高架路	64.65	68.41	3.76	5.82%
快速路	48.38	49.12	0.74	1.53%
主干路	47.89	48.73	0.84	1.75%
次干路	41.35	42.58	1.23	2.97%
支路	21.24	21.47	0.23	1.08%
高速公路	95.76	100.08	4.32	4.51%

从智能停车场建成前后的路段平均车速对比来看，智能停车场建成后，不同类型道路的平均车速均有所提高。由此说明，智能停车场的建设能够减小路段交通流量，降低路段饱和度，改善车辆的运行环境，提高车辆的运行效率。其中，高架路平均车速提升最为明显，为5.82%；而智能停车场建设对于城郊公路平均车速影响较小，仅提高0.05%。

智能停车场建成前后道路网络运行效率评价指标对比 　　　　　　　　表3-4

道路网络运行效率指标	建成前	建成后	变化量	变化率
路网平均行程车速（km/h）	45.62	48.14	2.52	5.52%
道路网络干道拥堵率（%）	43.31	36.83	−6.48	−14.96%
道路网络交叉口拥堵率（%）	23.20	18.48	−4.72	−20.34%
路段负荷均衡度（%）	65.97	48.78	−17.19	−26.06%
节点负荷均衡度（%）	64.36	55.09	−9.27	−14.40%
路段平均饱和度（%）	0.50	0.36	−0.14	−28.00%
节点平均饱和度（%）	0.52	0.46	−0.06	−11.54%

从智能停车场建成前后的道路网络运行效率对比来看，智能停车场建成后，路网平均行程车速提升5.52%。道路网络干道拥堵率、道路网络交叉口拥堵率、路段负荷均衡度、节点负荷均衡度、路段及节点平均饱和度均有所降低。其中，路段平均饱和度降低率超过25%，说明智能停车场的建设可以有效均衡交通网络的交通负荷，将部分交通需求和路段交通量由中心城区转移至边缘城区，有效改善中心城区的交通运行环境。

智能停车场建成前后环境与能耗评价指标对比　　　　表3-5

环境与能耗指标	建成前	建成后	变化量	变化率
路网能源消耗总量（燃油，t/h）	522.89	449.27	−73.62	−14.08%
单位客运周转量燃油消耗（燃油，L）	12.31	10.59	−1.72	−13.97%
路网 CO 排放总量（t/h）	26.82	24.20	−2.62	−9.77%
路网 HC 排放总量（t/h）	2.97	2.65	−0.32	−10.77%
路网 NO_x 排放总量（t/h）	8.37	8.21	−0.16	−1.91%
路网 PM10 排放总量（t/h）	0.87	0.74	−0.13	−14.94%
路网 PM2.5 排放总量（t/h）	0.09	0.08	−0.01	−11.11%
路网全部污染物排放总量（t/h）	39.03	35.79	−3.24	−8.30%
机动车污染物人均排放量（t/h）	0.44	0.40	−0.04	−9.09%

从智能停车场建成前后的环境与能耗评价指标对比来看，由于智能停车场减少了因寻找车位产生的冗余交通量，路网能源消耗总量、单位客运周转量燃油消耗以及各类污染物排放量均有所下降。究其原因，智能停车场建成后使得路段和节点的行驶时间、延误和排队等待时间均有所降低，城市交通系统效率提升，故能耗和排放水平整体降低。由此看来，智能停车场的规划建设能够降低城市内部尤其是主城区的能源消耗与尾气排放，符合"节能减排"和"绿色出行"的宗旨与要求。

智能停车场建成前后路段与节点运行信息对比　　　　表3-6

运行信息	建成前	建成后	变化量	变化率
路段流量（pcu/h）	977	829	−148	−15.15%
路段通行能力（pcu/h）	1287	1287	0	0
路段饱和度	0.759	0.644	−0.115	−15.15%
节点流量（pcu/h）	2192	2161	−31	−1.41%
节点通行能力（pcu/h）	2755	2755	0	0
节点饱和度	0.796	0.784	−0.012	−1.51%

从智能停车场建成前后路段与节点运行信息对比来看，智能停车场建成后，路段和节点流量有一定程度地减少。由于路段和节点的通行能力未发生改变，故路段和节点饱和度也随之降低，说明智能停车场建成后能有效提升宁波市路段和节点的服务水平。

最后，本案例在相同位置设置同等规模的普通停车场，对比分析其与智能停车场的停车效率差异，如表3-7所示。与普通停车场相比，智能停车场能够大幅提升设施利用率与小时周转率，降低高峰停车时长，避免因长时间停车或者寻找车位导致的停车效率低下问题。由此说明，修建智能停车场或普通停车场的智能化改造可以明显提升停车场停车效率，进而提升宁波市的整体停车环境。

智能停车场与普通停车场的停车效率对比评价 表 3-7

停车效率信息	普通停车场	智能停车场	变化量	变化率
小时利用率	55%	68%	13%	23.64%
小时周转率（次/车位）	2.48	2.83	0.35	14.11%
高峰停车时长（min）	68	55	−13	−19.12%

基于宁波市虚拟交通系统仿真平台，可以实现智能停车场建成前后的仿真方案综合评价。仿真结果表明：在核心城区（江北、海曙及鄞州区）与外围城区（奉化区）的衔接区域建设智能停车场能够有效改善城市整体交通环境、均衡网络交通流量分布、缓解城市交通拥堵与延误、减少交通系统的环境影响。由此，案例所示智能停车场建设方案具备有效性和可行性，能够达到预期效果。

2. 性能测试

该场景下解析后的宁波市道路网络结构基础数据库共包含 8427 个交通节点及 22527 条路段，交通节点与路段组成要素及包含类型如表 3-8 所示。其中，解析得到的研究区域内道路长度共计 3767km。满足对于宏观仿真场景的性能测试指标要求，即应能够支持不少于 2000 个节点和不少于 10000 条路段的路网运行状态仿真。表明交通仿真系统能够支持较大规模宏观仿真场景的运行。

交通节点与路段组成要素及包含类型表 表 3-8

交通单元	组成要素	类型
节点	编号、坐标、类型、阻抗	无延误节点、信号控制交叉口、无控制交叉口、环形交叉口、立体交叉口、信号控制渠化交叉口、主路优先交叉口以及车站、码头
路段	起终点编号、类型、等级、长度、设计速度、断面规模、阻抗	城市高架道路、城市快速干道、城市主干道、城市次干道、城市支路、郊区公路、高速公路、轨道交通线路、水运航线以及步行连接线

宁波市宏观交通系统仿真平台的网络特征分析模块和方案评价模块的参数均采用默认参数取值，其参数设置如图 3-8 所示，交通分配模型参数设置如图 3-9 所示。步行、自行车以及机动车的交通分配增量加载迭代次数均设为 10 次，平衡交通分配收敛标准设为 0.001。考虑宁波市尚未建成完整的公交专用道系统，因此将公交 OD 量设置为在道路网络上进行分配。仿真结果显示达到收敛标准的仿真时间满足不大于 1min 的考核指标要求。另外，由于智能停车场尚处于规划阶段，目前尚无法进行仿真结果与真实数据校核。

3.3.2 面向交通设施建设业务的典型场景交通仿真系统综合测试

1. 功能测试

（1）仿真运行环境

面向交通设施建设业务典型场景的交通仿真系统综合测试在以下运行环境下进行，满足最低软硬件配置要求。

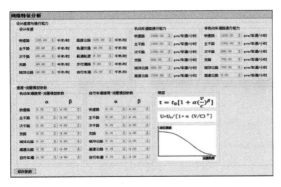

图 3-8 网络特征分析模块和方案评价模块参数设置

图 3-9 交通分配模型参数设置

操作系统：Windows 11（x64）系统；
CPU：Intel（R）Core（TM）i7-9750H；
内存：32GB。

（2）多源数据交互匹配

在所选典型场景下，交通仿真系统实现了地图与路网数据、公共交通数据、交通需求信息数据、交通管理信息数据等数据的输入，综合评估宁波轨道交通第三轮建设对于城市整体交通环境、网络交通流量分布、道路交通拥堵延误的全方位影响，为合理组织交通提供信息支持。

（3）一体化仿真模型实现

以宁波市轨道交通第三轮建设期间交通组织综合优化方案场景为例，对宏观仿真系统的各项功能进行测试。

1）方案编辑与设计

在宁波市基础道路网络结构数据库的基础上，新建对比方案并激活。同时，设置基础方案与新建轨道交通 7 号线、8 号线封闭施工方案的图形比较与报告比较，如图 3-10 和图 3-11 所示，方便后续直观评估新建轨道交通 7 号线、8 号线的仿真效果。

图 3-10　方案对比设置

图 3-11　对比方案路网分布图

2）仿真基础模块配置

由于基础道路网络结构数据库中已包含交通小区间的 OD 矩阵，因此无需再次进行交通生成分析和交通分布分析。但新建地铁线路会影响综合交通网络阻抗，进而改变交通出行结构，因此需要重新进行交通阻抗分析、交通方式分析以及 OD 矩阵分析，同时需要对多种交通方式的运行模块进行配置。慢行交通及机动车交通分配均采用"多路径—增量加载交通分配"方法。此外，设置方案综合评估模块与分析结果展示模块，然后点击方案中的"运行"按钮，平台即可实现一键式快速仿真。

3）方案仿真结果

通过一键式仿真，获取轨道交通 7 号线、8 号线施工前后（包括施工一阶段、二阶段和三阶段）宁波市交通系统状态的可视化图像以及研究报告，包括机动车的路段和交叉口交通量分布等，如图 3-12 所示。

轨道交通 7 号线施工站点对周边道路影响较大站点主要为北明程路站、新天地站、外滩大桥站和环城北路站，具体数据如表 3-9 和图 3-13 所示，施工仅在一定程度上产生交通拥堵，需要针对性提出施工期间的交通绕行及保障方案，避免对站点周边片区造成较大影响。

轨道交通 8 号线施工站点对周边道路影响较大站点主要为丽园北路站、丽园南路站、南苑站和泽民站，具体数据如表 3-10 和图 3-14 所示，施工仅在一定程度上产生交通拥堵，需要针对性提出施工期间的交通绕行及保障方案，避免对站点周边片区造成较大影响。

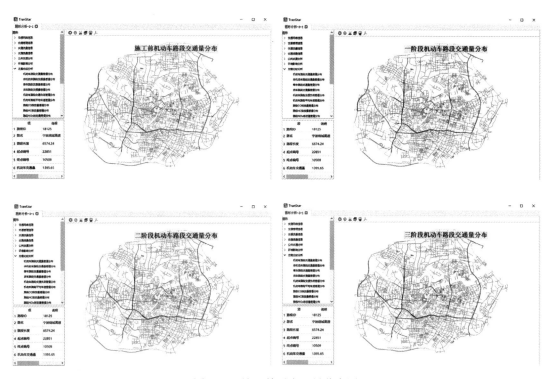

图 3-12　施工前后交通量分布图

轨道交通 7 号线施工站点周边路段平均交通量和平均饱和度　　表 3-9

城区主干道运行效率指标	平均交通量（pcu/h）		平均饱和度	
	施工前	施工后	施工前	施工后
东钱湖北站	622	735	0.32	0.35
诚信路站	413	450	0.22	0.23
富强东路站	391	442	0.29	0.30
百丈东路站	750	512	0.48	0.47
北明程路站	1323	2500	0.62	0.81
新天地站	522	1400	0.71	0.80
体育馆站	4124	3000	0.65	0.73
曙光路站	2576	2200	0.61	0.75
外滩大桥站	2900	3800	0.55	0.84
环城北路站	3200	3489	0.53	0.82
康桥南路站	2900	1600	0.61	0.70
宁慈路站	2300	2500	0.65	0.71
九龙大道站	1600	1908	0.50	0.67

续表

城区主干道运行效率指标	平均交通量（pcu/h）		平均饱和度	
	施工前	施工后	施工前	施工后
金华路站	1500	1878	0.60	0.69
贵驷站	2500	2500	0.49	0.57
明海大道站	2800	2911	0.32	0.45

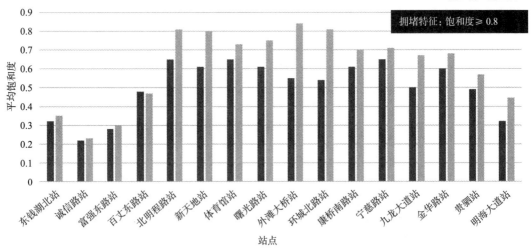

图 3-13 轨道交通 7 号线施工前后路段平均饱和度

轨道交通 8 号线施工站点周边路段平均交通量和平均饱和度　　表 3-10

城区主干道运行效率指标	平均交通量（pcu/h）		平均饱和度	
	施工前	施工后	施工前	施工后
江北大道站	653	843	0.28	0.34
培训中心站	1723	1903	0.32	0.37
旧宅徐站	1745	1915	0.34	0.38
洪大路站	380	843	0.47	0.55
云飞路站	452	1052	0.42	0.61
青林湾站	345	745	0.47	0.52
天一家园西站	1578	2478	0.62	0.76
泽民站	1229	1829	0.61	0.79
丽园北路站	1437	2282	0.52	0.83
丽园南路站	1415	2115	0.61	0.79
南苑站	1624	2334	0.58	0.85
段塘站	338	368	0.56	0.58
茧山西路站	659	834	0.32	0.40
庙堰站	1378	1508	0.42	0.60
明州医院站	872	1211	0.53	0.69

续表

城区主干道运行效率指标	平均交通量（pcu/h）		平均饱和度	
	施工前	施工后	施工前	施工后
南部商务区站	684	791	0.45	0.50
高教园区站	667	752	0.22	0.25
天宫庄园站	410	471	0.26	0.27

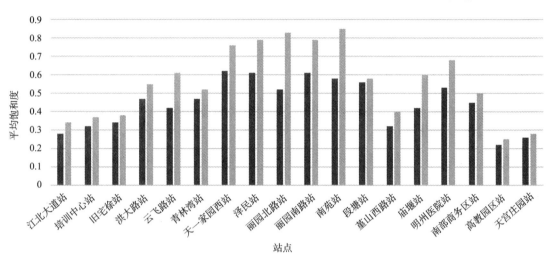

图 3-14 轨道交通 8 号线施工前后路段平均饱和度

4）交通组织优化方案效果评估

根据仿真结果提出相应优化方案，评估优化方案实施后的路网交通运行状态。轨道交通 7 号线施工站点实施交通组织优化方案前后路段平均饱和度如表 3-11 和图 3-15 所示，轨道交通 8 号线施工站点实施交通组织优化方案前后路段平均饱和度如表 3-12 和图 3-16 所示。仿真结果显示轨道交通 7 号线、8 号线受施工方案影响较大站点均得到一定程度上改善。

轨道交通 7 号线施工站点优化前后路段平均饱和度　　　　表 3-11

城区主干道运行效率指标	平均饱和度		
	施工前	施工后	优化后
东钱湖北站	0.32	0.35	0.34
诚信路站	0.22	0.23	0.22
富强东路站	0.29	0.30	0.29
百丈东路站	0.48	0.47	0.46
北明程路站	0.62	0.81	0.77
新天地站	0.71	0.80	0.78
体育馆站	0.65	0.73	0.69
曙光路站	0.61	0.75	0.71

续表

城区主干道运行效率指标	平均饱和度		
	施工前	施工后	优化后
外滩大桥站	0.55	0.84	0.78
环城北路站	0.53	0.82	0.78
康桥南路站	0.61	0.70	0.64
宁慈路站	0.65	0.71	0.69
九龙大道站	0.50	0.67	0.62
金华路站	0.60	0.69	0.65
贵驷站	0.49	0.57	0.55
明海大道站	0.32	0.45	0.41

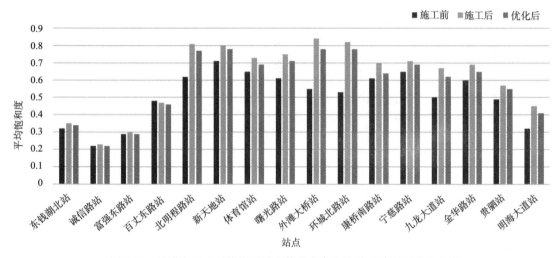

图 3-15 轨道交通 7 号线施工站点优化方案实施前后路段平均饱和度

轨道交通 8 号线施工站点优化前后路段平均饱和度　　表 3-12

城区主干道运行效率指标	平均饱和度		
	施工前	施工后	优化后
江北大道站	0.28	0.34	0.33
培训中心站	0.32	0.37	0.35
旧宅徐站	0.34	0.38	0.35
洪大路站	0.47	0.55	0.51
云飞路站	0.42	0.61	0.59
青林湾站	0.47	0.52	0.49
天一家园西站	0.62	0.76	0.73
泽民站	0.61	0.79	0.72
丽园北路站	0.52	0.83	0.77
丽园南路站	0.61	0.79	0.75

续表

城区主干道运行效率指标	平均饱和度		
	施工前	施工后	优化后
南苑站	0.58	0.85	0.80
段塘站	0.56	0.58	0.56
董山西路站	0.32	0.40	0.38
庙堰站	0.42	0.60	0.57
明州医院站	0.53	0.69	0.62
南部商务区站	0.45	0.50	0.48
高教园区站	0.22	0.25	0.23
天宫庄园站	0.26	0.27	0.26

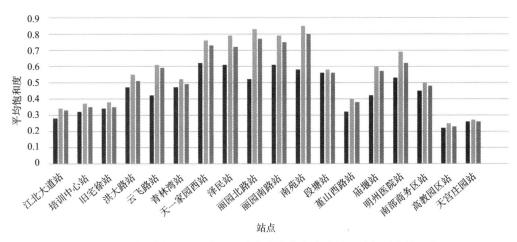

图 3-16 轨道交通 8 号线施工站点优化方案实施前后路段平均饱和度

2. 性能测试

该场景下解析后的宁波市道路网络结构基础数据库共包含 7825 个交通节点及 19100 条路段，交通节点和路段的组成要素及类型如表 3-8 所示。其中，OD 点对共 34969 个。满足对于宏观仿真场景的性能测试指标要求，即应能够支持不少于 2000 个节点和不少于 10000 条路段的路网运行状态仿真，表明交通仿真系统能够支持较大规模宏观仿真场景的运行。在默认参数条件下，对地铁建设阶段的对比方案进行仿真测试，结果显示达到收敛标准的仿真时间满足不大于 1min 的指标要求。

为了进行仿真精度测试，以南苑站为例，施工期间环城西路全幅封闭，仅在东侧保留 6m 双向人非通道，如图 3-17 所示。通过实地调研获取了早晚高峰南苑站周边的流量分布情况，对仿真精度进行测试，并用于模型参数的调整；选择路段流量为指标，将实际值与模型输出值进行对比，对仿真模型的准确度进行评判。经人工数据采集，得到南苑站周边路网的流量如图 3-18 所示，与前述仿真结果进行对比得到平均仿真精度约为 86.3%，满足考核指标的 85% 要求。

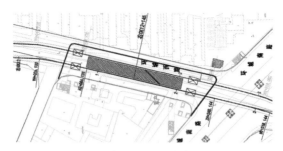

图 3-17　南苑站周边道路设计图

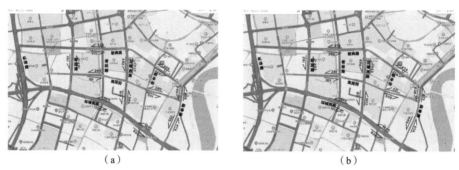

（a）　　　　　　　　　　　　　　（b）

图 3-18　南苑站周边路网流量图
（a）绕行道路路段流量（早高峰）；（b）绕行道路路段流量（晚高峰）

表 3-13 列出了轨道交通 8 号线南苑站周边主要道路实际观测流量与仿真输出流量对比，包括环城南路、环城西路以及南苑街，结果显示仿真精度较高。且重复进行 3 次仿真，结果未出现较大偏差。

轨道交通 8 号线南苑站周边主要道路实际观测流量与仿真输出流量对比　　表 3-13

道路名称	观测流量	仿真流量	误差
环城南路 1	2105	1797	14.7%
环城南路 2	2263	2082	8.0%
环城西路 1	1825	1880	3.0%
环城西路 2	1458	1229	15.7%
南苑街 1	468	449	4.1%
南苑街 2	926	993	7.2%

3.3.3　面向交通管控业务的典型场景交通仿真系统综合测试

1. 功能测试

（1）仿真运行环境

面向交通管控业务典型场景的交通仿真系统综合测试在以下运行环境下进行，满足最低软硬件配置要求。

操作系统：Windows 11（x64）系统；

CPU：Intel（R）Core（TM）i7-9750H；

内存：32GB。

（2）多源数据交互匹配

在所选典型场景下，交通仿真系统实现了地图与路网数据、交通小区与 OD 数据、交通流条件、交通管控条件等数据的输入，实现了交通量、饱和度、运行速度等宏观运行状态评价指标，平均排队车辆数、平均运行速度、平均延误、路段流量等微观运行状态评价指标的输出，并实现了宏微观仿真系统之间交通量等数据的交互传输。

（3）一体化仿真模型实现

以 2022 年 15：00～16：00 时仿真场景和林萃路典型交叉口 – 综合优化方案场景为例，对微观仿真系统的各项功能进行测试。

1）路网车道级路段路径绘制

如图 3-19 所示，所选场景下微观仿真系统能够实现新建路段、打断路段、设置断点和新建连接段四个功能。新建路段功能通过鼠标右键拖动绘制路段，并对路段 ID、名称、类型、宽度、车道数等参数进行设置。打断路段功能通过在已有路段的需要打断位置点击鼠标右键实现，完成打断后将在打断处生成一个连接段。设置断点功能通过在已有路段需要设置断点位置点击鼠标右键实现，能够在路段上生成新的拓扑点，通过拖动这些拓扑点，可以实现路段形状和位置的改变。新建连接段功能通过鼠标右键从上游路段终点拖动至下游路段起点绘制连接段，并对上游路段和下游路段间的车道连接关系进行设置。

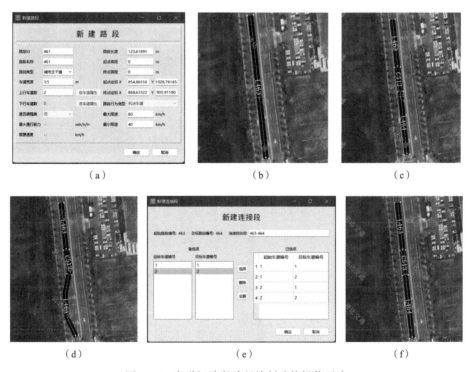

图 3-19　车道级路段路径绘制功能操作示意

(a) 新建路段对话框；(b) 新建路段示意图；(c) 打断路段示意图；
(d) 设置断点示意图；(e) 新建连接段对话框；(f) 新建连接段示意图

2）公交站点与线路的设置

如图 3-20 所示，所选场景下微观仿真系统实现了公交站点和公交线路设置两个功能。公交站点设置功能通过鼠标右键在路段上拖动选出相应范围生成公交站点，并对站点长度、名称、形式进行设置，形式包括路侧式和港湾式。公交线路设置功能通过依次点选公交线路经过的路段生成，并对线路名称、发车间隔、发车起始时间与结束时间、起始载客数、期望速度和速度标准差等参数进行设置。

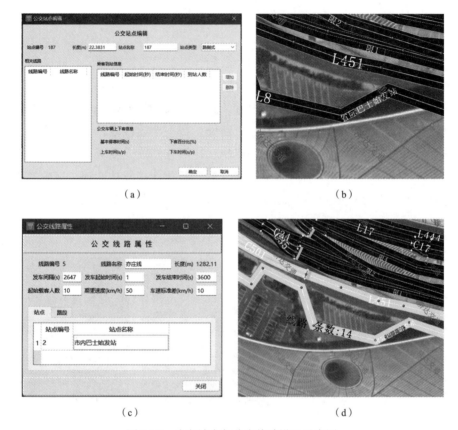

图 3-20　公交站点与公交线路设置示意图
（a）公交站点设置对话框；（b）公交站点示意图；（c）公交线路设置对话框；（d）公交线路示意图

3）采集器布置

如图 3-21 所示，在所选场景下，微观仿真系统实现了采集器设置功能，包括数据采集器、排队计数器和行程时间检测器。在车道上的目标位置点击鼠标右键设置三种采集器，并对采集器的参数进行设置，即可实现对路段流量、排队长度与车辆数和行程时间与延误等评价指标的数据采集。

4）车辆类型及占比设置

如图 3-22 所示，在所选场景下微观仿真系统实现了车辆类型设置功能，可以对小客车、大客车、公交车、货车等各类型车辆的属性进行编辑，包括长度、宽度、期望速度、期望加速度与期望减速度及各参数标准差、最大加速度、最大减速度、最大速度等。

  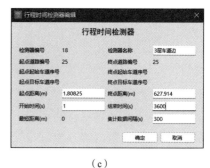

(a)   (b)   (c)

图 3-21 采集器设置示意图

(a) 数据采集器设置对话框；(b) 排队计数器设置对话框；(c) 行程时间检测器设置对话框

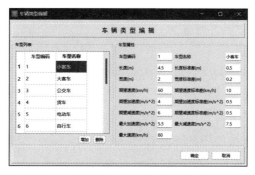

图 3-22 车辆类型编辑对话框

如图 3-23 所示，在所选场景下微观仿真系统实现了车型组成设置功能，可以设置不同区域下各类型车辆的占比。

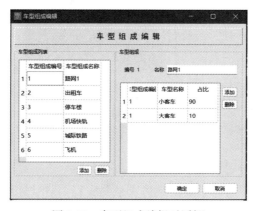

图 3-23 车型组成编辑对话框

5）车辆发车点设置

如图 3-24 所示，在所选场景下微观仿真系统实现了发车点设置功能，在路网的进入端点击鼠标右键设置发车点，并在发车点编辑对话框中设置相应发车点的发车时长、车辆数和车型组成。

41

图 3-24　发车点编辑对话框

6）决策点及路径设置

如图 3-25 所示,在所选场景下微观仿真系统实现了决策点及路径设置功能。在决策点模式下点击鼠标右键设置决策点位置,之后在新建路径模式下依次选择决策点及该决策点的目标路段,生成该决策点下的各转向方向的路径。在决策点编辑对话框中可以对决策点下的各路径、各连接段下的车道连接进行设置,在路径流量分配对话框中可以设置该决策点下不同路径的流量分配比重。

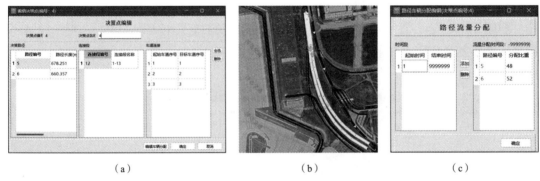

图 3-25　决策点及路径设置示意图
(a) 决策点编辑对话框;(b) 决策点及路径示意图;(c) 路径流量分配对话框

7）交通信号灯控制设置

如图 3-26 所示,在所选场景下微观仿真系统实现了信号灯组及相位设置功能,能够根据不同交叉口的不同相位设置信号灯组并修改周期、起始时间、结束时间等参数,针对每一个相位设置其信号灯色的变化。

8）限速区设置

如图 3-27 所示,在所选场景下微观仿真系统实现了限速区设置功能。在编辑限速区模式下,通过鼠标右键拖动在车道上绘制限速区范围,并对限速区的限速时间、限速车道、限速车型、速度与标准差等参数进行设置。

图 3-26 信号灯组及相位编辑对话框

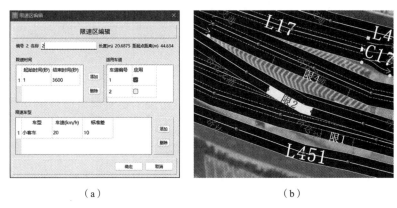

（a）　　　　　　　　　　　　　（b）

图 3-27 限速区设置示意图

（a）限速区编辑对话框；（b）限速区示意图

9）一键式配置方案运行

如图 3-28 所示，在所选场景下微观仿真系统实现了一键式配置方案运行功能，通过点击运行按键，仿真系统能够自动运行，无需人工干预，对数据采集器、排队计数器和行程时间检测器获取的评价指标结果进行输出。

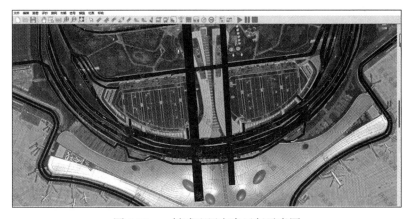

图 3-28 一键式配置方案运行示意图

10）场景一维、二维层面行为平面仿真

如图 3-29 所示，在所选场景下微观仿真系统实现了场景一维、二维层面行为平面仿真功能，仿真运行过程可以体现车辆一维层面的跟驰行为、换道行为、汇入行为等，以及二维层面的与其他机动车之间的交互。

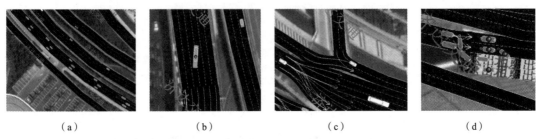

（a）　　　　　　（b）　　　　　　（c）　　　　　　（d）

图 3-29　场景一维、二维层面行为平面仿真运行示意图

（a）跟驰行为；（b）换道行为；（c）汇入行为；（d）交互行为

11）仿真评价与多方案评价

如图 3-30 所示，在所选场景下微观仿真系统实现了仿真运行后评价功能和多方案评价功能，以路段流量和平均排队车辆数两个指标为例，对比不同方案输出的指标值，存在明显差异，说明仿真系统能够反映不同方案下运行状态的变化。

12）图形化展示

如图 3-30 所示，在所选场景下微观仿真系统实现了图形化展示以及多方案评价结果差异化图形展示功能，能够通过图形将多个方案输出的评价指标结果进行对比展示。

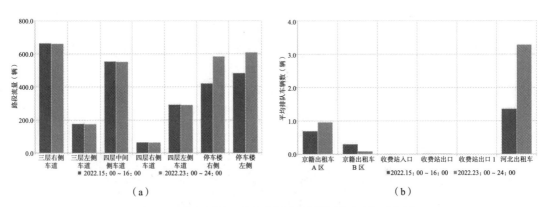

（a）　　　　　　　　　　　　　　　（b）

图 3-30　仿真评价、多方案评价图形化展示功能示意图

（a）路段流量评估；（b）平均排队车辆数评估

13）数据表格输出

如图 3-31 所示，在所选仿真场景下微观仿真系统实现了数据表格输出功能，将采集器得到的统计结果"保存"，可以在输出图形的同时输出相应的数据表格结果。

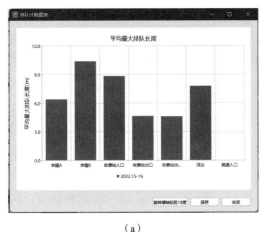
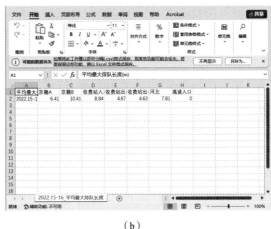

(a)　　　　　　　　　　　　　　　(b)

图 3-31　数据表格输出功能示意图
(a) 采集器统计结果图形展示界面；(b) 数据表格输出示意图

14) 一体化仿真场景实现

所选的林萃路典型交叉口综合优化方案场景实现了宏微观一体化仿真，通过宏观仿真实现设置潮汐车道后宏观路网交通运行状态的评估与路段、交叉口流量预测；将该流量结果作为微观仿真模型的输入，实现宏观与微观仿真系统的交互；进而通过微观仿真实现潮汐车道的设置对典型交叉口的交通运行状态影响分析。

2. 性能测试

（1）仿真规模

以远景年份 15:00~16:00 仿真场景为例，对仿真系统的仿真规模进行测试，如表 3-14 所示。在该场景下，仿真时间设置为 3600s 时，仿真系统运行车辆总数达 11106 辆，满足仿真规模指标中仿真车辆数量不少于 6000 辆的要求，表明交通仿真系统能够支持较大规模微观仿真场景的运行。

（2）仿真速度

以 2020 年 15:00~16:00 仿真场景、2022 年 15:00~16:00 仿真场景和远景年份 15:00~16:00 仿真场景为例，对仿真系统的仿真速度进行测试，如表 3-14 所示。仿真时间设置为 3600s，运行速度为 1000 倍，仿真精度参数为每秒计算 20 次。在上述参数条件下，3500 辆车以上、5000 辆车以上、11000 辆车以上三个不同规模下的仿真场景平均运行时间分别为 2min 46s、2min 36s、5min 55s，能够满足仿真速度指标中"微观仿真对应 1h 仿真时长的仿真运行不大于 0.8h"的要求，表明交通仿真系统能够支持较快速的微观仿真场景运行。

北京大兴机场陆侧接续交通系统仿真场景仿真规模、速度测试　　表 3-14

场景	仿真车辆数量（辆）	平均运行时间（min:s）
2020 年 15:00~16:00	3720	02:46
2022 年 15:00~16:00	5068	02:36
远景年份 15:00~16:00	11106	05:55

（3）仿真精度

以 2020 年 15：00～16：00 仿真场景为例，通过实地调研获取了路径分配情况、车辆平均停靠时间等数据，对仿真精度进行测试，并用于模型参数的调整；选择路段流量、平均行程时间以及平均排队车辆数为指标，将实际值与模型输出值作对比，对仿真模型的准确度进行评判。

1）路段流量

挑选航站楼外的三层车道边以及四层车道边的不同车道作为仿真评价对象。三层车道边有两个方向的车道，区分为三层右侧车道与三层左侧车道。四层车道边有三个方向的车道，区分为四层中间车道、四层右侧车道以及四层左侧车道。路段流量实际值—模型输出值如图 3-32 所示。

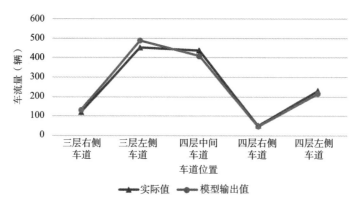

图 3-32　路段流量实际值—模型输出值对比图

具体数值如表 3-15 所示。

路段流量实际值—模型输出值对比表　　　　表 3-15

位置	三层右侧车道	三层左侧车道	四层中间车道	四层右侧车道	四层左侧车道
实际值（辆）	120	452	438	51	231
模型输出值（辆）	130	488	408	47	215
精度	91.7%	92.0%	93.2%	92.2%	93.1%

由此可知，模型输出的流量值与实际值平均精度为 92.44%，仿真模型准确性较高。

2）平均行程时间

平均行程时间是指从路段 A 点行驶至路段 B 点所花费的时间，其中包括车辆的行驶时间与停车时间。挑选三层车道边、四层车道边以及一层供出租车行驶的车道边这三条路段作为评价对象。平均行程时间实际值—模型输出值如图 3-33 所示。

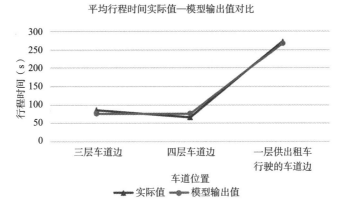

图 3-33 平均行程时间实际值—模型输出值对比图

具体数值如表 3-16 所示。

平均行程时间实际值—模型输出值对比表　　　　　　　表 3-16

平均行程时间	三层车道边	四层车道边	一层供出租车行驶的车道边
实际值（s）	86.1	66	272.5
模型输出值（s）	76.5	76.7	267.8
精度	88.9%	83.8%	98.3%

由此可知，模型输出的平均行程时间与实际值的平均精度约为 90.33%，仿真模型准确性较高。

3）平均排队车辆数

根据实际调研发现出租车接续区是陆侧交通系统中排队情况最严重的区域。因此挑选京籍出租车 A 区、京籍出租车 B 区以及河北出租车这三个区域作为评价对象。各区域的平均排队车辆数的实际值—模型输出值如图 3-34 所示。

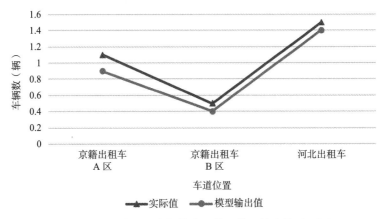

图 3-34 平均排队车辆数实际值—模型输出值对比图

具体数值如表 3-17 所示。

平均排队车辆数实际值—模型输出值对比表　　　　　　表 3-17

平均排队车辆数	京籍出租车 A 区	京籍出租车 B 区	河北出租车
实际值（辆）	1.1	0.5	1.5
模型输出值（辆）	0.9	0.4	1.4
精度	81.8%	80.0%	93.3%

由此可知，模型输出的平均排队车辆数与实际值的平均精度约为 85.03%，仿真模型精度较高。

（4）仿真可靠性

以 2022 年 15：00～16：00 仿真场景为例，对仿真系统的仿真可靠性进行测试。运行 3 次仿真场景，选取路段流量、平均行程时间和平均排队车辆数为指标，计算各指标在 3 次仿真运行下结果的偏差，如表 3-18、表 3-19 和表 3-20 所示。可以看出，3 次仿真运行下，各数据采集器、排队计数器、行程时间检测器的结果均未出现较大偏差，能够满足仿真速度指标中"多次仿真值间的偏差不大于 15%"的要求，表明交通仿真系统能够输出较为稳定的微观仿真结果。

2022 年 15：00～16：00 仿真场景下路段流量结果偏差情况　　　　　　表 3-18

仿真运行序号	路段流量（辆）						
	三层右侧车道	三层左侧车道	四层中间车道	四层右侧车道	四层左侧车道	停车楼右侧	停车楼左侧
1	663	176	587	64	292	428	488
2	663	176	587	64	292	428	488
3	663	176	587	64	292	428	488
偏差	0.0%	0.0%	0.0%	0.0%	0.0%	0.0%	0.0%

2022 年 15：00～16：00 仿真场景下平均行程时间结果偏差情况　　　　　　表 3-19

仿真运行序号	平均行程时间（s）			
	三层车道边	四层车道边	一层供出租车行驶的车道边	整体
1	36.39	36.81	0	180.76
2	36.39	36.81	0	180.76
3	36.39	36.81	0	180.76
偏差	0.0%	0.0%	0.0%	0.0%

2022年15：00～16：00仿真场景下平均排队车辆数结果偏差情况　　　　表3-20

仿真运行序号	平均排队车辆数（辆）						
	京籍出租车A区	京籍出租车B区	收费站入口	收费站出口	收费站出口1	河北出租车	高速入口
1	0.06	0.08	0.01	0.01	0.01	0.02	0
2	0.06	0.08	0.01	0.01	0.01	0.02	0
3	0.06	0.08	0.01	0.01	0.01	0.02	0
偏差	0.0%	0.0%	0.0%	0.0%	0.0%	0.0%	0.0%

第 4 章　超大城市仿真平台应用案例——北京

4.1　示范应用概况

北京示范应用针对宏观、微观与宏微观一体化等不同规模，分别选择回龙观天通苑地区（简称回天地区）、北京大兴国际机场、北京市高级自动驾驶示范区为研究区域，面向交通设施建设、交通管控、智慧交通系统等不同业务，开展示范工程应用评价。

4.1.1　北京回天地区

北京回天地区位于北京市中心城区的北部，总面积约 $63km^2$，常住人口约 86.3 万人，是北京市城市化进程中形成的典型的大型居民社区。回天地区是从中心城区沿中轴线向北部新城延伸发展的重要拓展区域，是中心城区功能疏解的集中承载区域，是北部绿色廊道和通风廊道的重要节点区域，是连接中关村科学城、未来科学城和怀柔科学城的重要枢纽区域。近年来，回天地区交通拥堵、公共服务配套不足等问题日趋严重，居民反应强烈。为了优化提升该地区公共服务和基础设施，有效解决该地区城市发展的痛点，北京市人民政府提出了《优化提升回龙观天通苑地区公共服务和基础设施三年行动计划（2018—2020 年）》（简称《回天行动计划》），在交通方面着力解决交通路网的完善、严重拥堵节点的疏通等问题。本书选择北京回天地区道路改造项目为对象，一方面开展宏观仿真系统平台示范应用研究，对回天地区道路改造项目的实施对交通运行状态的影响进行仿真综合评估；另一方面选择林萃路典型交叉口，开展宏微观一体化仿真系统平台示范应用研究，研究林萃路打通项目的实施对典型交叉口在微观层面上的交通运行状态影响，并提出不同交叉口管控方案，对不同管控方案的交通运行状态改善效果进行综合评估。

4.1.2　北京大兴国际机场

北京大兴国际机场是京津冀地区重要的综合交通枢纽，为 4F 级国际机场，距离天安门 46km，距离北京首都国际机场 67km，距离雄安新区 55km，于 2019 年 9 月 25 日投入运营。北京大兴国际机场的陆侧接续交通系统中含有多种交通方式，包括：机场快轨、机场巴士、私家车、网约车、出租车、城际铁路等，其交通流组成及路网结构均很复杂，因此若能通过仿真结果为其陆侧交通系统的运营调度提供参考，将会大大提升大兴机场整体的运行效率。因此，本书选择北京大兴国际机场陆侧接续交通系统为对象，开展微观仿真系统平台示范应用研究，对不同交通组织方式下的机场陆侧接续交通系统运行状态进行综合评价与对比分析，提出机场陆侧接续交通系统组织优化方案。

4.1.3 北京市高级自动驾驶示范区

北京市高级自动驾驶示范区位于北京市经济技术开发区，成立于2020年9月11日，是全球首个高级别自动驾驶示范区。示范区以"支持L4级以上高级别自动驾驶车辆规模化运行，向下兼容低级别自动驾驶车辆的测试运营和车联网应用场景实现"为建设目标，引导企业在技术路线选择上采用车路云一体化解决方案，改变众多企业被动选择单车智能的现实局面，实现技术引领，推进技术进步。建设内容上，示范区部署高可靠、低时延的通信网络设施、可持续发展的感知基础设施、符合国家政策的高精度地图与定位基础设施和底层技术联通的交通基础设施，建设边缘云、区域云与中心云等逻辑统一、物理分散的三级架构云控基础平台。同时结合基础设施部署情况，以车端真实需求为核心，以商业模式探索为驱动，实现L4级自动驾驶出租车、智能网联公交车、自主代客泊车等高级别应用场景。无人配送车的推广应用能有效解决"最后一公里"配送问题，已成为提高物流配送效率、缓解劳动力压力等难题的重要方法。本书选择北京市高级自动驾驶示范区为示范应用区域，利用微观仿真系统，开展包含机非混行和机非分隔道路在内的无人配送车投放运行影响仿真实验，结合仿真实验结果分析无人配送车投放对于城市交通的影响，提出基于非机动车道物理属性的城市基本路段无人配送车投放策略，为促进城市无人物流行业与交通秩序协同发展提供支持。

4.2 北京市城市多模式交通系统基础数据库构建

北京市城市多模式交通系统基础数据库主要包括道路网络及主要设施数据、交通小区与OD数据、交通流运行数据、交通控制数据和模型校正数据等。

4.2.1 道路网络与主要设施数据

道路及主要设施数据应从规划、设计等相关部门获得，包括卫星地图、设计图纸及相关文件等。在本仿真项目中所需的道路条件及主要设施数据见表4-1。

道路条件及主要设施数据　　　　表4-1

数据类型	数据名称
道路条件数据	高清卫星地图
	道路类型
	道路名称
	车道数
	车道宽度
	路段高程
	路段长度
	节点名称

续表

数据类型	数据名称
道路条件数据	节点坐标
	节点类型
主要设施数据	近端蓄车池位置及尺寸
	停车楼位置及尺寸
	出租车接续区位置及尺寸
	机场巴士接续区位置及尺寸
	机场快轨、城际铁路轨道宽度
	网约车、社会车辆接续区位置及尺寸

4.2.2 交通小区与 OD 数据

交通小区与 OD 数据应从规划、设计等相关部门获得，主要包括各交通小区中心及边界数据以及各交通小区之间的机动车 OD 数据。

4.2.3 交通流运行数据

交通流运行数据包括机动车交通量、机场巴士等公共交通方式的发车间隔等；车辆数据一般包括各种车辆的长度、宽度、期望速度、期望加速度等；出行者特性数据包括路径选择行为、关键节点（车道边、停车场收费站出入口处）的停驶时间等。本仿真项目中所需的交通流运行数据见表 4-2。

交通流运行数据　　　　表 4-2

数据类型	数据名称	数据粒度	采集周期
交通量数据	出租车、私家车、网约车等交通量	1h	1 个月
	公共交通方式（机场巴士、机场快轨）发车时间、发车间隔	1h	1 个月
车辆数据	车辆长度、宽度	—	1 年
	车辆期望速度、期望加速度	—	1 年
出行者特性数据	路径选择行为	—	1 年
	关键节点（停车场收费站出入口处、车道边）停驶时间	—	1 年
	公交站、地铁站旅客上下车时间	—	1 年

4.2.4 交通控制数据

交通控制管理数据包括各种交通标志形式及其位置、标线形式及其位置、信号灯配时、收费站车辆停驶情况及其他管理措施。这些数据，一些可从交警部门获取，一些需要通过现场调查来获取。在机场陆侧接续运输系统运行状态仿真项目中所需的交通控制管理及运行环境数据见表 4-3。

交通控制管理及运行环境数据　　　　　　　　　　　　　　表 4-3

数据类型	数据名称
交通控制管理数据	交通标志、标线形式及其位置
	信号灯配时情况
	停车场收费站车辆停驶情况

4.2.5 模型校正数据

在仿真模型运行后会输出一系列评价指标，通过收集评价指标的真实值并与仿真模型的评价指标输出值进行对比，便可评判仿真模型的准确性，从而校正仿真模型中的参数。选取宏观仿真模型中的交通量、饱和度和运行速度指标以及微观仿真中的交通流量、排队车辆数、平均行程时间这三个指标为模型校正指标。一般通过现场调研或从有关部门获取的方式采集模型校正数据。

4.3 面向交通基础设施建设业务功能的仿真平台应用——北京回天地区

4.3.1 研究区域范围

本次研究区域范围如图 4-1 所示，北至北清路，南至大屯路，东至安立路/立汤路，西至京藏高速，跨越昌平区、海淀区和朝阳区。研究区域内道路网以京藏高速、林萃路、立汤路等南北方向道路和北清路、回南北路、回龙观大街、太平庄中街、北五环等东西方向道路为骨架，承担了该地区主要的通勤交通功能。

图 4-1　研究区域范围

4.3.2 现状调研与问题分析

本书从交通流量、交叉口转向比例、速度、常发拥堵路段等方面，以南北向道路的运行情况为研究重点，以研究范围内的京藏高速（辛庄桥—北沙滩桥）、立汤路（北清路—大屯路）、黑泉路（西小口路—北五环）及林萃路（北五环—大屯路）为主要研究对象，分析回天地区现状早高峰时段交通运行情况。

1. 流量分析

三条南北方向主要道路交通流量具体情况如图 4-2 所示。京藏高速（辛庄桥—北沙滩桥）早高峰进城方向平均流量在小营桥有较为明显地减少，原因在于早高峰时段部分车辆从小营桥驶向上地区通勤出行；而京藏高速（小营桥—北沙滩桥）间的流量变化不大，该路段的流量特点更多地表现为过境交通。立汤路（北清路—大屯路）早高峰进城方向平均流量在立水桥有较为明显地减少，安立路与北苑路在立水桥以南地区对立汤路起分流作用；立汤路（立水桥—大屯路）路段流量变化不大。黑泉路进城方向流量呈逐段递增的规律，周边区域出行对黑泉路依赖度高。

2. 交叉口转向情况与车辆走向分析

本节主要分析了黑泉路各交叉口的车辆转向比例情况，结果如图 4-2 所示。从交叉口转向比例来看，受居住区密集程度影响，黑泉路现状主要服务路西侧区域出行，并作为居民通勤出行的主要道路之一。此外，林萃桥黑泉路北进口左转流量占比最大，占比 50% 以上，其次是北进口的直行比例，数值达到 35%。表明通过黑泉路进城的车辆主要驶入北五环前往城东地区。

此外，本节分析了回天地区车辆走向情况。由于黑泉路（五星啤酒厂—黄平路）路段处于未通行状态，北部区域的居民无法直接通过黑泉路进城。经过调查发现，目前居民车辆的出行方向主要有四个方向（图 4-3）：①北清路—生命科学园；②黄平路—后屯路—小营东路—上地；③回南北路—立汤路；④太平庄中街—立汤路。

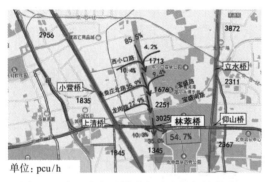

图 4-2 南北向主要道路交通流量与黑泉路交叉口转向情况

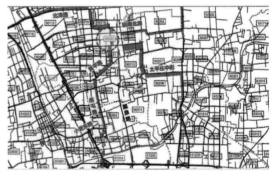

图 4-3 回龙观车辆的出行方向

3. 速度分析

各道路具体路段早高峰时段的运行速度如图4-4所示。可以看出，东西向道路运行较为畅通，而南北向主要道路进城方向的运行速度呈现逐渐降低的趋势，整体运行速度较低，可见早高峰南北方向进城交通压力较大。

4. 常发拥堵路段分析

常发拥堵路段分布情况与流量、速度反映出的道路运行状况具有较高的相似度。如图4-5所示，研究区域内常发拥堵路段主要出现在京藏高速、立汤路、黑泉路、北清路等。可见，北清路与安立路部分路段通行能力已不能满足交通需求；黑泉路（五星啤酒厂—黄平路）路段的断点，使得北部区域车辆集中通过北清路、回龙观大街等道路驶入京藏高速和安立路进城，造成这些道路的拥堵；南部区域的车辆对黑泉路的依赖程度较高，造成了黑泉路南段进城方向的拥堵。

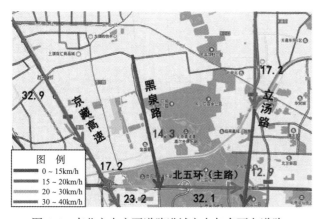
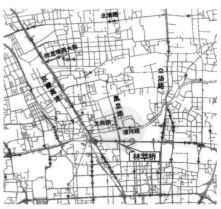

图4-4 南北方向主要道路进城方向与东西向道路运行速度情况

图4-5 路网高峰时间常发拥堵路段情况

5. 问题诊断

通过以上对回天地区现状路网交通运行状态的分析，发现回天地区路网存在以下问题：

（1）黑泉路的断点造成北部区域居民无法直接通过黑泉路进城，车辆主要通过京藏高速和立汤路进城，造成了相关道路的拥堵；

（2）北清路与安立路交通流量较大，部分路段的通行能力无法满足交通需求，造成运行速度低以及交通拥堵等问题；

（3）南部区域对黑泉路的依赖较大，使得黑泉路进城方向交通量呈现逐渐增加的趋势，运行速度较低，并造成了黑泉路南段的拥堵；

（4）从车辆走向来看，回南北路、太平庄中街等道路的交通需求较大，相关道路的通行能力有待提升，以满足大量的交通需求。

因此，本研究针对以上问题，结合《回天行动计划》中对加快完善交通路网和疏通严重拥堵节点的要求，对回天地区道路改造工程进行仿真分析，对改造工程的实施效果评价，并对改造方案提出改进意见。

4.3.3 仿真场景设计

结合上一节中发现的回天地区路网交通运行现状存在的问题,在回天地区道路改造工程中选取以下项目进行仿真分析:

(1) 林萃路断点打通疏堵工程 (2020年完工);
(2) 太平庄中街升级拓宽项目 (2023年完工);
(3) 北清路、安立路快速化改造项目 (北清路与安立路近期方案计划2024年完工)。

针对以上改造项目创建5个仿真场景:

(1) 回天地区现状 (2019年);
(2) 林萃路打通 (2020年);
(3) 太平庄中街升级 (2023年);
(4) 北清路安立路升级 (2024年);
(5) 安立路升级远期方案。

各道路改造方案如图4-6所示。

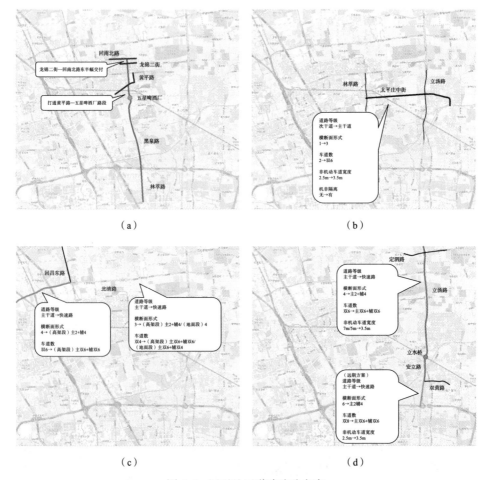

图4-6 回天地区道路改造方案
(a) 林萃路打通方案;(b) 太平庄中街升级方案;(c) 北清路快速化方案;(d) 安立路快速化方案

4.3.4 示范应用实施效果评估

1. 林萃路打通（2020年）实施效果仿真评价

（1）交通流量变化情况

林萃路打通后，道路网络平均路段交通流量由458pcu/h降低为457pcu/h。图4-7（a）显示了林萃路打通前后路段交通流量的对比情况，部分路段交通流量变化如表4-4所示。可以看出，林萃路打通后交通流量明显提升，而京藏高速、安立路交通流量有所下降，东西向道路交通流量呈现向林萃路聚集的趋势。因此可以认为，林萃路打通增强了林萃路对交通流量的吸引能力。

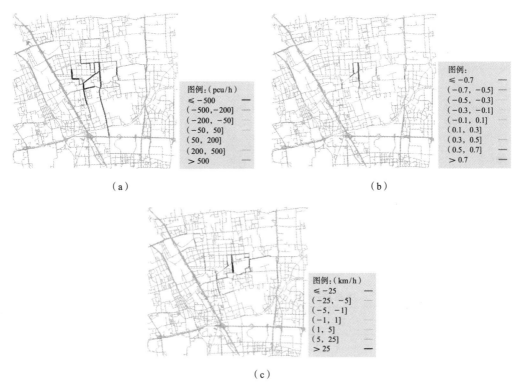

图 4-7 林萃路打通后路网运行状态对比图（与回天地区2019年现状场景对比）
（a）交通流量变化；（b）饱和度变化；（c）运行速度变化

林萃路打通后部分路段交通流量变化表　　　　表 4-4

道路	路段	现状流量（pcu/h）	改造后流量（pcu/h）
林萃路	建材城西路—大屯路（北向南）	903	1552
林萃路	回南北路—黄平路（北向南）	1436	2327
京藏高速	北清路—北五环（北向南）	1918	1761
安立路	北清路—北五环（北向南）	3141	2930
龙岗路	林萃路—后屯路（东向西）	1260	1176
永泰庄北路	林萃路—后屯路（西向东）	819	769

（2）饱和度和服务水平变化情况

林萃路打通后，道路网络平均路段饱和度由 0.340 下降为 0.338，变化幅度不大。不同服务水平道路里程及占比变化如表 4-5 所示，可以发现，D、F 两个等级里程比例有所下降，B、C、E 三个等级里程比例有所上升，整体而言，路网的服务水平有小幅提升，但提升效果不够明显。

林萃路打通前后不同服务水平道路里程及占比变化表　　　　表 4-5

服务水平	打通前		打通后	
	道路里程（km）	里程占比	道路里程（km）	里程占比
A	2037	73.94%	2038	73.95%
B	264	9.58%	268	9.72%
C	122	4.43%	128	4.64%
D	104	3.78%	100	3.63%
E	40	1.45%	47	1.71%
F	188	6.82%	175	6.35%

图 4-7（b）显示了林萃路打通前后路段饱和度的对比情况，部分路段饱和度变化如表 4-6 所示。结果显示，林萃路打通后饱和度明显提升，而京藏高速与安立路饱和度有所下降，由此可知，打通后的林萃路有效地分担了京藏高速与安立路早高峰进城方向的交通压力。

林萃路打通后部分路段饱和度变化表　　　　表 4-6

道路	路段	现状饱和度	改造后饱和度
林萃路	建材城西路—大屯路（北向南）	0.46	0.72
林萃路	回南北路—黄平路（北向南）	0.41	0.66
京藏高速	北清路—北五环（北向南）	0.36	0.34
安立路	北清路—北五环（北向南）	1.09	1.02

（3）速度变化情况

林萃路打通后，道路网络的平均运行速度由 43.69km/h 提升至 44.22km/h。图 4-7（c）显示了林萃路打通前后路段运行速度的对比情况，部分路段运行速度变化如表 4-7 所示。可以看出，林萃路原有路段运行速度受交通量增加影响而降低，而京藏高速和安立路的运行速度得到提升。由此可知，林萃路的打通促进了京藏高速和安立路运行状态的提升，路网整体的运行速度得到一定的改善。

林萃路打通后部分路段运行速度变化表　　　　　　　　　　　表 4-7

道路	路段	现状速度（km/h）	改造后速度（km/h）
林萃路	建材城西路—大屯路（北向南）	56.17	48.58
林萃路	回南北路—黄平路（北向南）	59.46	56.77
京藏高速	北清路—北五环（北向南）	119.61	119.70
安立路	北清路—北五环（北向南）	44.47	47.13

2. 太平庄中街升级（2023年）实施效果仿真评价

（1）交通流量变化情况

太平庄中街升级为主干道后，道路网络平均路段交通流量保持为457pcu/h。图4-8（a）显示了太平庄中街升级前后路段交通流量的对比情况。可以看出，太平庄中街交通流量明显提升，林萃路大部分路段交通流量也有小幅提升；而太平庄中街附近的东西向道路（如中东路、太平庄北街和回南北路）交通流量下降。表明太平庄中街升级后吸引大量的交通量，居民更多地选择太平庄中街进入林萃路，而更少地选择其他道路进入林萃路。部分路段交通流量变化如表4-8所示。

太平庄中街升级后部分路段交通流量变化表　　　　　　　　　表 4-8

道路	路段	现状流量（pcu/h）	改造后流量（pcu/h）
太平庄中街	林萃路—立汤路（西向东）	776	2054
太平庄中街	立汤路—林萃路（东向西）	948	3513
立汤路	定泗路—太平庄中街（北向南）	3769	3816
立汤路	太平庄中街—北五环（北向南）	2519	2437
林萃路	回南北路—大屯路（北向南）	2163	2245
中东路	林萃路—立汤路	1477	831

（2）饱和度和服务水平变化情况

太平庄中街升级后，道路网络平均路段饱和度由0.338变为0.335，变化幅度不大。不同服务水平道路里程及占比变化如表4-9所示，可以发现，A等级路段比例有所提升，B、D、E、F等级路段比例均下降，整体而言，路网的服务水平得到了一定的优化。

太平庄中街升级前后不同服务水平道路里程及占比变化表　　　表 4-9

服务水平	改造前		改造后	
	道路里程（km）	里程占比	道路里程（km）	里程占比
A	2038	73.95%	2068	75.01%
B	268	9.72%	258	9.36%
C	128	4.64%	128	4.64%
D	100	3.63%	92	3.34%

续表

服务水平	改造前		改造后	
	道路里程（km）	里程占比	道路里程（km）	里程占比
E	47	1.71%	41	1.49%
F	175	6.35%	170	6.16%

图 4-8（b）显示了太平庄中街升级前后路段饱和度的对比情况。结果显示，太平庄中街西向东方向的饱和度有所降低，这是由于太平庄中街升级后通行能力有所提升。其他主要道路的饱和度变化趋势与交通流量变化基本一致，但变化幅度相对较小，表明太平庄中街升级后小幅提升了太平庄中街和林萃路的交通压力，而安立路（太平庄中街以南路段）及太平庄中街附近东西向道路的交通压力得到小幅缓解。部分路段饱和度变化值如表 4-10 所示。

太平庄中街升级后部分路段饱和度变化表 表 4-10

道路	路段	现状饱和度	改造后饱和度
太平庄中街	林萃路—立汤路（西向东）	0.99	0.71
太平庄中街	立汤路—林萃路（东向西）	1.20	1.22
立汤路	定泗路—太平庄中街（北向南）	1.21	1.23
立汤路	太平庄中街—北五环（北向南）	0.89	0.86
林萃路	回南北路—大屯路（北向南）	0.67	0.69
中东路	林萃路—立汤路	0.74	0.41

（3）速度变化情况

太平庄中街升级后，道路网络的平均运行速度由 44.22km/h 提升至 44.58km/h。图 4-8（c）显示了太平庄中街升级前后路段运行速度的对比情况。部分路段运行速度变化值如表 4-11 所示。可以看出，大部分主要路段的运行速度有所提升，太平庄中街由于提升为主干道，设计速度提升，通行能力增强，因此尽管交通量大幅提升，但运行速度仍能得到提升。整体来看，路网的运行状态得到了改善。

太平庄中街升级后部分路段运行速度变化表 表 4-11

道路	路段	现状速度（km/h）	改造后速度（km/h）
太平庄中街	林萃路—立汤路（西向东）	38.49	58.81
太平庄中街	立汤路—林萃路（东向西）	30.94	49.08
立汤路	定泗路—太平庄中街（北向南）	44.07	42.43
立汤路	太平庄中街—北五环（北向南）	50.18	50.85
林萃路	回南北路—大屯路（北向南）	55.05	54.26
中东路	林萃路—立汤路	43.98	49.35

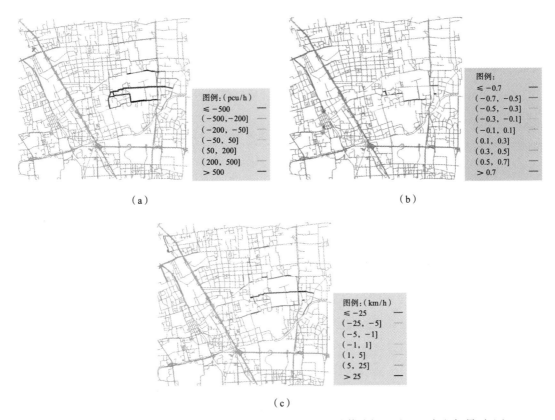

图 4-8 太平庄中街升级前后路网运行状态对比图（与林萃路打通（2020年）场景对比）
(a)交通流量变化；(b)饱和度变化；(c)运行速度变化

3. 北清路安立路升级（2024年）实施效果仿真评价

（1）交通流量变化情况

北清路、安立路快速化改造后，道路网络平均路段交通流量由457pcu/h降低至454pcu/h。图4-9（a）显示了北清路、安立路快速化改造前后路段交通流量的对比情况，部分路段交通流量变化如表4-12所示。可以看出，北清路和安立路（包括辅路）交通量明显增加，而研究区域内部的诸多道路交通流量明显下降，表明北清路与安立路快速化改造后，由于道路等级的差异，对区域交通流量产生明显的吸引。

北清路、安立路快速化改造后部分路段交通流量变化表　　　表4-12

道路	路段	现状流量（pcu/h）	改造后流量（pcu/h）
北清路	京藏高速—建材城东侧路	1146	1393
北清路辅路	京藏高速—建材城东侧路	—	496
立汤路/安立路	北清路—双营路（北向南）	2361	2553
立汤路辅路	北清路—双营路（北向南）	—	1418
林萃路	回南北路—大屯路（北向南）	2245	1239
太平庄中街	林萃路—立汤路（西向东）	2054	1444
太平庄中街	立汤路—林萃路（东向西）	3513	2105

(2)饱和度和服务水平变化情况

北清路、安立路快速化改造后,道路网络平均路段饱和度由0.335变为0.202,呈现明显下降。不同服务水平道路里程及占比变化如表4-13所示,可以发现,A等级路段比例明显提升,其余等级路段均明显下降,整体而言,路网的服务水平得到了显著地提升。

北清路、安立路快速化改造前后不同服务水平道路里程及占比变化表　　表4-13

服务水平	改造前		改造后	
	道路里程(km)	里程占比	道路里程(km)	里程占比
A	2068	73.01%	2337	85.17%
B	258	9.36%	189	6.89%
C	128	4.64%	74	2.70%
D	92	3.34%	39	1.42%
E	41	1.49%	24	0.87%
F	170	6.16%	81	2.95%

图4-9(b)显示了北清路、安立路快速化改造前后路段饱和度的对比情况,部分路段饱和度变化如表4-14所示。结果显示,北清路的饱和度明显下降,而安立路辅路的饱和度低于改造前的安立路,这是由于北清路和安立路快速化改造后道路通行能力大幅提升。其他主要道路的饱和度变化趋势与交通流量变化基本一致,表明北清路、安立路快速化改造后有效分担了区域内部的交通压力(图中改造后的北清路高架部分为新增路段,因此显示饱和度增加)。

北清路、安立路快速化改造部分路段饱和度变化表　　表4-14

道路	路段	现状饱和度	改造后饱和度
北清路	京藏高速—建材城东侧路	0.69	0.33
北清路辅路	京藏高速—建材城东侧路	—	0.24
立汤路/安立路	北清路—双营路(北向南)	0.80	0.98
立汤路辅路	北清路—双营路(北向南)	—	0.70
林萃路	回南北路—大屯路(北向南)	0.69	0.44
太平庄中街	林萃路—立汤路(西向东)	0.71	0.40
太平庄中街	立汤路—林萃路(东向西)	1.22	0.58

(3)速度变化情况

北清路、安立路快速化改造后,道路网络的平均运行速度由44.58km/h提升至

52.37km/h，得到显著提升。图 4-9（c）显示了北清路、安立路快速化改造前后路段运行速度的对比情况，部分路段运行速度变化如表 4-15 所示。可以看出，绝大多数主要道路运行速度均得到显著提升，北清路和安立路受到设计速度提升的影响，运行速度也得到显著提升，路网整体运行状态得到显著改善。

北清路、安立路快速化改造后部分路段运行速度变化值　　　表 4-15

道路	路段	现状速度（km/h）	改造后速度（km/h）
北清路	京藏高速—建材城东侧路	54.71	79.63
北清路辅路	京藏高速—建材城东侧路	—	48.87
立汤路/安立路	北清路—双营路（北向南）	51.64	66.47
立汤路辅路	北清路—双营路（北向南）	—	55.63
林萃路	回南北路—大屯路（北向南）	54.26	58.41
太平庄中街	林萃路—立汤路（西向东）	58.81	59.69
太平庄中街	立汤路—林萃路（东向西）	49.08	58.67

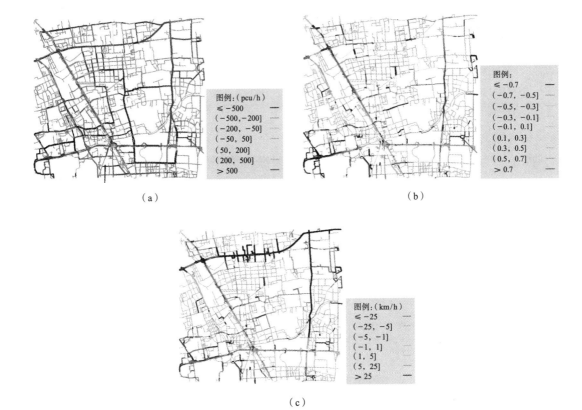

图 4-9　北清路安立路快速化改造路网运行状态对比图（与太平庄中街升级（2023 年）场景对比）
（a）交通流量变化；(b）饱和度变化；(c）运行速度变化

4. 安立路升级远期方案实施效果仿真评价

（1）交通流量变化情况

安立路远期方案改造后，道路网络平均路段交通流量由454pcu/h提升至455pcu/h。图4-10（a）显示了安立路远期方案改造前后路段交通流量的对比情况，部分路段交通流量变化如表4-16所示。可以看出，安立路与北五环的交通流量明显增加，而北苑路交通流量显著减少，表明安立路远期方案改造后将通过北苑路进城的交通量吸引至安立路，同时增强了安立路与北五环之间的交通联系。此外，研究区域内部的主要道路，如林萃路和太平庄中街，交通流量有一定程度减少，由此可知，安立路对区域内部的交通压力的疏解效果得到提升。

安立路远期方案改造后部分路段交通流量变化表　　表4-16

道路	路段	现状流量（pcu/h）	改造后流量（pcu/h）
安立路/立汤路	双营路—北五环（北向南）	3903	4790
立汤路辅路	双营路—北五环（北向南）	—	231
北苑路	立水桥—北五环	1930	1701
北五环	上清桥—仰山桥（西向东）	2283	2784
北五环	仰山桥—上清桥（东向西）	5626	5995
林萃路	太平庄中街—北五环（北向南）	1753	1729
太平庄中街	林萃路—立汤路（西向东）	1444	1256
太平庄中街	立汤路—林萃路（东向西）	2105	2008

（2）饱和度和服务水平变化情况

安立路远期方案改造后，道路网络平均路段饱和度保持为0.202。不同服务水平道路里程及占比变化如表4-17所示，可以发现，A、C、E、F等级的里程比例有小幅增加，整体而言，路网的服务水平有小幅的下降。

安立路远期方案改造前后不同服务水平道路里程及占比变化表　　表4-17

服务水平	改造前		改造后	
	道路里程（km）	里程占比	道路里程（km）	里程占比
A	2337	85.17%	2340	85.31%
B	189	6.89%	183	6.67%
C	74	2.70%	75	2.73%
D	39	1.42%	39	1.42%
E	24	0.87%	24	0.87%
F	81	2.95%	82	3.00%

图4-10（b）显示了安立路远期方案改造前后路段饱和度的对比情况，部分路段饱和度变化如表4-18所示。结果显示，安立路远期方案的改造仅对改造路段周边小范围产生了显著影响。安立路改造路段和北五环双向道路饱和度均有小幅提升，而北苑路、林萃路和太平庄中街饱和度均有所下降。因此可以认为，安立路远期方案的实施对于缓解周边区域的拥堵起到了一定积极作用。

安立路远期方案改造后部分路段饱和度变化表　　　　表4-18

道路	路段	现状饱和度	改造后饱和度
安立路/立汤路	双营路—北五环（北向南）	0.96	1.03
立汤路辅路	双营路—北五环（北向南）	—	0.09
北苑路	立水桥—北五环	0.69	0.61
北五环	上清桥—仰山桥（西向东）	0.59	0.72
北五环	仰山桥—上清桥（东向西）	1.36	1.45
林萃路	太平庄中街—北五环（北向南）	0.62	0.61
太平庄中街	林萃路—立汤路（西向东）	0.40	0.35
太平庄中街	立汤路—林萃路（东向西）	0.58	0.55

（3）速度变化情况

安立路远期方案改造后，道路网络的平均运行速度由52.37km/h提升至52.95km/h。图4-10（c）显示了安立路远期方案改造前后路段运行速度的对比情况。部分路段运行速度变化如表4-19所示。可以看出，尽管北五环运行速度有小幅下降，但安立路改造路段运行速度得到明显提升，北苑路、林萃路、太平庄中街运行速度也得到提升，安立路远期方案在一定程度上改善了周边道路的运行状态。

安立路远期方案改造后部分路段运行速度变化值　　　　表4-19

道路	路段	现状速度（km/h）	改造后速度（km/h）
安立路/立汤路	双营路—北五环（北向南）	52.30	86.12
立汤路辅路	双营路—北五环（北向南）	—	50.00
北苑路	立水桥—北五环	55.90	57.32
北五环	上清桥—仰山桥（西向东）	117.54	114.76
北五环	仰山桥—上清桥（东向西）	82.78	75.65
林萃路	太平庄中街—北五环（北向南）	57.99	58.02
太平庄中街	林萃路—立汤路（西向东）	59.69	59.84
太平庄中街	立汤路—林萃路（东向西）	58.67	58.91

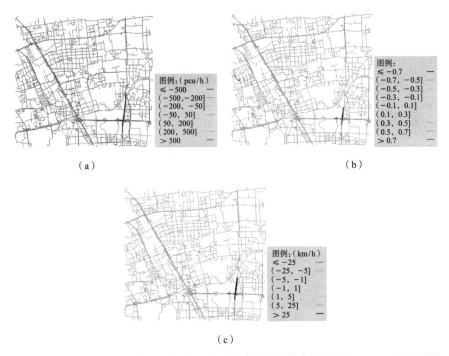

图 4-10　安立路远期方案改造路网运行状态对比图（与北清路安立路升级（2024年）场景对比）
(a) 交通流量变化；(b) 饱和度变化；(c) 运行速度变化

5. 回天地区道路改造方案总体实施效果仿真评价

四条道路改造完成后，路网整体交通流量由458pcu/h降低至455pcu/h，饱和度由0.340降低至0.202，运行速度由43.69km/h提升至52.95km/h，路网整体运行状态得到显著的优化。图4-11显示了回天地区道路改造方案总体实施效果的对比分析结果。可以看出，林萃路打通部分、太平庄中街、北清路高架路、安立路高架路交通流量明显提升，而大部分区域内部道路交通流量减少；北清路高架路、安立路高架路作为新建道路，饱和度有所提升，北五环和京藏高速部分路段饱和度有所提升，区域内大部分道路饱和度基本呈下降状态；而路网绝大多数道路运行速度都得到提升。综合来看，回天地区四条道路改造方案实现了对回天地区早高峰交通运行状态的改善。

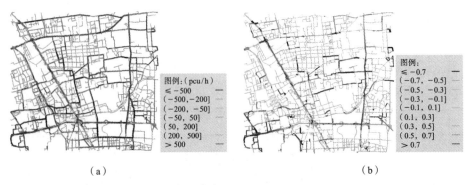

图 4-11　安立路远期方案改造路网运行状态对比图（与回天地区现状（2019年）场景对比）（一）
(a) 交通流量变化；(b) 饱和度变化

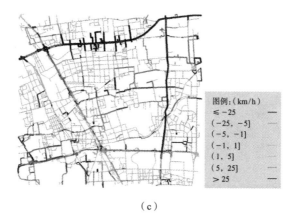

(c)

图 4-11 安立路远期方案改造路网运行状态对比图（与回天地区现状（2019年）场景对比）（二）

(c) 运行速度变化

4.4 面向交通管控业务功能的仿真平台应用——北京大兴国际机场

4.4.1 机场陆侧客流特征分析

北京大兴国际机场作为京津冀地区新的综合交通枢纽，拥有完备的陆侧交通系统，该系统包括机场快轨、城际铁路、机场巴士、网约车、出租车以及私家车等陆侧交通方式。但是北京大兴国际机场自 2019 年 9 月 26 日开航以来，其运行状态一直处于发展阶段，具有不稳定的现象，因此，通过对北京大兴国际机场抵港客流以及各陆侧交通方式运行状态的分析，掌握新兴枢纽在运营发展过程中的运行特征及客流演变规律，为 TESS 仿真模型参数的输入提供基础。

1. 抵港客流总体特征分析

抵港客流数据时段为 2019 年 9 月 26 日北京大兴国际机场开航至 2020 年 9 月 30 日。根据抵港客流数据的变化趋势，将其分为 6 个阶段，具体变化趋势如图 4-12 所示。此外，机场抵港航班班次是影响抵港客流的重要因素，抵港客流与抵港航班班次的日间变化趋势如图 4-13 所示。

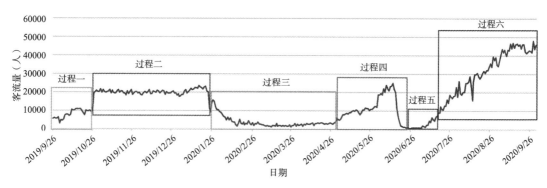

图 4-12 北京大兴国际机场抵港客流变化趋势图

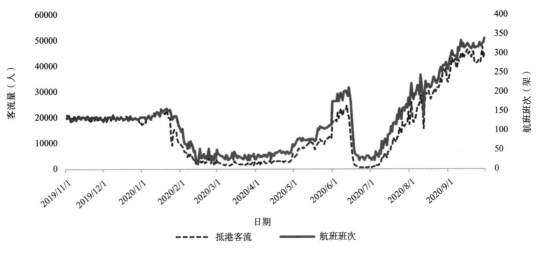

图 4-13 北京大兴国际机场抵港客流—航班班次变化趋势图

由图 4-12 和图 4-13 可知，抵港客流与航班班次的日间变化趋势趋于一致。自 2019 年 9 月 26 日～2019 年 10 月 23 日，北京大兴国际机场开航初期，客流较少；自 2019 年 10 月 25 日～2020 年 1 月 23 日，随着航班班次的增加，客流有所上升且较为稳定，保持在 15000～25000 人次/d；自 2020 年 1 月 24 日～2020 年 4 月 25 日，客流持续减少至 2000 人次/d 左右；自 2020 年 4 月 26 日～2020 年 6 月 15 日，客流有所上升，在 6 月中上旬时恢复到 2020 年春节时期的客流水平；2020 年 6 月 16 日～2020 年 7 月 9 日，客流急剧减少；2020 年 7 月 10 日～2020 年 9 月 30 日，抵港客流持续上升，最高达到 4.8 万人次/d。由此可知，北京大兴国际机场抵港客流在开航初期存在波动，随着航班班次增多，抵港客流逐渐上升并趋于稳定，其在京津冀地区的综合交通枢纽作用日益体现。

2. 陆侧交通方式离港客流总体特征分析

各陆侧交通方式离港客流数据时段为 2019 年 11 月 1 日～2020 年 9 月 30 日。首先利用双折线图对各陆侧交通方式客流总体变化趋势进行分析，之后利用皮尔逊相关系数判断其与抵港客流的相关性。各陆侧交通方式离港客流变化趋势如图 4-14 所示。

由图 4-14 可知，各陆侧交通方式的离港客流与抵港客流的变化趋势基本一致，各客流均有一定的波动。之后利用皮尔逊相关系数来度量两个客流间的相关程度，它是一个介于 1 和 -1 之间的值，当皮尔逊相关系数在 0.8～1 区间则代表两变量间具有强相关性。抵港客流与各陆侧交通方式离港客流的皮尔逊相关系数如表 4-20 所示。

抵港客流与各陆侧交通方式离港客流的皮尔逊相关系数　　　表 4-20

方式	出租车	机场巴士	机场快轨	城际铁路	网约车	其他车辆
皮尔逊相关系数	0.929	0.972	0.937	0.451	0.913	0.935

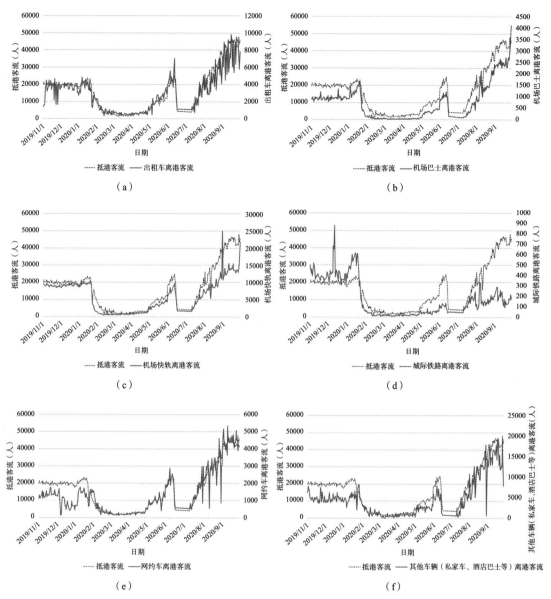

图 4-14 各陆侧交通方式离港客流变化趋势图
（a）出租车；（b）机场巴士；（c）机场快轨；
（d）城际铁路；（e）网约车；（f）其他车辆（私家车、酒店巴士等）

由此可知，除了城际铁路以外，其他陆侧交通方式离港客流与抵港客流的变化趋势具有强相关性。

3. 机场陆侧交通方式客流分担率特征分析

本研究选取 2020 年 8 月~2020 年 9 月期间的抵港客流及各方式离港客流数据，借助 SPSS 软件对各陆侧交通方式的方式分担率进行统计分析，具体指标包括平均值、中位数、方差以及上下四分位数，并确定方式分担率的变化区间，分析结果如表 4-21 所示。

各陆侧交通方式分担率统计分析结果　　　　表 4-21

方式	平均值	中位数	方差	上四分位数	下四分位数	方式分担率区间	区间内样本率
出租车	17.2%	17.5%	14	14.4%	20.2%	14%~21%	55.0%
机场巴士	5.5%	5.5%	0.8	4.8%	5.9%	4%~6%	78.3%
机场快轨	32.1%	31.2%	13.2	30.2%	33.2%	30%~34%	58.3%
城际铁路	0.5%	0.5%	0.05	0.4%	0.6%	0.3%~0.7%	85.0%
网约车	10.0%	10.1%	2.6	9.4%	11.2%	8%~12%	95.0%
其他车辆（私家车、酒店巴士等）	34.7%	34.8%	29.4	30.1%	38.6%	30%~39%	63.3%

由表 4-21 可知，出租车的方式分担率变化区间为 14%~21%；机场巴士的方式分担率变化区间为 4%~6%；机场快轨的方式分担率变化区间为 30%~34%；城际铁路的方式分担率变化区间为 0.3%~0.7%；网约车的方式分担率变化区间为 8%~12%；其他车辆（私家车、酒店巴士等）的方式分担率变化区间为 30%~39%。由此可知，北京大兴国际机场陆侧接续运输的主要方式为机场快轨以及其他车辆（私家车、酒店巴士等）；其次是出租车和网约车，这两种方式是夜间抵港旅客的主要出行方式；方式分担率最小的是机场巴士和城际铁路，由于发车间隔过长以及票价相对过高等问题，只有少部分旅客选择这两种交通方式出行。从表中方差分析结果可知，机场巴士、城际铁路和网约车的方式分担率较为稳定，而出租车、机场快轨、其他车辆（私家车、酒店巴士等）的方式分担率浮动较大。

4. 抵港客流及各陆侧交通方式客流时序变化特征分析

为支撑仿真系统的建立，需对客流的实时变化特征进行分析。以 1h 为统计间隔对抵港客流及各陆侧交通方式离港客流的时序变化特征进行分析。根据抵港客流量的总体变化趋势将研究时段分为 2019 年 11 月 1 日~2020 年 4 月 25 日以及 2020 年 4 月 26 日~2020 年 9 月 30 日两个时间段，总结不同时段各客流时序变化特征。

（1）客流小时不均匀系数

客流小时不均匀系数是描述一天内每小时客流变化情况的指标，是各时段内的客流与营运时间内每小时客流平均值的比值，两阶段内客流小时不均匀系数变化趋势如图 4-15 与图 4-16 所示。

结合图 4-15 与图 4-16 的客流小时不均匀系数分析结果可得出如下结论：

1）两阶段的抵港客流小时不均匀系数在 3:00~22:00 这个时段内相似，呈"双峰型"。而在 22:00 之后，阶段一的抵港客流小时不均匀系数骤减，相反阶段二抵港客流小时不均匀系数却不减反增，接近全天高峰值。由此可知，在稳定的情况下，北京大兴国际机场增加了夜间的航班班次，夜间陆侧交通系统运载压力大。

2）出租车与网约车的客流小时不均匀系数变化趋势相似。阶段一两者的客流小时不均匀系数呈"三峰型"，在 21:00~22:00 达到全日最高值；反观阶段二，两者的客流小时不均匀系数在 10:00~23:00 不断波动，在 23:00~次日 1:00 达到全日最高值。因而可知，出租车与网约车多集中在下午及夜间时段。

3）两阶段内机场快轨客流小时不均匀系数变化趋势类似，在一天里呈先增后减的趋势，客流波动较小。

4）城际铁路客流小时不均匀系数由其发车时刻决定。虽然两阶段城际铁路的发车时刻不同，但两阶段内该方式的客流小时不均匀系数均呈先增后减的趋势，在15：00~16：00达到全日高峰值。

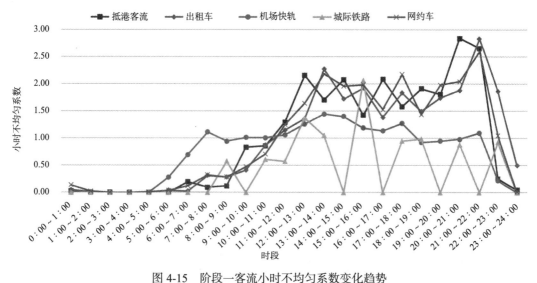

图 4-15　阶段一客流小时不均匀系数变化趋势

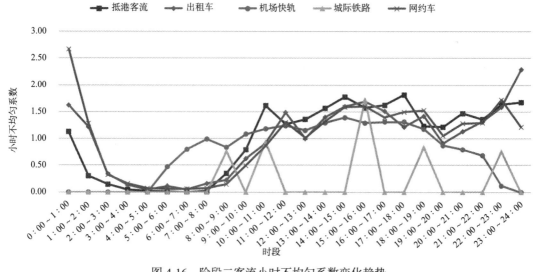

图 4-16　阶段二客流小时不均匀系数变化趋势

（2）高峰小时客流占比

高峰小时客流占比即高峰小时内客流与全天客流的比值，可反映客流的集中程度。两阶段的客流高峰小时及高峰小时客流占比如表 4-22 所示。

客流高峰小时及高峰小时客流占比 表 4-22

方式	抵港客流		出租车		机场快轨		城际铁路		网约车	
	客流高峰小时	客流占比	客流高峰小时	客流占比	客流高峰小时	客流占比	客流高峰小时	客流占比	客流高峰小时	客流占比
阶段一	20:00~21:00	11.8%	21:00~22:00	11.8%	13:00~14:00	8.0%	15:00~16:00	20.6%	21:00~22:00	10.8%
阶段二	17:00~18:00	7.6%	23:00~24:00	9.5%	14:00~15:00	7.7%	15:00~16:00	34.4%	0:00~1:00	11.1%

通过表 4-22 中客流高峰小时占比数据分析结果得出的结论如下：

1）在阶段二，北京大兴国际机场延长了运营时段，因此较阶段一相比抵港客流分布更加均匀。

2）两阶段内出租车和网约车的客流高峰小时均分布在夜间时段，高峰小时客流占比在 10%~11%。由此可以看出在机场快轨等交通方式在夜间停运后，出租车以及网约车承载着巨大的运载压力。

3）两阶段内机场快轨的客流高峰小时分别为 13:00~14:00 以及 14:00~15:00，相差不大，高峰小时客流占比在 8% 左右，由此可知轨道客流在一天内分布较均匀。

4）两阶段内城际铁路的发车班次不同，但其客流高峰小时都是 15:00~16:00，且高峰小时客流占比大，客流分布不均。

（3）各陆侧交通方式分担率时序变化特征

通过捕捉各陆侧交通方式分担率的时序变化特征便可了解一天内机场抵港旅客的出行模式的变化趋势。北京大兴国际机场各陆侧交通方式分担率时序变化特征如图 4-17 所示。

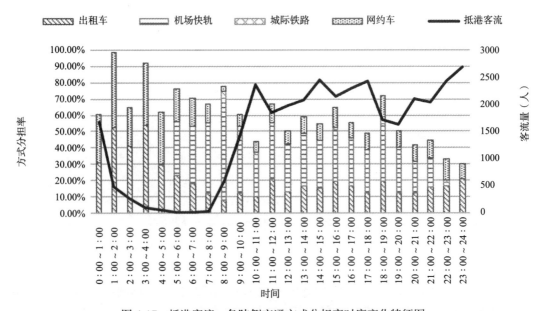

图 4-17 抵港客流—各陆侧交通方式分担率时序变化特征图

由图 4-17 可知，在白天抵港客流的高峰时段（10：00～19：00），机场快轨是北京大兴国际机场抵港旅客的主要出行方式，各陆侧交通方式分担率在该时段波动不大；而在夜间（23：00 后）北京大兴国际机场抵港客流达到全天最高峰，此时机场巴士、机场快轨等方式停运，出租车与网约车成为北京大兴国际机场陆侧接续运输的主要方式。

4.4.2 现状问题分析

综合北京大兴国际机场的背景介绍以及客流特征分析不难发现。目前大兴机场存在着以下若干问题：

（1）目前北京大兴国际机场处于运营前期，日旅客吞吐量在 10 万人次 /d，陆侧交通系统压力较小。但未来随着航班班次的增多，客流量增加，陆侧交通系统能否承受巨大的压力存在疑问。

（2）北京大兴国际机场陆侧交通定位为：以公共交通方式为主，私人出行方式为辅。但目前北京大兴国际机场的公共交通出行比例在 40%，低于国内外其他大型国际机场的公共交通出行比例。因此可通过增加公共交通运营线路、调整票价、增加公共交通出行舒适度等方法来提高公共交通出行比例。在提高公共交通出行比例后陆侧交通系统的运营压力会有多大程度的缓解需要通过仿真来验证。

（3）根据运营时间表可知，在 23：00 后城际铁路、机场快轨和机场巴士均会停运，出租车和网约车成为旅客主要的出行方式，但此时抵港客流会迎来全天的高峰值，出租车和网约车会承载巨大的运载压力。

（4）通过现场实地调研发现，目前大兴机场出租车接续区存在车辆排队严重的问题。对于此问题，可建立仿真场景对比不同车辆停靠形式（港湾式、斜列式）及车辆泊位数（6 泊位、8 泊位、10 泊位）条件下的车道通行能力，从而确定大兴机场出租车接续区的最佳布局形式。

4.4.3 仿真场景设计

针对上述问题本项目构建了以下不同的仿真场景：

1. 不同年份的北京大兴国际机场仿真场景构建

根据客流的变化趋势，本项目将搭建不同年份的仿真场景。考虑到陆侧交通系统的完整性，挑选下午 15：00～16：00 作为仿真时段，该时段为白天抵港客流的高峰期。第一个年份为 2020 年，该年日抵港客流达到 50000 人次 /d，在 2020 年 9 月到达开航以来的客流高峰，日抵港客流达 50000 人次。因此选取该年作为仿真场景之一。第二个年份为远期，此时北京大兴国际机场的日抵港旅客将达到 137000 人次 /d。空侧客流的激增必定会给陆侧交通系统带来巨大的压力。对比两个年份的仿真结果，衡量未来陆侧交通系统是否能承受住巨大的交通压力。

2. 不同时段的北京大兴国际机场仿真场景构建

通过北京大兴国际机场的客流时序特征分析可知在夜间各公共交通方式停运后，该机场的出行比例构成会发生变化，出租车和网约车的运载压力会增大。本场景的构建目的是对比白天与夜间的陆侧交通系统运载压力,因此挑选2022年作为该场景的仿真年份,仿真时段为23:00~24:00,与其对比的时段为15:00~16:00,通过对比来衡量夜间的陆侧交通系统运载压力。

3. 调整公共交通出行比例的北京大兴国际机场仿真场景构建

通过北京大兴国际机场陆侧交通方式的方式分担率分析可知目前该机场的公共交通出行比例较低。本场景构建目的是评判在提高公共交通出行比例后会对陆侧交通系统的压力有多大程度的缓解。考虑到抵港旅客客流量不大,从而挑选2022年作为该场景的仿真年份,仿真时段仍是15:00~16:00。将巴士的方式分担率从5%提升至10%,将机场快轨的方式分担率从35%提升至45%,将城际铁路的方式分担率从0.5%提升至2%。

4. 不同出租车停靠方式的北京大兴国际机场仿真场景构建

出租车作为北京大兴国际机场旅客的主要出行方式之一,在白天与夜间的客流高峰时段都承受着巨大的运载压力。目前北京大兴国际机场的出租车停靠方式为港湾式,而更改出租车的停靠方式及泊位数是否能增加出租车车道通行能力需要验证。本场景首先调整了出租车接续区的泊位数(港湾式6泊位、港湾式8泊位、港湾式10泊位),对比不同泊位数下出租车车道的通行能力;在此基础上将出租车的停靠方式更改为斜列式,并对泊位数(斜列式6泊位、斜列式8泊位、斜列式10泊位)进行了调整。挑选2022年作为该场景的仿真年份,仿真时段是15:00~16:00。对比6种停靠方式的排队长度从而评判哪种停靠方式更为合理。

5. 通行限制时间合理性验证的北京大兴国际机场仿真场景构建

为保证车道边车辆运行的顺畅性,防止车辆在车道边长时间停留,北京大兴国际机场在三层及四层车道边设置了8min通行限制时间(包含停靠时间)。通行限制时间设置的合理性需通过建立仿真场景进行验证。挑选2022年作为该场景的仿真年份,仿真时段为8:00~9:00,该时段为客流早高峰时期。借助行程时间监测器收集车辆平均行程时间,从而对通行限制时间合理性进行验证。

4.4.4 仿真场景搭建过程

1. 道路及交通设施建模

仿真区域一般应包含全部项目研究范围,为了交通仿真系统能准确反映研究范围内交通流运行情况,一般应向外拓展200m,在确定仿真区域后,在相关高清地图软件中截取仿真区域的卫星图,导入微观仿真平台中,之后根据车道宽度设置比例尺,在完成以上设置之后便可开始道路及交通设施建模。该仿真项目中的仿真单元基本说明见表4-23。

交通仿真单元基本说明　　　　表4-23

交通单元	基本说明
基本路段	在道路或匝道上,车辆运行不受交织、分流和合流影响的路段
交叉口	两条及两条以上道路的相交处

续表

交通单元	基本说明
入口匝道	供车辆驶入主线的匝道或匝道路段
出口匝道	供车辆驶离主线的匝道或匝道路段
停车场收费站	为收取车辆通行费而建设的交通设施
交织区	指行驶方向大致相同而不完全一致的两股或多股车流,沿着一定长度的路段,不借助于交通控制与指挥设备,自主进行合流而又实现分流的区域
航站楼车道边	到达或出发客流上下车进出航站楼的区域,是机场实现人、车换乘的界面区域
近端蓄车池	在航站楼附近供等待前往航站楼的车辆的停车区域
停车场(楼)	供送客或接客车辆短时停靠的区域
出租车接续区	机场实现到达客流换乘出租车的界面区域
机场巴士接续区	机场实现到达客流换乘机场巴士的界面区域
机场快轨、城际铁路	机场快轨及城际铁路行驶轨道
网约车、私家车接续区	机场实现到达客流换乘网约车、私家车的界面区域

2. 陆侧交通方式交通流建模

北京大兴国际机场的陆侧交通系统中包含出租车、机场巴士、城际铁路、机场快轨、网约车以及私家车等交通方式。在陆侧交通方式交通流建模中,首先对各方式车辆的长度、宽度、期望速度、最大加速度、最大减速度、期望加速度、期望减速度等参数进行设定。之后根据实际的客流数据,按照各方式每车平均载客人数推算各方式发车间隔或发车数。各陆侧交通方式每车平均载客人数如表4-24所示。

各方式每车平均载客人数　　　　　表4-24

方式	出租车	网约车	私家车	机场巴士	机场快轨	城际铁路
平均载客数(人/车)	1.7	1.5	1.5	25	210	50

最后,根据实地调研等方式获取路段中各决策点的路径分配情况,将实际的路径流量比例输入到模型中,便完成了陆侧交通方式交通流建模。

3. 交通控制建模

本项目的仿真模型中的交通控制建模有5部分内容:

(1)交通标线、标志设置

对路网中每个交通标志(主要是限速标志)、交通标线的位置进行设置。

(2)道路限速设置

对路网中每个路段的最高行驶速度以及最低行驶速度进行设置,在设有限速标志的路段设置减速区。

(3)交叉口信号灯配时控制设置

按照交叉口每个路口的信号灯相位及配时情况设置信号灯灯组配时。

(4)车道边车辆停靠位置设置

每层车道边设置每种车辆的停靠位置(接续区)以及平均停靠时间。

（5）收费站设施

利用设置信号灯灯组的方式，将信号灯设置在收费站处来模拟车辆在收费站停驶的过程。

4. 数据采集器设置

TESS 软件可利用行程时间监测器、排队计数器以及数据采集器对交通流运行状态相关参数进行采集，在路段不同位置设置上述三种采集器即可完成采集。在本项目中的仿真评价对象及评价指标等如表 4-25 所示。

仿真项目中的评价对象及评价指标　　　　表 4-25

评价对象	采集器名称	评价指标	单位
停车场收费站出入口	排队计数器	最大排队长度	m
航站楼车道边、陆侧交通方式接续区、航站楼周边路网中的关键路段	行程时间监测器	平均行程时间	s
		平均延误	s
	排队计数器	最大排队长度	m
	数据采集器	流量	veh/h
		平均行车速度	m/s
机场巴士、机场快轨、城际铁路	公交车数据采集器	平均行程时间	s
		站点平均停靠时间	s

4.4.5 示范应用实施效果评估

1. 北京大兴国际机场整体交通运行状态仿真展示

仿真平台可进行路网和车流的 2D 展示和 3D 展示。以 2020 年的仿真场景作为展示，实际仿真效果 2D 图以及 3D 图如图 4-18 和图 4-19 所示。

图 4-18　大兴机场交通系统整体运行状况仿真效果 2D 展示

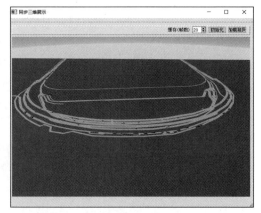

图 4-19　大兴机场交通系统整体运行状况仿真效果 3D 展示

2. 各场景仿真结果对比分析

下面根据相关的问题将不同仿真场景输出结果进行对比，从而对不同场景的陆侧交通系统运行状态进行分析。

（1）不同年份仿真场景输出结果对比

未来随着航班班次的增加，北京大兴国际机场的抵港客流量必定会随之增加，而陆侧交通系统是否能承载与之俱来的运载压力需要通过仿真软件来评判，因此以日抵港客流为 50000 人次 /d 及 137000 人次 /d 构建了 2020 年和远期两个仿真场景，仿真输出对比结果如图 4-20、图 4-21 和图 4-22 所示。

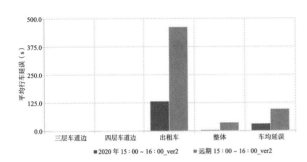

图 4-20　不同年份平均行车延误比较图

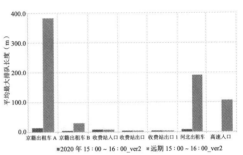

图 4-21　不同年份平均最大排队长度比较图

图 4-22　不同年份路段流量比较图

由上图可知，随着时间的推移，各路段的车流量均呈上升的趋势。随着流量的增加，车辆的平均行车延误也随之增加，三层车道边与四层车道边的平均行车延误增加幅度较小，出租车的平均行车延误增加幅度较大。此外，在未来，大兴机场环形道路入口、京籍出租车 A 区等处车辆排队情况严重。可知在未来年陆侧交通系统的运载压力远远大于 2020 年。

（2）不同时段的仿真场景输出结果对比

在 23：00 后机场巴士等公共交通方式停运，但此时北京大兴国际机场迎来客流高峰期，出租车与网约车面临着巨大的运载压力，因此对 2022 年下午时段以及夜晚时段两个场景进行对比分析，两个场景输出结果对比分析如图 4-23 和图 4-24 所示。

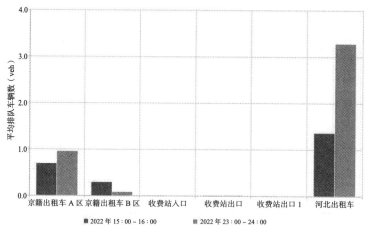

图 4-23 不同时段平均排队车辆数比较图

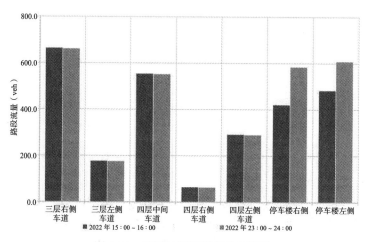

图 4-24 不同时段路段流量比较图

由上图可知，出租车为陆侧交通系统中排队情况最严重的一种交通方式，京籍出租车 A 区与河北出租车接续区在夜间的平均排队车辆数要高于下午时段，运载压力增加。而作为网约车的始发地，停车楼处的车流量在夜间也要高于下午时段，行车延误增加。由此可知，在公共交通方式停运后，北京大兴国际机场的陆侧交通系统运载压力要高于白天。

（3）不同公共交通出行比例的仿真场景结果输出对比

根据客流特征分析得出目前北京大兴国际机场的公共交通出行比例较低，因此以 2022 年为时间背景建立了提高公共交通出行比例后的仿真场景，仿真输出结果对比分析如图 4-25 和图 4-26 所示。

由上图可知，在提高公共交通出行比例后，京籍出租车接续区与河北出租车接续区的排队情况均得到大幅度缓解，特别是京籍出租车 A 区与河北出租车接续区。此外，随着排队长度的减小，出租车的行程延误也减少了 345.2s，所有车辆的车均延误减少了 64.76s。可见提高公共交通出行比例减轻了北京大兴国际机场的陆侧交通系统运载压力。

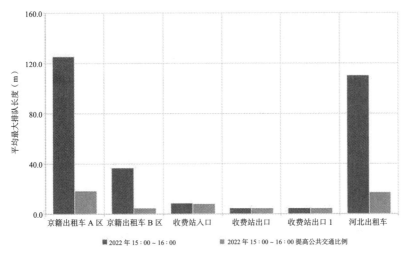

图 4-25 不同公共交通出行比例的平均最大排队长度比较图

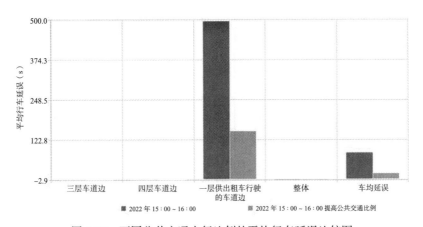

图 4-26 不同公共交通出行比例的平均行车延误比较图

（4）出租车不同停靠方式的仿真场景输出结果对比

由以上分析不难发现，出租车是在北京大兴国际机场陆侧交通系统中排队情况最严重的出行方式，因此针对其不同的车辆停靠方式（港湾式与斜列式，如图4-27所示）及不同泊位数（6泊位、8泊位、10泊位）构建了仿真场景。

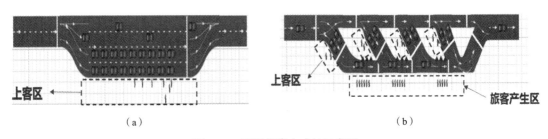

图 4-27 不同停靠方式的示意图
(a) 港湾式；(b) 斜列式

6个仿真场景（斜列式10泊位、斜列式8泊位、斜列式6泊位、港湾式10泊位、港湾式8泊位、港湾式6泊位）的道路通行能力对比与分析如图4-28所示。

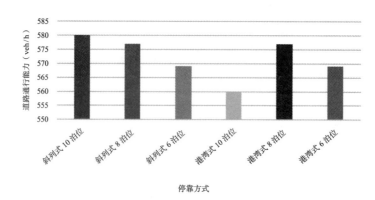

图4-28　不同停靠方式道路通行能力对比图

由图4-28可知，在港湾式停靠的情况下，10泊位的布局形式道路通行能力最小，其次是6泊位，道路通行能力最大的是8泊位。将出租车停靠方式从港湾式更改为斜列式之后，道路通行能力有所增加，且在斜列式停靠形式情况下，泊位数越多道路通行能力越大。

（5）通行限制时间合理性验证

在通行限制路段起终点设置行程时间监测器，对早高峰时期（8:00~9:00）的三层车道边及四层车道边的车辆平均行程时间进行监测。三层车道边及四层车道边车辆平均行程时间结果如图4-29所示。

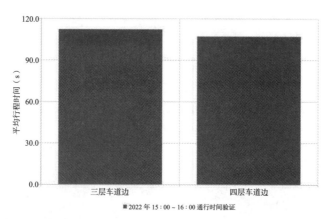

图4-29　三层、四层车道边车辆平均行程时间

由上图可知，车辆在三层车道边的平均行程时间为112.5s，在四层车道边的平均行程时间为107.4s，8min的通行限制时间设置较充裕。

3. 各场景仿真结果总结

（1）北京大兴国际机场作为新兴的京津冀综合交通枢纽，拥有完备的多模式陆侧交通系统。以抵港客流及各陆侧交通方式客流实际数据为基础，对其陆侧交通客流特征进行了分析，发现目前北京大兴国际机场存在公共交通出行比例低、夜间陆侧交通系统压力大以及出租车排队情况严重等问题。

（2）针对以上问题设计了不同的仿真场景，并从数据收集到仿真结果输出对场景的搭建过程进行了阐述。

（3）仿真模型搭建完毕后便通过现场调研所收集的流量、平均行程时间以及平均排队车辆数对模型的进度进行校核。

（4）完成模型校核后，对不同场景的仿真输出结果进行对比分析，发现客流的增加以及夜间公共交通方式的停运都会增加陆侧交通系统的运载压力；而通过提高公共交通比例以及调整出租车停靠形式会缓解陆侧交通系统的运载压力；且目前大兴机场车道边通行限制时间设置较为合理。

4.5 宏微观一体化仿真平台应用——北京市林萃路典型交叉口

4.5.1 现状调研与分析

宏观层面上，回天地区四条道路改造疏堵工程能够有效改善该地区路网交通运行状态。以林萃路打通工程为例，林萃路打通后能够吸引北部区域居民通过该路前往市中心，从而分担了京藏高速和安立路的交通压力，然而其自身交通流量的增大，带来了较大的交通压力，促使交通拥堵加剧，道路通行效率降低。而从微观层面上，这些交通压力会带来交叉口的大量排队和高行车延误，影响交叉口的运行效率。因此，宏观层面上道路网络结构的改变给微观层面上交叉口的运行状态带来怎样的影响，如何通过相关交通组织管理改善措施来缓解路网结构变化带来的局部交通压力，具有重要研究意义。

本书以林萃路打通工程为例，以北五环林萃桥处交叉口和林萃路（黑泉路）与宝盛南路交叉口为研究对象，利用宏微观一体化仿真平台，在预测林萃路打通后宏观层面交通量的变化的基础上，结合现状调研分析两个交叉口在微观层面的交通运行状态变化，分析现状存在问题，并提出相关交通组织管理优化方案，通过仿真评价各方案优化效果，以确定最优方案。

结合现状调研数据与林萃路打通后道路网交通运行状态宏观仿真结果，对两个交叉口现状交通运行状态存在问题进行分析。

图 4-30 显示了两个交叉口周边路网交通运行状态宏观仿真结果。可以看出，虽然林萃路打通后对京藏高速和安立路起到了分流作用，但同时对林萃路本身带来了较大的交通压力，全路段交通流量较大，路段饱和度呈现由北向南逐渐增加趋势，在林萃桥交叉口附近饱和度较高，存在交通拥堵问题；路段运行速度相对较低，车辆行驶缓慢。表 4-26 显示了现状调研获取的林萃路打通前后两个交叉口各进口道交通流量与转向比例变化情况。可以看出，林萃桥交叉口北进口交通流量较大，左转压力大；而宝盛南路交叉口北进口、南进口交通流量较大，北进口直行压力大、东进口左转压力大。

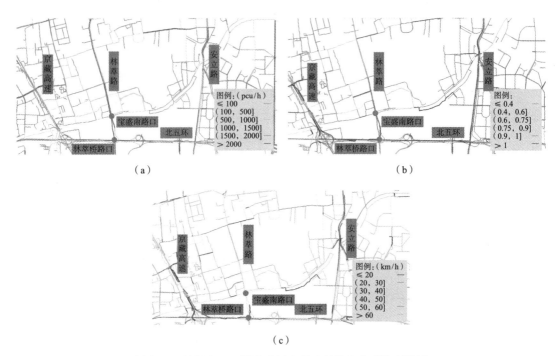

图 4-30 目标交叉口周边路网交通运行状态宏观仿真结果
(a) 交通流量变化;(b) 饱和度变化;(c) 运行速度变化

林萃路打通前后目标交叉口各进口道交通流量与转向比例变化 表 4-26

交叉口名称	方向	改造前后	总流量（早高峰）（辆）	左转比例	直行比例	右转比例
林萃桥交叉口	东	改造前	1376	25.5%	65.4%	9.1%
		改造后	1468	7.6%	24%	68.4%
	西	改造前	501	25%	25%	50%
		改造后	1064	9.8%	26.3%	63.9%
	南	改造前	1002	32.4%	55%	12.6%
		改造后	928	13.4%	72.4%	14.2%
	北	改造前	5075	54.7%	35%	10.3%
		改造后	3008	51.7%	38.2%	10.1%
宝盛南路交叉口	东	改造前	1244	97.3%	0	2.7%
		改造后	536	94%	0	6%
	南	改造前	1913	96.8%	0	3.2%
		改造后	2276	0	77.9%	22.1%
	北	改造前	2246	2.6%	97.4%	0
		改造后	2252	0.9%	99.1%	0

4.5.2 单项优化方案设计

可以看出，早高峰林萃路北向南方向交通需求较大，造成了林萃桥交叉口北进口和宝盛南路交叉口北进口和南进口出现严重的排队和延误。因此针对上述问题，本课题从交通信号配时、交通渠化设计、交通组织方式等方面提出了4个优化方案，分别是交叉口信号配时优化，交叉口渠化设计优化——改变车道宽度、增加车道，交叉口渠化设计优化——更改车道方向和交叉口综合优化方案。

1. 交叉口信号配时优化

针对仿真区域内的两个交叉口，结合现状信号配时方案和流量数据，对每个交叉口的信号配时方案进行优化，如图4-31和图4-32所示。

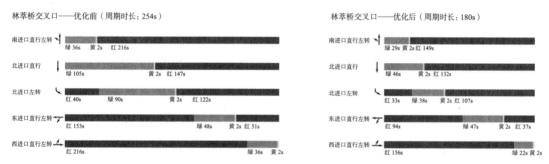

图4-31 林萃桥交叉口信号配时方案（优化前与优化后）

图4-32 宝盛南路交叉口信号配时方案（优化前与优化后）

2. 交叉口渠化设计优化——改变车道宽度、增加车道

如图4-33（a）所示，当前林萃桥交叉口北进口共有6条车道，每条车道3.3m，其中2条车道为左转专用车道、3条车道为直行车道、1条车道为右转专用车道。考虑到该进口左转车流量相较于直行车流量更高，2条左转专用车道难以满足大量左转车辆的通行需求，因此根据相关标准，将该进口的进口道压缩至2.8m，可以创出1条新车道的空间，将该车道作为左转专用车道，以提升该进口左转的通行能力，如图4-33（b）所示。

3. 交叉口渠化设计优化——更改车道方向

针对左转车流量高于直行车流量的问题，也可以通过将最左侧的直行车道转换为左转专用车道来提升该进口的左转通行能力，避免压缩车道宽度带来的单车道通行能力下降以及车辆间摩擦、碰撞等潜在安全问题，如图4-34所示。

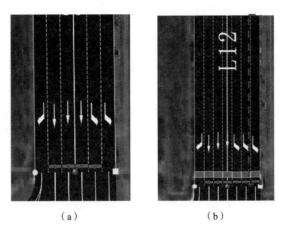

图 4-33 交叉口渠化设计优化方案——改变车道宽度、增加车道
(a) 优化前（2 左转、3 直行、1 右转）；(b) 优化后（3 左转、3 直行、1 右转）

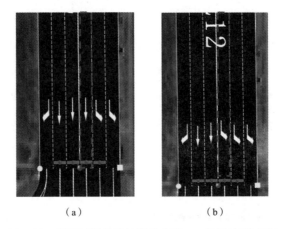

图 4-34 交叉口渠化设计优化方案——更改车道方向
(a) 优化前（2 左转、3 直行、1 右转）；(b) 优化后（3 左转、2 直行、1 右转）

4.5.3 单项优化方案实施效果评估

1. 交叉口信号配时优化

图 4-35、表 4-27 和表 4-28 显示了两个交叉口的信号配时优化前后各进口道的路段流量、平均行车速度、平均排队车辆数和平均行车延误的变化情况。从路段流量来看，信号配时优化后，林萃桥东进口和林萃桥南进口的流量得到明显提升，分别提升了 32.26% 和 21.59%，而宝盛南路北进口和林萃桥北进口的流量明显下降，分别下降了 18.94% 和 17.18%。从平均行车速度来看，仅有林萃桥南进口的平均行车速度得到显著提升，幅度为 108.02%，而宝盛南路南进口的平均行车速度显著下降，幅度为 45.45%。从平均排队车辆数来看，林萃桥的四个进口道以及宝盛南路东进口均有不同程度下降，而宝盛南路的南、北两个进口道的平均排队车辆数显著提升，分别提升了 380.00% 和 31.57%。从平均行车延误来看，从宝盛南路东进口和北进口到达林萃桥东出口和南出口的延误均有所提升，而从林萃桥各进口道到林萃桥各出口道的平均行车延误有所下降。从以上结果可以看出，信号配时的优化对林萃桥进口道的通行效率具有一定的积极影响，但降低了

宝盛南路各进口道以及黑泉路北向南方向道路的通行效率。从整体来看，两个交叉口各进口道的平均路段流量、平均行车速度和平均排队车辆数分别提升了0.66%、0.05%和1.55%，而平均行车延误降低了11.60%，说明仅对信号配时进行优化并不能显著改善两个交叉口的交通运行状态。

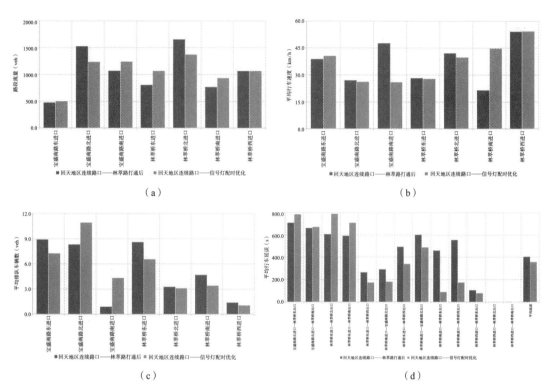

图4-35 信号配时优化前后交叉口交通运行状态变化
（a）路段流量变化；（b）平均行车速度变化；（c）平均排队车辆数变化；（d）平均行车延误变化

信号配时优化前后交叉口路段流量、平均行车速度、平均排队车辆数变化情况　表4-27

位置	路段流量			平均行车速度			平均排队车辆数		
	信号灯配时优化前（辆）	信号灯配时优化后（辆）	变化	信号灯配时优化前（km/h）	信号灯配时优化后（km/h）	变化	信号灯配时优化前（辆）	信号灯配时优化后（辆）	变化
宝盛南路东进口	480	505	5.21%	38.92	40.70	4.57%	8.93	7.26	−18.70%
宝盛南路北进口	1526	1237	−18.94%	27.08	26.28	−2.95%	8.33	10.96	31.57%
宝盛南路南进口	1071	1243	16.06%	47.70	26.02	−45.45%	0.90	4.32	380.00%
林萃桥东进口	809	1070	32.26%	28.28	27.92	−1.27%	8.62	6.56	−23.90%
林萃桥北进口	1659	1374	−17.18%	42.12	39.86	−5.37%	3.27	3.10	−5.20%
林萃桥南进口	769	935	21.59%	21.57	44.87	108.02%	4.69	3.42	−27.08%

续表

位置	路段流量			平均行车速度			平均排队车辆数		
	信号灯配时优化前（辆）	信号灯配时优化后（辆）	变化	信号灯配时优化前（km/h）	信号灯配时优化后（km/h）	变化	信号灯配时优化前（辆）	信号灯配时优化后（辆）	变化
林萃桥西进口	1069	1070	0.09%	54.29	54.46	0.31%	1.40	1.07	−23.57%
平均值	1055	1062	0.66%	37.14	37.16	0.05%	5.16	5.24	1.55%

信号配时优化前后交叉口平均行车延误变化情况　　　表 4-28

位置	平均行车延误		
	信号灯配时优化前（s）	信号灯配时优化后（s）	变化
宝盛南路东进口—林萃桥东出口	710.37	784.85	10.48%
宝盛南路东进口—林萃桥南出口	662.34	673.19	1.64%
宝盛南路北进口—林萃桥东出口	607.26	789.93	30.08%
宝盛南路北进口—林萃桥南出口	592.59	710.13	19.83%
林萃桥东进口—林萃桥北出口	264.63	173.48	−34.44%
林萃桥东进口—林萃桥南出口	291.64	180.76	−38.02%
林萃桥东进口—林萃桥西出口	494.08	339.53	−31.28%
林萃桥南进口—宝盛南路北出口	601.93	489.41	−18.69%
林萃桥南进口—林萃桥东出口	459.58	89.58	−80.51%
林萃桥南进口—林萃桥西出口	556.42	174.18	−68.70%
林萃桥西进口—林萃桥东出口	105.43	79.35	−24.74%
林萃桥西进口—林萃桥北出口	0	0	—
林萃桥西进口—林萃桥南出口	2.89	2.23	−22.84%
车均延误	404.56	357.65	−11.60%

2. 交叉口渠化设计优化——改变车道宽度、增加车道

图 4-36、表 4-29 和表 4-30 显示了林萃桥北进口改变车道宽度并增加一条左转车道前后各进口道的路段流量、平均行车速度、平均排队车辆数和平均行车延误的变化情况。从路段流量来看，大多数进口道流量有所提升，其中宝盛南路东进口、北进口和林萃桥北进口流量提升比较显著，分别提升了 16.46%、23.98% 和 27.37%。从平均行车速度来看，林萃桥北进口和南进口的平均行车速度有小幅降低，分别为 0.17% 和 3.29%，而宝盛南路东进口和北进口的平均行车速度有显著提升，分别提升了 39.11% 和 18.35%。从平均排队车辆数来看，绝大多数进口道平均排队车辆数均有不同程度降低，其中宝盛南路北进口道最为显著，降低了 53.75%。从平均行车延误来看，大部分进口道的平均行车延误都有所下降，其中宝盛南路东进口和北进口到达林萃桥东出口和南出口的平均行车延误得到

显著下降,下降幅度超过30%。整体来看,两个交叉口各进口道的平均路段流量和平均行车速度分别增加了 12.61% 和 7.65%,平均排队长度和平均行车延误分别下降了 26.16% 和 20.87%,以上结果可以看出,相对于前两个方案,对林萃桥北进口的车道宽度进行压缩并增加一条左转车道,能够为两个交叉口的交通运行状态带来更多的改善。

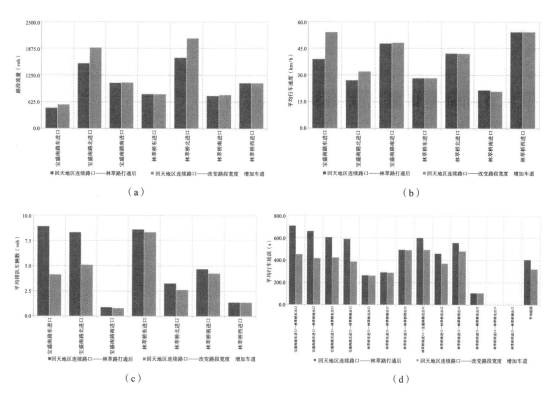

图 4-36 增加车道前后交叉口交通运行状态变化
(a)路段流量变化;(b)平均行车速度变化;(c)平均排队车辆数变化;(d)平均行车延误变化

增加车道前后交叉口路段流量、平均行车速度、平均排队车辆数变化情况　　表 4-29

位置	路段流量			平均行车速度			平均排队车辆数		
	增加车道前(辆)	增加车道后(辆)	变化	增加车道前(km/h)	增加车道后(km/h)	变化	增加车道前(辆)	增加车道后(辆)	变化
宝盛南路东进口	480	559	16.46%	38.92	54.14	39.11%	8.93	4.13	-53.75%
宝盛南路北进口	1526	1892	23.98%	27.08	32.05	18.35%	8.33	5.1	-38.78%
宝盛南路南进口	1071	1081	0.93%	47.70	48.12	0.88%	0.90	0.81	-10.00%
林萃桥东进口	809	809	0.00%	28.28	28.33	0.18%	8.62	8.36	-3.02%
林萃桥北进口	1659	2113	27.37%	42.12	42.05	-0.17%	3.27	2.63	-19.57%
林萃桥南进口	769	792	2.99%	21.57	20.86	-3.29%	4.69	4.26	-9.17%
林萃桥西进口	1069	1069	0.00%	54.29	54.29	0.00%	1.40	1.4	0.00%
平均值	1055	1188	12.61%	37.14	39.98	7.65%	5.16	3.81	-26.16%

增加车道前后交叉口平均行车延误变化情况 表 4-30

位置	平均行车延误		
	增加车道前（s）	增加车道后（s）	变化
宝盛南路东进口—林萃桥东出口	710.37	452.38	−36.32%
宝盛南路东进口—林萃桥南出口	662.34	417.25	−37.00%
宝盛南路北进口—林萃桥东出口	607.26	423.54	−30.25%
宝盛南路北进口—林萃桥南出口	592.59	388.25	−34.48%
林萃桥东进口—林萃桥北出口	264.63	261.68	−1.11%
林萃桥东进口—林萃桥南出口	291.64	287.89	−1.29%
林萃桥东进口—林萃桥西出口	494.08	489.99	−0.83%
林萃桥南进口—宝盛南路北出口	601.93	492.97	−18.10%
林萃桥南进口—林萃桥东出口	459.58	371	−19.27%
林萃桥南进口—林萃桥西出口	556.42	480.49	−13.65%
林萃桥西进口—林萃桥东出口	105.43	105.48	0.05%
林萃桥西进口—林萃桥北出口	0	0	—
林萃桥西进口—林萃桥南出口	2.89	3.18	10.03%
车均延误	404.56	320.13	−20.87%

3. 交叉口渠化设计优化——更改车道方向

图 4-37、表 4-31 和表 4-32 显示了林萃桥北进口更改最左侧的直行车道为左转车道前后各进口道的路段流量、平均行车速度、平均排队车辆数和平均行车延误的变化情况。从路段流量来看，各进口道的流量都有所提升，其中宝盛南路北进口和林萃桥北进口的流量提升相对明显，分别提升了 14.81% 和 17.84%。从平均行车速度来看，林萃桥北、南、西三个进口道有小幅下降，而宝盛南路东、北、南三个进口和林萃桥东进口有提升，其中宝盛南路东进口提升较为明显，提升了 17.32%。从平均排队车辆数来看，林萃桥西进口有小幅提升，其他进口都有所下降，其中宝盛南路东进口和北进口下降较为明显，分别为 25.76% 和 27.25%。从平均行车延误来看，除了从林萃桥西进口前往林萃桥东出口和南出口的平均行车延误有所增加，绝大多数进口道的延误都有所降低，其中从宝盛南路各进口出发到林萃桥东出口和南出口的延误均得到了明显改善，分别下降了 22.88%、24.69%、19.95% 和 18.94%。从整体来看，两个交叉口各进口道的平均路段流量和平均行车速度分别增加了 8.34% 和 2.45%，平均排队长度和平均行车延误分别下降了 13.76% 和 11.60%。可以看出，更改一条直行车道为左转车道的方案除了对林萃桥交叉口进口道的运行速度产生了小幅的负面影响，但对两个交叉口整体的交通运行状态起到了一定的改善，但优化后两个交叉口整体的行车延误仍然达到 357.64s，说明两个交叉口的交通运行状态仍有改善空间。

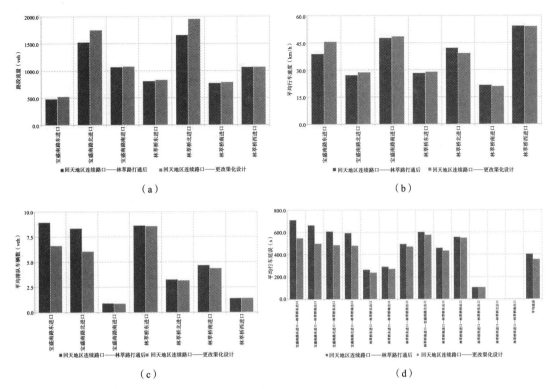

图 4-37 更改车道方向前后交叉口交通运行状态变化
（a）路段流量变化；（b）平均行车速度变化；（c）平均排队车辆数变化；（d）平均行车延误变化

更改车道方向前后交叉口路段流量、平均行车速度、平均排队车辆数变化情况　表 4-31

位置	路段流量			平均行车速度			平均排队车辆数		
	更改车道方向前（辆）	更改车道方向后（辆）	变化	更改车道方向前（km/h）	更改车道方向后（km/h）	变化	更改车道方向前（辆）	更改车道方向后（辆）	变化
宝盛南路东进口	480	523	8.96%	38.92	45.66	17.32%	8.93	6.63	-25.76%
宝盛南路北进口	1526	1752	14.81%	27.08	28.78	6.28%	8.33	6.06	-27.25%
宝盛南路南进口	1071	1083	1.12%	47.70	48.55	1.78%	0.90	0.88	-2.22%
林萃桥东进口	809	831	2.72%	28.28	29.04	2.69%	8.62	8.57	-0.58%
林萃桥北进口	1659	1955	17.84%	42.12	39.28	-6.74%	3.27	3.19	-2.45%
林萃桥南进口	769	786	2.21%	21.57	20.99	-2.69%	4.69	4.39	-6.40%
林萃桥西进口	1069	1071	0.19%	54.29	54.08	-0.39%	1.40	1.42	1.43%
平均值	1055	1143	8.34%	37.14	38.05	2.45%	5.16	4.45	-13.76%

更改车道方向前后交叉口平均行车延误变化情况　表 4-32

位置	平均行车延误		
	更改车道方向前（s）	更改车道方向后（s）	变化
宝盛南路东进口—林萃桥东出口	710.37	547.84	-22.88%
宝盛南路东进口—林萃桥南出口	662.34	498.78	-24.69%

续表

位置	平均行车延误		
	更改车道方向前（s）	更改车道方向后（s）	变化
宝盛南路北进口—林萃桥东出口	607.26	486.13	−19.95%
宝盛南路北进口—林萃桥南出口	592.59	480.38	−18.94%
林萃桥东进口—林萃桥北出口	264.63	239.13	−9.64%
林萃桥东进口—林萃桥南出口	291.64	272.23	−6.66%
林萃桥东进口—林萃桥西出口	494.08	472.00	−4.47%
林萃桥南进口—宝盛南路北出口	601.93	576.46	−4.23%
林萃桥南进口—林萃桥东出口	459.58	435.12	−5.32%
林萃桥南进口—林萃桥西出口	556.42	549.59	−1.23%
林萃桥西进口—林萃桥东出口	105.43	106.54	1.05%
林萃桥西进口—林萃桥北出口	0	0	—
林萃桥西进口—林萃桥南出口	2.89	4.28	48.10%
车均延误	404.56	357.64	−11.60%

4.5.4 综合优化方案设计

根据《城市道路交通组织设计规范》GB/T 36670—2018 可知，在当主要方向与对向方向流量比超过 1.5 时可设置潮汐车道，目前早高峰时段黑泉路路段北向南小时流量为 3008 辆/h，南向北小时流量为 1002 辆/h，符合设置潮汐车道的条件。因此，将南向北路段最左侧车道设置为潮汐车道。由于设置潮汐车道更改了交叉口的交通组织方式，需要对信号配时和交叉口渠化进行相适宜的调整，如图 4-38 所示。

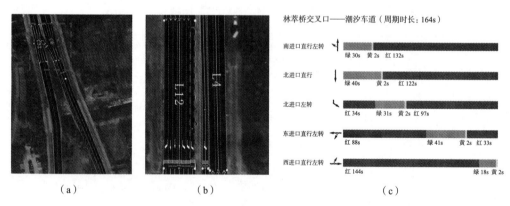

图 4-38 综合优化方案——设置潮汐车道、渠化与信号配时调整
（a）潮汐车道设置；（b）渠化调整：压缩车道宽度，增加一条车道；（c）信号配时调整：林萃桥交叉口

由于设置潮汐车道会引发路段交通阻抗变化，使周边路网交通流量发生变化，因此需要通过宏观仿真，预测设置潮汐车道后重新分配的路网交通流量，并结合现场调查对流量进行校核，然后将宏观仿真输出的交通流量输入至微观仿真中，在设置潮汐车道的同时，对交叉口的信号配时和渠化进行适当调整，接着通过微观仿真进行交叉口交通运

行状态仿真评价,通过与其他方案的优化效果进行对比分析,最终确定最佳的优化方案,如图 4-39 所示。

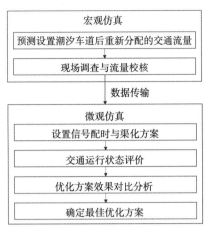

图 4-39 综合优化方案仿真评价流程

4.5.5 综合优化方案实施效果评估

图 4-40 显示了综合优化方案设施前后路网宏观运行状态的变化。可以看出,潮汐车道的设置未对宏观路网整体的交通运行状态产生显著的影响,仅对潮汐车道改造的路段的交通流量、饱和度和运行速度,以及部分邻近道路的交通流量与饱和度产生影响。

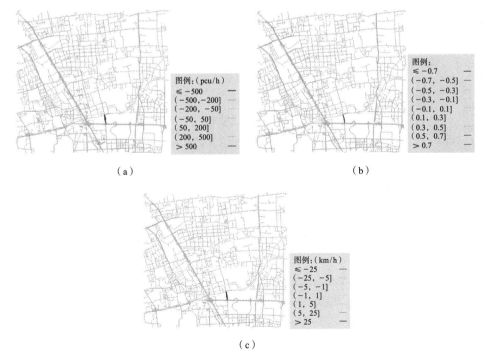

图 4-40 综合优化方案实施前后宏观路网交通运行状态变化图
(a)交通流量变化;(b)饱和度变化;(c)运行速度变化

图 4-41、表 4-33 和表 4-34 显示了综合优化方案实施前后各进口道的路段流量、平均行车速度、平均排队车辆数和平均行车延误的变化情况。从路段流量来看，宝盛南路南进口、林萃桥东进口和林萃桥南进口的流量显著提升，分别提升了 37.54%、38.32% 和 33.16%，而林萃桥北进口和西进口的流量明显下降，分别下降了 21.22% 和 38.82%。从平均行车速度来看，除了宝盛南路东进口和南进口的速度有所下降，其他进口道的平均行车速度均有所提升，其中林萃桥南进口速度提升最显著，提升了 157.30%。从平均排队车辆数来看，宝盛南路东、北、南三个进口道的排队车辆数有所提升，分别提升了 31.35%、1.68% 和 74.44%，而林萃桥东、北、南、西四个进口道的平均排队车辆数均有显著下降，分别下降了 38.17%、65.14%、56.72% 和 60.00%。从平均行车延误来看，绝大多数进口道的平均行车延误均有显著下降。整体来看，两个交叉口各进口道的平均路段流量和平均行车速度分别增加了 1.80% 和 14.76%，平均排队长度和平均行车延误分别下降了 14.73% 和 38.15%，以上结果可以看出，尽管综合优化方案提升了宝盛南路各进口道的平均排队车辆数，但平均行车延误得到显著降低，说明综合优化方案对两个交叉口整体交通运行状态实现了较为显著的优化。

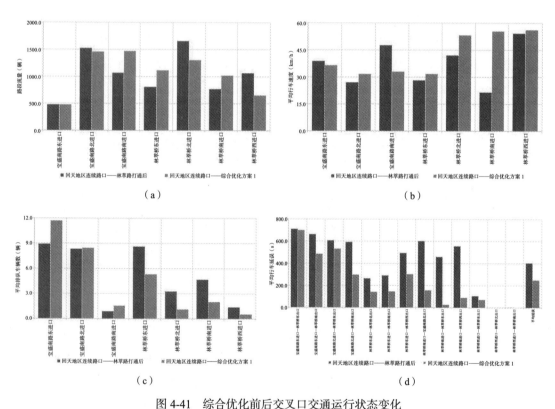

图 4-41 综合优化前后交叉口交通运行状态变化
（a）路段流量变化；（b）平均行车速度变化；（c）平均排队车辆数变化；（d）平均行车延误变化

综合优化前后交叉口路段流量、平均行车速度、平均排队车辆数变化情况　　　表 4-33

位置	路段流量			平均行车速度			平均排队车辆数		
	综合优化前（辆）	综合优化后（辆）	变化	综合优化前（km/h）	综合优化后（km/h）	变化	综合优化前（辆）	综合优化后（辆）	变化
宝盛南路东进口	480	480	0.00%	38.92	36.55	-6.09%	8.93	11.73	31.35%
宝盛南路北进口	1526	1463	-4.13%	27.08	31.76	17.28%	8.33	8.47	1.68%
宝盛南路南进口	1071	1473	37.54%	47.70	33.08	-30.65%	0.90	1.57	74.44%
林萃桥东进口	809	1119	38.32%	28.28	31.89	12.77%	8.62	5.33	-38.17%
林萃桥北进口	1659	1307	-21.22%	42.12	53.32	26.59%	3.27	1.14	-65.14%
林萃桥南进口	769	1024	33.16%	21.57	55.5	157.30%	4.69	2.03	-56.72%
林萃桥西进口	1069	654	-38.82%	54.29	56.27	3.65%	1.40	0.56	-60.00%
平均值	1055	1074	1.80%	37.14	42.62	14.76%	5.16	4.40	-14.73%

综合优化前后交叉口平均行车延误变化情况　　　表 4-34

位置	平均行车延误		
	综合优化前（s）	综合优化后（s）	变化
宝盛南路东进口—林萃桥东出口	710.37	699.29	-1.56%
宝盛南路东进口—林萃桥南出口	662.34	485.69	-26.67%
宝盛南路北进口—林萃桥东出口	607.26	532.83	-12.26%
宝盛南路北进口—林萃桥南出口	592.59	299.01	-49.54%
林萃桥东进口—林萃桥北出口	264.63	142.66	-46.09%
林萃桥东进口—林萃桥南出口	291.64	147.07	-49.57%
林萃桥东进口—林萃桥西出口	494.08	303.72	-38.53%
林萃桥南进口—宝盛南路北出口	601.93	158.79	-73.62%
林萃桥南进口—林萃桥东出口	459.58	27.39	-94.04%
林萃桥南进口—林萃桥西出口	556.42	90.45	-83.74%
林萃桥西进口—林萃桥东出口	105.43	72.02	-31.69%
林萃桥西进口—林萃桥北出口	0	0	—
林萃桥西进口—林萃桥南出口	2.89	1.68	-41.87%
车均延误	404.56	250.24	-38.15%

4.5.6　各优化方案对比分析

图 4-42 显示了各优化方案实施效果的差异。从路段流量和平均行车速度来看，信号配时优化方案降低了宝盛南路交叉口北进口和林萃桥交叉口北进口的流量，这可能是由于进城方向拥堵加剧，表明信号配时优化方案对进城方向的交通运行产生了负面影响，此外该方案对速度的改善效果不明显；更改林萃桥交叉口北进口的渠化设计（更改车道方向或压缩车道宽度并增加一条车道）能够相对更显著地提升进口道的流量，但对平均行车速度的提升效果不明显；综合优化方案尽管降低了宝盛南路交叉口进口道的运行速度，

但对林萃桥交叉口进口道的运行速度产生了更加明显的提升。从平均排队车辆数和平均行车延误来看，信号配时方案对林萃桥交叉口的交通运行状态产生了一定的改善效果，但加剧了宝盛南路交叉口各进口道的拥堵；两个交叉口渠化设计优化方案对宝盛南路交叉口的优化效果相对更加明显，但是对林萃桥交叉口的优化效果不如信号配时方案和综合优化方案；综合优化方案尽管会增加宝盛南路的排队车辆数，但对各进口道的延误都产生了较良好的优化效果。综合以上分析，本研究认为综合优化方案对两个交叉口的整体交通运行状态的优化效果最好。

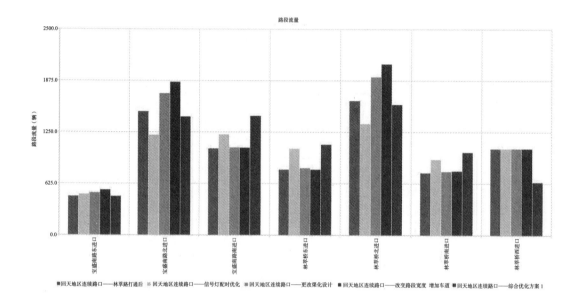

图 4-42 优化方案效果对比（一）
（a）路段流量变化；（b）平均行车速度变化

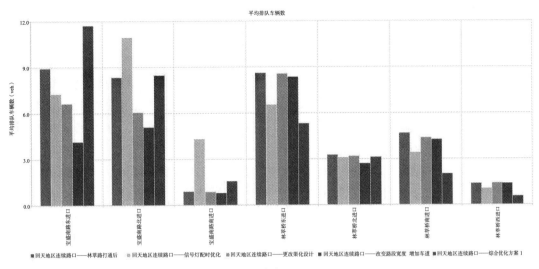

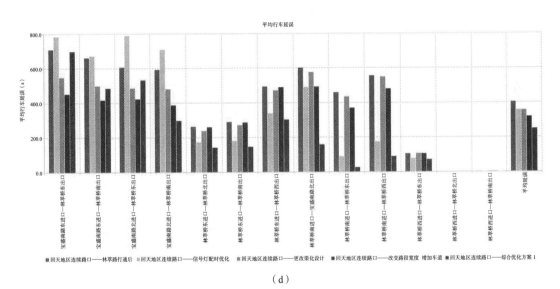

图 4-42 优化方案效果对比（二）
（c）平均排队车辆数变化；（d）平均行车延误变化

4.6 面向智慧交通系统业务功能的仿真平台示范应用——北京市高级自动驾驶示范区

4.6.1 城市基本路段无人配送车应用现状调研

1. 无人配送车路网数据梳理

本书选取由北京经济技术开发区及大兴区部分道路构成的北京市高级别自动驾驶示范区作为研究区域，图 4-43 为研究区域示意图。北京市高级别自动驾驶示范区具备完善的测试场景，符合测试需求的开放道路环境及复杂城市道路交通环境，是应用最为广泛的测试场。截至 2021 年，北京市高级别自动驾驶区的自动驾驶开放道路长度为 333km，且自动驾驶测试里程已经达到了1495400km。目前北京市高级别自动驾驶区开放道路长度占北京市开放道路长度的31%，测试里程占总里程的87%。

目前国内将无人配送车按照非机动车进行管理，因此在道路参数调研的过程中重点调研了北京市高级别自动驾驶示范区的非机动车道参数，为道路场景搭建提供数据支撑。研究通过向管理部门获取了北京市高级别自动驾驶示范区非机动车车道数据进行现状调研。原始数据主要包括包含5个字段信息，具体涵盖非机动车道ID、道路名、非机动车道长度（m）、平均宽度（m）以及隔离方式。

例如{"1346943131","泰河一街","30.04","2.7","无"}，表示车道ID为"1346943131"的非机动车道名称为"泰河一街"，该车道长度为"30.04"m，车道宽度为"2.7"m，采用机非混行的隔离方式。

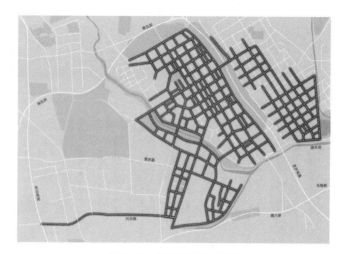

图4-43 研究区域示意图

（1）非机动车道隔离方式

将交叉口作为道路参数调研节点，对北京市高级别自动驾驶示范区获取的2499条非机动车道的隔离方式进行统计分析，结果如表4-35所示，在示范区内采用非坚固设施分离的非机动车道数量为96条，采用坚固设施分离的非机动车道数量为142条，无隔离设施的非机动车道数量为2261条，如表4-36所示为部分道路的非机动车道隔离方式调研结果。

非机动车道隔离方式统计分析	表4-35
隔离方式	数量（条）
非坚固设施分离	96
坚固设施分离	142
无隔离设施	2261
共计	2499

非机动车道隔离方式调研结果 表 4-36

隔离方式	路段名称	实际路段（注：源自百度实景地图）
坚固设施分离	荣京西街	 
	科创街	
	泰河路（永昌南路）	
	经海路	
	荣华中路	
	天宝西路	
	天宝东路	
	永昌北路	
	永昌中路	
	东环中路	
非坚固设施分离	宏达北路	
	天华南街	
	凉水河二街	
	经海五路	
	北环东路	
	凉水河一街	
	博兴三路	
无隔离设施	永昌西二路	
混合型隔离	中和街	—
	万源街	
	天宝中路	
	天宝南街	
	地盛中路	

（2）非机动车车道参数

图 4-44 为有隔离设施的非机动车道参数统计图，由图 4-44 可以看出目前示范区中具备隔离设施的非机动车道宽度主要集中于 2.5～3.5m 之间，且道路长度大多小于 50m。无隔离设施即机非混行的非机动车道宽度主要集中于 2～3m 及 4～4.5m 范围内，50～100m 长度下的道路数量最多（图 4-45）。

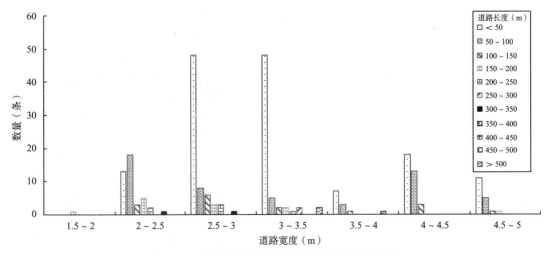

图 4-44 非机动车道参数统计结果（有隔离设施）

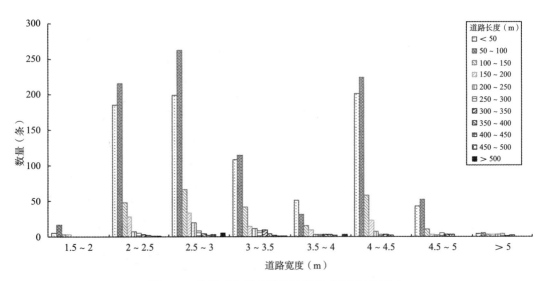

图 4-45 非机动车道参数统计结果（无隔离设施）

2. 无人配送车车辆参数

目前京东、美团和新石器已成功获得了由北京市高级自动驾驶示范区办颁发的无人配送车上路资质。通过线上调研以及校企科研合作的方式，获取了某 A 公司和某 B 公司无人配送车的车辆参数，用于搭建无人配送车仿真模型。

（1）无人配送车物理参数调研

如表 4-37 所示为不同公司的无人配送车车辆属性参数。A 公司的无人配送车长度为 2.5m，宽度为 1 m，高度为 1.7m，此外 A 公司的最高车速可达到 20km/h，最大加速度为 $2.63m/s^2$，最小转弯半径为 6.9m。而 B 公司无人配送车长度为 2.158m，宽度为 0.945m，高度为 1.755m，最高车速可达到 30km/h，最大加速度为 $1.88m/s^2$，最小转弯半径为 3m。

无人配送车车辆属性参数　　　　表4-37

编号	属性	设计参数	
		A公司	B公司
1	长度（m）	2.5	2.158
2	宽度（m）	1	0.945
3	高度（m）	1.7	1.755
4	轴距（m）	1.73	—
5	前轮距（m）	0.88	—
6	后轮距（m）	0.88	—
7	最小离地距离（m）	0.12	—
8	前悬（m）	0.49	—
9	后悬（m）	0.49	—
10	空载质量（kg）	300	—
11	满载质量（kg）	800	—
12	最大载货质量（kg）	500	150
13	最高车速（km/h）	20	30
14	期望运行速度（km/h）	—	15
15	0~10km/h加速时间（s）	≤4	—
	0~20km/h加速时间（s）	≤7.6	—
	最大加速度（m/s^2）	2.63	1.88
16	满载接近角（°）	20	—
17	满载离去角（°）	22	—
18	最大涉水深度（m）	0.14	—
19	最小转弯半径（m）	6.9	3
20	最大爬坡度（%）	≥20	—

（2）无人配送车运行参数调研

无人配送车运行数据采集时间为2022年5月5日以及2022年5月6日。采集的数据包含"时间戳""挡位""油门踏板开度""制动踏板开度""车灯状态""车辆当前运行模式""方向盘转角（°）""车速（m/s）""纵向加速度（m/s^2）""横向加速度（m/s^2）""制动踏板标志""横摆角速度（°/s）""车辆故障灯状态""GNSS速度（m/s）""经度""纬度""高程（dm）""监管设备故障信息""航向角（°）"。运行数据具体格式如图4-46所示，例如{"26:58.8"，"21"，"9"，"0"，"0"，"2"，"−37"，"0.2"，"−0.157393515"，"0.203270465"，"0"，"0"，"—"，"0.2"，"117"，"39.8"，"2912"，"—"，"147.0169"}，表示2022年5月6日"9：26：59"时的无人配送车档位为"21"，油门踏板开度为"9"，车辆当前处于"2"号运行模式，方向盘转角为"−37°"，当前车速为"0.2m/s"，纵向加速度为"−0.157393515m/s^2"，横向加速度为"0.203270465m/s^2"，GNSS速度为"0.2m/s"，此时车辆的经度、纬度分别为"117"，"39.8"，车辆高程为"2912dm"，且航向角为"147.0169°"。

	A	B	C	D	E	F	G	H	I
1	时间戳	挡位	油门踏板开度	制动踏板开度	车灯状态	车辆当前运行模式	方向盘转角(°)	车速(m/s)	纵向加速度(m/s²)
308	26:58.8	21	9	0	0	2	-37	0.2	-0.157393515
309	26:59.9	21	5	0	0	2	-22.25	0.17	-0.474881381
310	27:00.9	21	25	2	0	2	-21.5625	0.06	-0.478308648

	J	K	L	M	N	O	P	Q	R	S
1	横向加速度(m/s²)	制动踏板标志	横摆角速度(°/s)	车辆故障灯状态	GNSS速度(m/s)	经度	纬度	高程(dm)	监管设备故障信息	航向角(°)
308	0.203270465	0	0		0.2	117	39.8	2912		147.0169
309	0.17112121	0	0		0.17	117	39.8	2905		147.5475
310	0.032652169	0	0		0.06	117	39.8	2901		147.6576

图 4-46 无人配送车运行数据示例

获取的数据为全时段数据，数据采集频率为 0.1s，因此在进行配送车运行态势分析时，需对配送车运行数据中处于停止状态的无人配送车数据进行清理，获取配送车在运行过程中的车辆数据。如图 4-47 所示为 5 月 5 日以及 5 月 6 日的无人配送车在运行过程中的速度情况。从图中可以看出 B 公司的无人配送车的速度主要集中在 0~1.5m/s 范围内，且速度大于 3.5m/s 的数据量较多。A 公司的无人配送车在速度上所呈现的态势与 B 公司具有较大的不同，在 5 月 5 日，A 公司的无人配送车各个范围的运行速度总体差距不大，主要集中于 2.5~3.5m/s，但是在 6 日无人配送车各区间速度差异较大，速度范围主要集中于 2~3m/s，且车辆速度大于 3.5m/s 的数据量较少，但是出现了速度大于 4m/s 的情况。

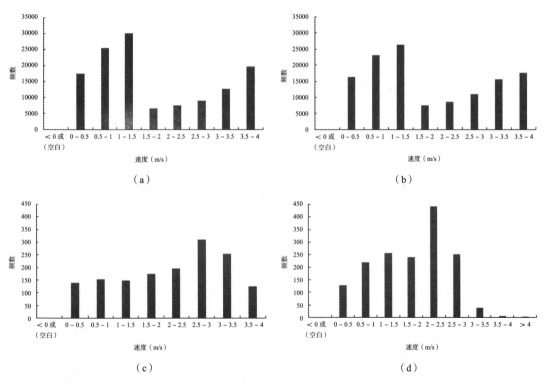

图 4-47 无人配送车速度统计结果
(a) 5 月 5 日 (B 公司); (b) 5 月 6 日 (B 公司); (c) 5 月 5 日 (A 公司); (d) 5 月 6 日 (A 公司)

在进行运行态势分析时,需对配送车运行数据中处于停止状态的无人配送车数据进行清理,获取配送车在运行过程中的车辆数据。如图4-48所示为5月5日以及5月6日两家公司的无人配送车在运行过程中的加速度情况。从图中可以看出A公司与B公司的无人配送车加速度主要集中在0~1m/s²范围内,减速度主要集中于0~1m/s²范围内。而B公司无人配送车的加速度在部分条件下会达到2m/s²。

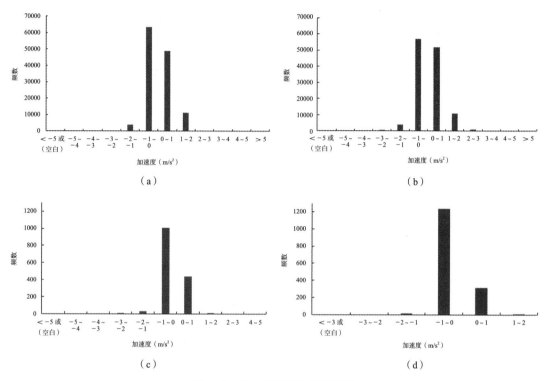

图4-48 无人配送车加速度统计
(a) 5月5日(B公司);(b) 5月6日(B公司);(c) 5月5日(A公司);(d) 5月6日(A公司)

4.6.2 城市基本路段仿真实验设计

1. 仿真实验方案设计

本书拟借助交通微观仿真软件VISSIM研究城市基本路段条件下无人配送车投放对道路交通的影响情况。本次仿真实验从路段长度、交通流参数、隔离类型、无人配送车仿真量、道路宽度5个因素进行仿真实验设计(图4-49),通过对无人配送车投放数量的调整研究不同条件下的无人配送车运行影响及投放策略。

(1)路段长度

基于4.6.1节梳理的无人配送车道路长度数据,充分考虑在仿真环境下无人配送车对城市道路其他车辆的影响时间,实验选择以长度为150m的非机动车车道作为最短仿真道路长度,以50m为间隔,道路长度上限为450m。选取了150m、200m、250m、300m、350m、400m、450m七种道路长度作为仿真场景的路段长度。

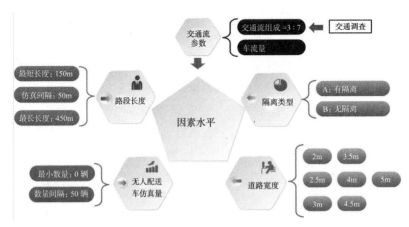

图 4-49 仿真实验参数

（2）隔离类型

基于 4.6.1 节梳理的无人配送车运行道路的隔离方式，目前道路隔离方式主要有非坚固设施隔离、坚固设施隔离以及无隔离设施三种情况。考虑仿真过程中无人配送车运行方式以及实际的非机动车运行规则，本书将隔离方式为非坚固设施隔离、坚固设施隔离的非机动车道统一划分为"有隔离"的非机动车道，在该车道行驶的非机动车无法与机动车进行交互。

（3）道路宽度

基于 4.6.1 节梳理的无人配送车道路宽度统计结果，当前亦庄的开放测试道路的非机动车宽度主要集中在 2~5m 之间。根据《城市道路工程设计规范（2016 年版）》CJJ 37—2012 及《北京市无人配送车封闭测试场技术要求（试行）》中对无人配送车测试道路的相关规定，本实验面向机非隔离的非机动车道路段以 2m 为初始宽度，0.5m 为间隔设计了2m、2.5m、3m、3.5m、4m、4.5m、5m 七种非机动车道宽度作为实验路段宽度。针对无隔离的非机动车道路段以 3.5m 为初始宽度，0.5m 为间隔设计了 3.5m、4m、4.5m、5m 四种非机动车宽度作为实验路段宽度。

（4）交通流参数

为确保本仿真实验中所设计的非机动车交通流组成符合实际的道路交通状况，因此本项目对北京市西什库大街辅路、西直门外南路等道路的高峰时期及平峰时期进行了非机动车交通量调查。如表 4-38 所示通过汇总分析本项目选择 3:7 的自行车与电动自行车比重作为本书仿真过程中的非机动车交通流组成。基于此当道路为机非混行道路时，结合现有研究不同种类的车辆比为机动车:自行车:电动自行车 =5:1.5:3.5。

非机动车交通流组成调查数据						表 4-38
道路名称	调查时间	共享单车（辆）	传统自行车（辆）	三轮车（辆）	电动自行车（辆）	自行车:电动自行车
西什库大街辅路	早高峰	83	62	87	306	4.31:5.69
	平峰	97	61	63	340	3.94:6.06

续表

道路名称	调查时间	共享单车（辆）	传统自行车（辆）	三轮车（辆）	电动自行车（辆）	自行车：电动自行车
西直门外南路	晚高峰	65	40	48	428	2.63：7.37
	平峰	45	41	57	226	3.88：6.12
南梁桥路	晚高峰	243	64	78	1152	2.5：7.5
	平峰	227	100	120	788	3.62：6.38
旧鼓楼外大街	早高峰	166	248	249	700	4.86：5.14
	平峰	150	211	117	468	5.05：4.95
德胜门东大街	晚高峰	150	52	57	1168	1.81：8.19
	平峰	114	43	60	524	2.93：7.07
德胜门外大街辅路	晚高峰	91	56	90	682	2.58：7.42
	平峰	89	56	120	674	2.82：7.18
宣武门东大街辅路	早高峰	49	62	87	500	2.84：7.16
	平峰	38	47	72	444	2.61：7.39
宣武门外大街辅路	晚高峰	208	86	210	1242	2.89：7.11
	平峰	103	80	198	1046	2.67：7.33
宣武门内大街辅路	晚高峰	174	68	132	1240	2.32：7.68
	平峰	121	76	84	914	2.35：7.65
广安门外大街辅路	早高峰	102	60	180	928	2.69：7.31
	平峰	80	52	204	804	2.95：7.05
红居街	早高峰	46	52	138	728	2.45：7.55
	平峰	56	36	114	736	2.19：7.81
马连道南街	晚高峰	112	92	150	864	2.91：7.09
	平峰	64	80	162	688	3.08：6.92
马连道路	晚高峰	238	68	120	904	3.2：6.8
	平峰	204	60	288	588	4.84：5.16
广安门南滨河路	早高峰	66	58	108	580	2.86：7.14
	平峰	62	44	156	520	3.35：6.65
白广路	早高峰	42	44	54	448	2.38：7.62
	平峰	106	58	168	496	4.01：5.99
莲花池东路辅路	晚高峰	72	42	42	652	1.93：8.07
	平峰	50	30	72	452	2.52：7.48
南礼士路	晚高峰	136	44	24	504	2.88：7.12
	平峰	118	86	60	388	4.05：5.95

研究采用由 B 级非机动车道畅通性转变为 C 级畅通性时所对应的非机动车道负荷度（K）进行非机动车流量的计算，此时非机动车在道路行驶存在一定的交互影响但尚未达到拥堵，计算公式如式（4-1）所示。

$$K = \frac{q}{c \times (w - 0.5)} \qquad (4\text{-}1)$$

式中 K——非机动车道负荷度；

q——观测时段换算为 1h 的当量自行车交通量（bikes/h）；

c——单位宽度非机动车道通行能力 [bikes/（h·m）]；

w——非机动车道宽度（m）。

非机动车运行畅通性评估标准如表 4-39 所示。

非机动车运行畅通性评估标准　　　　　　　　　　　　　　　表 4-39

畅通性等级	负荷度范围
A 级	$K \leq 0.4$
B 级	$0.4 < K \leq 0.55$
C 级	$0.55 < K \leq 0.7$
D 级	$0.7 < K \leq 0.85$
E 级	$K > 0.85$

根据《城市道路工程设计规范（2016 年版）》CJJ 37—2012 中对不受交叉口影响的非机动车通行能力的规定，选用 1600bikes/（h·m）作为城市基本道路条件下有机非分隔设施的非机动车道通行能力；选用 1400bikes/（h·m）作为城市基本道路条件下无机非分隔设施的非机动车道通行能力。计算得出的不同宽度、不同类型路段的非机动车流量设计如表 4-40 所示。

不同宽度、不同类型路段的非机动车流量设计　　　　　　　　表 4-40

分隔带情况	非机动车道宽度 w（m）	通行能力 c（bikes/h）	单位宽度非机动车道通行能力 c [bikes/（h·m）]	机动车流量（veh/h）	K B级→C级	实际混合流量判定阈值（q）（辆/h）	仿真输入混合流量（辆/h）
有隔离	2	3200	1600	—	0.55	1063	1100
	2.5	4000				1417	1500
	3	4800				1771	1800
	3.5	5600				2125	2200
	4	6400				2479	2500
	4.5	7200				2833	2900
	5	8000				3188	3200
无隔离	3.5	4900	1400	400	0.55	798	800
	4	5600		475		931	950
	4.5	6300		550		1064	1100
	5	7000		600		1197	1200

(5)无人配送车投放量

本书为探究不同无人配送车投放数量对于道路其他交通流的影响,因此在实验中设计了以 0 辆无人配送车为初始投放量,以 50 辆为投放量增长间隔,增加无人配送车投放数量,根据设定的无人配送车运行影响,增加仿真实验中设置的无人配送车投放数量。

2. 仿真参数设计

在完成仿真实验设计的基础上,结合实际调研数据基于 VISSIM 分别对车辆参数、驾驶行为参数、仿真时间以及检测器进行设计。

(1)车辆参数设计

1)车辆类型

在 VISSIM 中并没有无人配送车模型,需重新定义无人配送车类型,命名为"ADV",车辆类别选择小汽车,车辆模型选择新定义的"ADV",长度为 2.5m,宽度为 1.0m(图 4-50(a))。同样将电动自行车车辆类型命名为"E-bike",车辆种类选择自行车,车辆模型选择新定义的"E-bike",长度为 1.45m,宽度为 0.5m(图 4-50(b))。

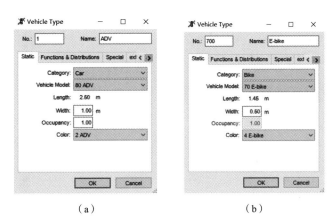

图 4-50 车辆类型参数
(a)无人配送车;(b)电动自行车

2)无人配送车几何参数输入

无人配送车模型几何参数依托 4.6.1 节"2. 无人配送车辆参数"中调研的无人配送车参数进行设计,如图 4-51(a)设置无人配送车长度(2.5m)、前轴位置(0.49m)、后轴位置(2.22m)等模型参数。由于电动自行车和自行车的物理结构类似,因此参考自行车模型参数构建电动自行车模型参数如图 4-51(b)所示。自行车以及机动车的几何参数均采用默认参数。

3)无人配送车交通特性输入

基于 4.6.1 节"2. 无人配送车辆参数"中得出的无人配送车运行特性分析结果,结合无人配送车实际运行视频,设计无人配送车最高速度为 3.5~4m/s,基于此通过换算设置无人配送车期望速度为 12~14km/h,如图 4-52(a)所示。根据现有研究,将自由流状态下的速度分布情况作为自行车/电动车微观交通仿真模型中期望速度的输入数据,其中自行车90%分位的期望速度为18km/h，电动自行车80%分位的期望速度为25km/h，具体设置情况如图4-52（b）和图4-52（c）所示。按照《道路交通安全法实施条例》中的规定，设置机动车的期望速度设置为25~30km/h，如图4-52（d）所示。

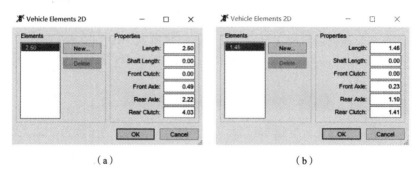

图 4-51　车辆模型参数
（a）无人配送车；（b）电动自行车

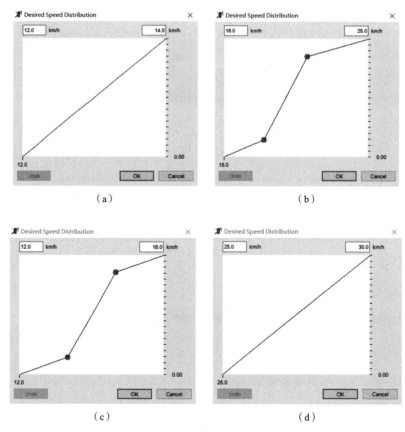

图 4-52　期望速度曲线
（a）无人配送车；（b）电动自行车；（c）自行车；（d）机动车

4）期望加速度曲线

根据4.6.1"2.无人配送车辆参数"中调研的无人配送车加速度时间需求，即

0~10km/h 加速时间不超过 4s，0~20km/h 加速时间不超过 7.6s，进行无人配送车期望加速度曲线标定，标定结果如图 4-53（a）所示。自行车及电动自行车加速曲线采用 VISSIM 中默认的自行车加速曲线，如图 4-53（b）所示，机动车期望加速度也采用 VISSIM 中小汽车默认曲线。

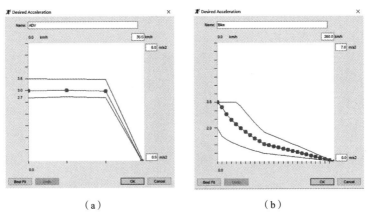

图 4-53　期望加速度曲线
（a）无人配送车；（b）自行车

（2）驾驶行为参数设计

无人配送车为新增的车辆模型，考虑到无人配送车是在非机动车道上进行行驶，因此设置无人配送车的跟车模型为与自行车跟车模型相同的 Wiedemann 99 模型，此外无人配送车的横向参数设置为靠右行驶且横向距离为 0.5m。电动自行车的车辆驾驶行为参数与自行车一致，自行车以及机动车的驾驶行为参数为系统默认值。

（3）检测器设计

为探究无人配送车投放对于道路交通运行的影响情况，在道路起点设置了一个数据采集点（Data Collection Point），并设置了一个旅行时间检测器（Travel Time Section）。仿真实验设计了 600s 的运行预热，以及 3600s 的仿真实验，确保在数据检测的过程中能够获得准确的无人配送车运行数据。研究通过检测 600~4200s 的机动车、无人配送车、自行车、电动自行车以及非机动车的运行速度、车辆密度以及车辆数等数据。

4.6.3　机非分隔场景下的无人配送车投放策略研究

1. 无人配送车运行仿真结果

在仿真实验过程中，以非机动车道宽度作为主要因素进行细致划分，选取 22、42 及 62 三个随机种子，分别对机非隔离条件下进行了不同非机动车道长度、道路宽度及无人配送车仿真数量下的仿真实验（图 4-54）。针对机非分隔条件下的无人配送车实验，共计完成了 1617 次（3 个种子 ×7 种宽度 ×7 种长度 ×11 种配送车仿真流量）仿真实验。仿真结果共计包含非机动车速度、非机动车密度、无人车速度、无人车密度、所有车辆密度、非机动车输出流量、无人车输出流量、非机动车速度增长率以及非机动车密度增长率 9

个参数。以宽度为2m的机非分隔的仿真结果为例,如附录A及图4-55所示为非机动车道宽度为2m时通过无人配送车投放影响仿真实验输出的非机动车道运行参数统计结果。从图4-55中可以看出随着无人配送车仿真数量的不断增加,非机动车的速度呈现递减的趋势,而非机动车以及所有车辆的密度呈现逐渐增加的趋势,符合实际情况。此外基于附录A可以看出在仿真道路上的非机动车输出流量与设计流量(1100辆/h)基本保持一致,而随着无人配送车仿真数量的不断增加,无人配送车的速度基本保持不变。

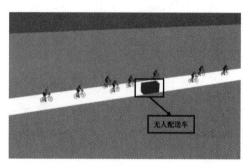

图4-54 机非隔离下的无人配送车仿真场景

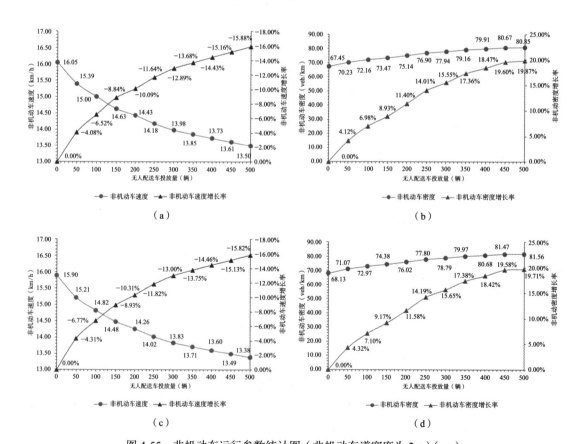

图4-55 非机动车运行参数统计图(非机动车道宽度为2m)(一)
(a)速度(非机动车道长度为150m);(b)密度(非机动车道长度为150m);(c)速度(非机动车道长度为200m);
(d)密度(非机动车道长度为200m);

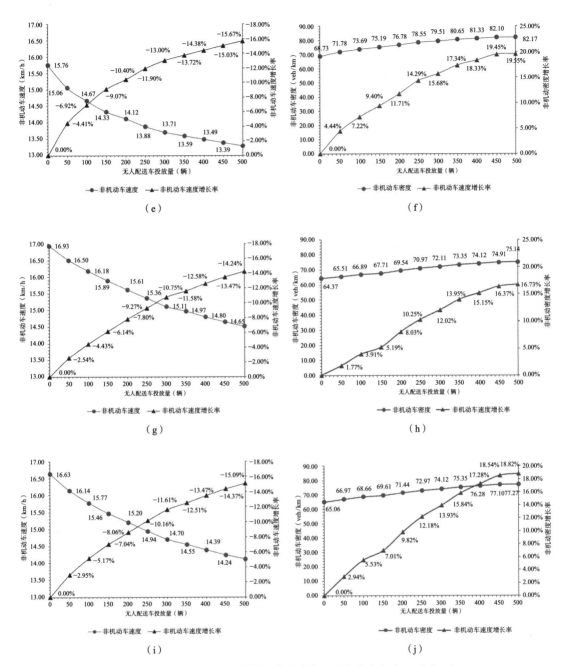

图 4-55 非机动车运行参数统计图（非机动车道宽度为2m）（二）
（e）速度（非机动车道长度为250m）；（f）密度（非机动车道长度为250m）；（g）速度（非机动车道长度为300m）；
（h）密度（非机动车道长度为300m）；（i）速度（非机动车道长度为350m）；（j）密度（非机动车道长度为350m）

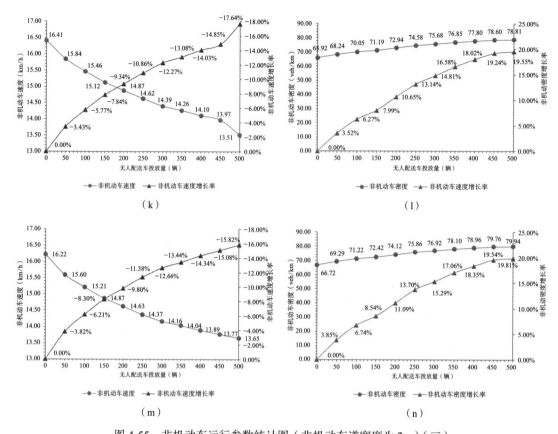

图 4-55 非机动车运行参数统计图（非机动车道宽度为2m）（三）

（k）速度（非机动车道长度为400m）；（l）密度（非机动车道长度为400m）；（m）速度（非机动车道长度为450m）；
（n）密度（非机动车道长度为450m）

2. 无人配送车投放策略研究

（1）无人配送车运行评价

随着无人配送车仿真数量的不断增加，无人配送车对道路上的非机动车运行的影响也在不断增强，因此为确保无人配送车的投放数量对非机动车驾驶员产生的影响最小化，可根据管理需求确定无人配送车对道路交通影响的可接受程度来进行无人配送车投放影响评价。速度作为驾驶员感受最为直观的交通参数，能够有效地反映出交通运行的状况，因此可通过设计速度下降可接受程度（r_1）进行交通影响评价。不同地区的管理部门对无人配送车投放影响的可接受程度不同，因此在实际应用过程中可根据管理需求设置相应的速度下降可接受阈值r_1。本研究针对机非分隔道路选择非机动车速度下降5%作为判定依据，当无人配送车投放导致非机动车速度下降超过5%时，则认为无人配送车投放对于非机动车运行产生较大影响，车辆运行评估方案如表4-41所示。

车辆运行评估方案（有隔离设施） 表 4-41

分隔状态	参数说明	判断依据	r_1	影响情况
有隔离	投放无人配送车条件下的非机动车速度：V_i	$\lvert (V_i - V_0)/V_0 \rvert \leq r_1$	5%	无影响
	不投放无人配送车条件下的非机动车速度：V_0	$\lvert (V_i - V_0)/V_0 \rvert > r_1$		有影响

注：i 为不同的无人配送车仿真数量。

（2）无人配送车投放策略研究

1）不同长度下无人配送车投放数量计算方法

根据表 4-41 的车辆运行评价方案，确定对应速度下降临界值的无人配送车仿真流量，获取该条件下的无人配送车的路段瞬时平均密度，从而计算基本路段下无人配送车可同时投放数量，计算公式如式（4-2）所示：

$$m = \frac{k_u \times l}{1000} \tag{4-2}$$

式中 m——长度 l 的道路可同时投放的车辆数（辆）；

k_u——无人配送车瞬时平均密度（veh/h）；

l——非机动车道长度（m）。

2）机非隔离条件下无人配送车投放策略模型

依托上述无人配送车仿真实验结果，充分考虑非机动车运行影响、隔离方式、非机动车道长度、非机动车道宽度、无人配送车几何条件以及运行条件，构建基于道路几何条件的无人配送车投放策略模型，如式（4-3）所示：

$$m = f(l, w, r_{sp}, len, wid, V, acc, CF, LS) \tag{4-3}$$

式中 m——长度 l 的道路可同时投放的车辆数（辆）；

w——非机动车道宽度（m）；

sp——非机动车道隔离方式，当为机非分隔道路时 $sp=1$，当为机非混行道路时 $sp=2$；

r_{sp}——速度下降可接受程度（%），$sp=1$ 时为非机动车可接受程度，$sp=2$ 时为机动车可接受程度；

len——无人配送车长度（m），本书为 2.5m；

wid——无人配送车宽度（m），本书为 1m；

V——无人配送车运行速度（km/h），本书中的速度设置如图 4-52（a）所示；

acc——无人配送车运行加速度（m/s²），本书中的加速度设置如图 4-53（a）所示；

CF——无人配送车跟驰模型，本研究选择默认的 Wiedemann 99 模型；

LS——无人配送车横向间距（m），本书为 0.5m。

3）机非隔离条件下无人配送车投放策略

利用式（4-2），计算在不同非机动车道宽度、长度下的无人配送车投放建议。如表 4-42 所示，为计算得出的不同宽度、不同长度条件下的无人配送车最佳投放数量。

不同条件下的无人配送车最佳投放数量（辆）（有隔离设施） 表 4-42

道路宽度（m）	道路长度（m）						
	150	200	250	300	350	400	450
2.0	1.84	1.64	2.05	2.45	2.86	3.27	3.68
2.5	2.97	3.14	3.93	4.72	5.51	6.30	7.10
3.0	4.08	5.44	6.79	8.16	9.56	10.88	10.58
3.5	4.70	6.28	6.95	8.36	9.76	11.17	10.69
4.0	5.83	7.01	7.92	9.53	9.59	10.97	12.34
4.5	6.76	8.50	9.73	11.69	13.65	14.11	15.88
5.0	8.69	10.81	12.29	13.92	16.25	17.15	17.69

如图 4-56 所示为不同道路条件下的无人配送车投放数量，从图中可以看出，随着道路宽度的不断增加，无人配送车的投放数量呈现递增的趋势。同时随着道路长度的不断增加，无人配送车的投放数量总体也呈现递增的趋势，针对未通过仿真获取的道路宽度无人配送车投放推荐可通过插值的方法，计算符合规律的无人配送车最佳投放量。对计算得出的无人配送车投放建议值，进行趋势拟合，拟合结果如图 4-57 以及表 4-43 所示，不同道路宽度下的无人配送车投放量拟合曲线结果的拟合度 R^2 均大于 90%，拟合情况良好。未来可通过拟合曲线计算不同的道路宽度以及道路长度下的无人配送车投放数量。

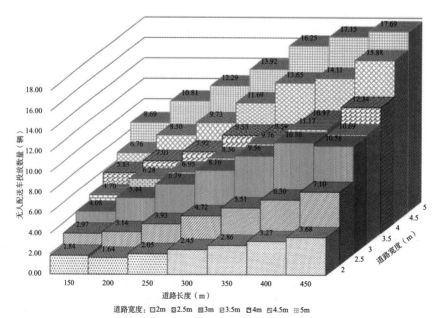

图 4-56 不同道路条件下的无人配送车投放数量（有隔离设施）

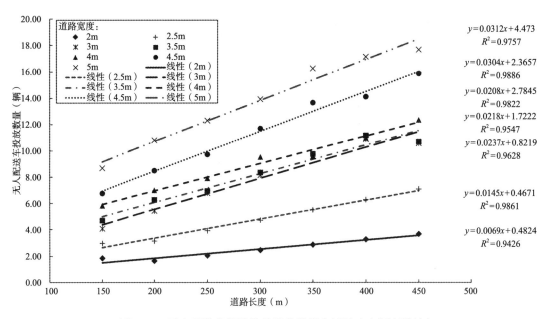

图 4-57 无人配送车投放数量的曲线拟合情况（有隔离设施）

无人配送车投放函数（有隔离设施）　　　　表 4-43

车道宽度（m）	机非隔离拟合曲线	曲线拟合度
2	$m = 0.0069l + 0.4824$	$R^2 = 0.9426$
2.5	$m = 0.0145l + 0.4671$	$R^2 = 0.9861$
3	$m = 0.0237l + 0.8219$	$R^2 = 0.9628$
3.5	$m = 0.0218l + 1.7222$	$R^2 = 0.9547$
4	$m = 0.0208l + 2.7845$	$R^2 = 0.9822$
4.5	$m = 0.0304l + 2.3657$	$R^2 = 0.9886$
5	$m = 0.0312l + 4.473$	$R^2 = 0.9757$

4.6.4 机非混行场景下的无人配送车投放策略研究

1. 无人配送车运行仿真结果

与机非分隔场景类似，选用了三个随机种子，分别对不同道路长度、道路宽度以及无人配送车仿真数量进行仿真实验（图 4-58）。针对机非混行条件下的无人配送车实验，共计完成了 924（3 个种子 ×4 种宽度 ×7 种长度 ×11 种配送车仿真流量）次仿真实验。以宽度为 3.5m 的机非混行的仿真结果为例，如图 4-59 及附录 B 所示为宽度为 3.5m 时获得的无人配送车投放影响仿真结果。从图 4-59 中可以看出，在道路宽度为 3.5m 时，随着无人配送车投放数量的增加，非机动车与机动车的运行速度呈现递减的趋势，无人配送车的投放会对道路交通产生影响。从本书附录 B 中可以看出仿真道路上的非机动车输出流量和机动车输出流量之和与设计流量（800 辆 /h）基本保持一致，而随着无人配送车仿真数量的不断增加，无人配送车的速度基本保持不变。

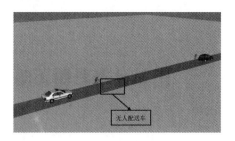

图 4-58 机非混行下的无人配送车仿真场景

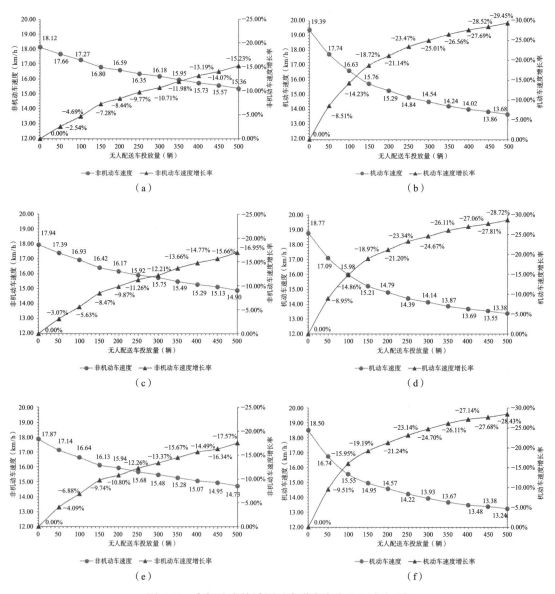

图 4-59 车辆速度统计图（车道宽度为 3.5m）（一）

（a）非机动车速度（车道长度为 150m）；（b）机动车速度（车道长度为 150m）；（c）非机动车速度（车道长度为 200m）；
（d）机动车速度（车道长度为 200m）；（e）非机动车速度（车道长度为 250m）；（f）机动车速度（车道长度为 250m）

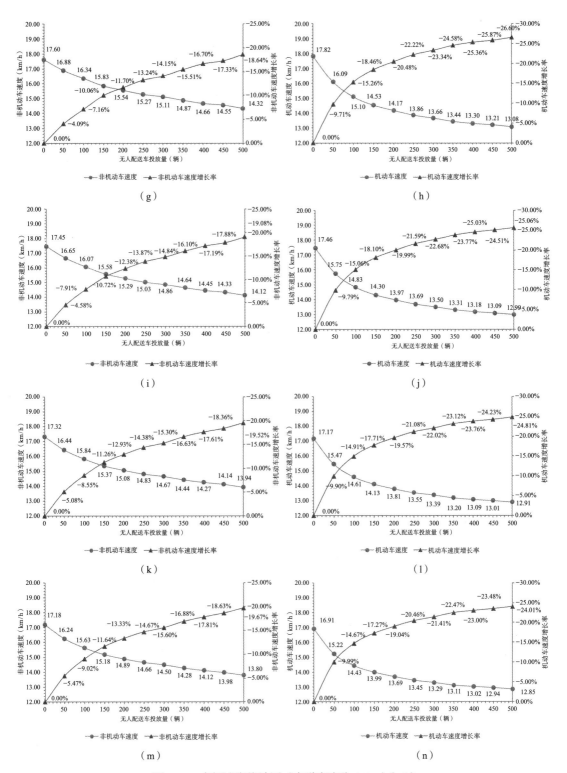

图 4-59 车辆速度统计图（车道宽度为 3.5m）（二）

(g) 非机动车速度（车道长度为 300m）；(h) 机动车速度（车道长度为 300m）；(i) 非机动车速度（车道长度为 350m）；
(j) 机动车速度（车道长度为 350m）；(k) 非机动车速度（车道长度为 400m）；(l) 机动车速度（车道长度为 400m）；
(m) 非机动车速度（车道长度为 450m）；(n) 机动车速度（车道长度为 450m）

2. 无人配送车投放策略研究

（1）无人配送车运行评价

通过分析不同宽度条件下的仿真实验结果发现，随着道路宽度的增加机动车车速受到的影响比非机动车影响更大，例如在道路宽度为3.5m、长度为150m的条件下，当非机动车速度下降8.46%时，此时机动车车速已下降了21.14%，机动车受无人配送车投放影响较大。因此本书针对机非混行道路选择机动车速度下降20%（r_2）作为判定依据，当无人配送车的投放导致机动车速度与空白组实验速度相比下降超过20%时，则认为无人配送车投放对于道路交通运行产生较大影响，车辆运行评估方案如表4-44所示。

车辆运行评估方案（无隔离设施） 表4-44

分隔状态	参数说明	判断依据	r_2	影响情况
无隔离	投放无人配送车条件下的机动车速度：V'_i	$\|(V'_i-V'_0)/V'_0\| \leq r_2$	20%	无影响
	不投放无人配送车条件下的机动车速度：V'_0	$\|(V'_i-V'_0)/V'_0\| > r_2$		有影响

注：i为不同的无人配送车仿真数量。

（2）无人配送车投放策略研究

利用式（4-2）计算不同机非混行道路上的无人配送车的投放建议。表4-45为不同道路条件下的无人配送车最佳投放数量。

不同道路条件下的无人配送车最佳投放数量（辆）（无隔离设施） 表4-45

道路宽度（m）	道路长度（m）						
	150	200	250	300	350	400	450
3.5	2.36	3.16	3.82	4.74	5.53	7.73	8.70
4.0	2.39	3.20	4.00	5.88	6.87	7.85	10.62
4.5	2.91	3.88	4.86	5.92	8.17	9.54	11.37
5.0	2.91	3.88	4.86	6.89	8.09	9.23	11.70

如图4-60所示为不同道路条件下的无人配送车投放数量，从图中可以看出，随着道路宽度的不断增加，无人配送车的投放数量呈现递增的趋势。同时随着道路长度的不断增加，无人配送车的投放数量总体也呈现递增的趋势，针对通过仿真获取的道路宽度无人配送车投放推荐可通过插值的方法，计算符合规律的无人配送车最佳投放量。对计算得出的无人配送车投放建议值，进行趋势拟合，拟合结果如图4-61、表4-46所示，不同道路宽度下的无人配送车投放量拟合曲线结果的拟合度R^2均大于90%，拟合情况良好，未来可通过拟合曲线计算不同的道路宽度以及道路长度下的无人配送车投放数量。

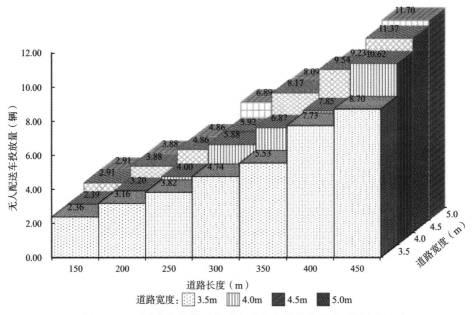

图 4-60 不同道路条件下的无人配送车投放数量（无隔离设施）

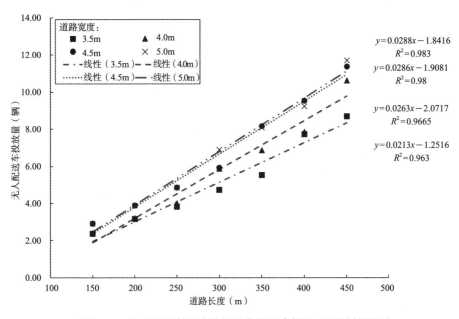

图 4-61 无人配送车投放数量的曲线拟合情况（无隔离设施）

无人配送车投放函数（无隔离设施） 表 4-46

车道宽度（m）	机非隔离拟合曲线	曲线拟合度
3.5	$m = 0.0213l - 1.2516$	$R^2 = 0.9630$
4	$m = 0.0263l - 2.0717$	$R^2 = 0.9665$
4.5	$m = 0.0288l - 1.8416$	$R^2 = 0.9830$
5	$m = 0.0286l - 1.9081$	$R^2 = 0.9800$

第 5 章　基于驾驶模拟数据的多尺度一体化仿真联动技术

驾驶模拟器是虚拟现实技术的重要应用。驾驶模拟器由动力学仿真系统、视景仿真系统、声频仿真系统、运行操作系统和数据记录系统组成,利用虚拟现实技术营造虚拟驾驶环境,使用户通过驾驶模拟器执行机构与虚拟驾驶环境实现交互,开展驾驶模拟实验测试。

基于驾驶模拟技术搭建 Driving Simulator+ 实验测试平台(架构图如图 5-1 所示),以驾驶模拟器为主要载体,实现场景搭建、情景控制、设备互联、软件互通和应用系统等关键技术,形成高集成度的综合实验测试平台。平台主要功能包括:通过三维建模技术渲染涵盖人—车—路—环境等多要素的静态交通场景,支持开发高速公路、城市道路、山区弯路、复杂立交、长弯陡坡等多种典型场景;通过驾驶模拟器中的脚本编程实现动态交通事件控制,支持开发跟驰、超车、碰撞、交通流状态、与非机动车/行人交互等典型交通事件;通过对驾驶模拟器采集的多源数据进行二次开发,实现数据与车载终端的数据实时共享,支持形成驾驶员分心评估系统、生态驾驶行为指导系统、车路协同预警系统、自动驾驶接管系统等应用系统。此外,驾驶模拟器还可与硬件设备和软件系统实现互联互通,例如与心电仪、眼动仪和脑电仪等硬件设备互联,实现驾驶员心生理仪状态监测;与 VISSIM 等软件系统互通,实现多维度驾驶行为及交通影响评测;进一步提高驾驶模拟器的实验测试效能和研究能力。

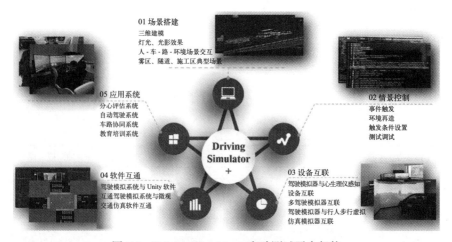

图 5-1　Driving Simulator+ 实验测试平台架构

5.1 驾驶模拟器介绍

本小节介绍驾驶模拟器的发展历程、驾驶模拟器设备分类、驾驶模拟器软硬件组成结构等内容。

5.1.1 发展历程

1. 国外驾驶模拟器发展历程

高仿真度的应用型和科研型驾驶模拟器是研究驾驶行为及其影响效用的有效工具。以德国、瑞典、日本、美国等为代表的发达国家较早开展了科研型驾驶模拟器的研发与应用。现结合国外相关研究和资料，梳理国外代表性的驾驶模拟器发展历程。

20世纪70年代初，德国大众汽车公司开发出世界上第一套驾驶模拟器，该模拟器由具有3自由度的运动模拟系统驱动，包含横摆、侧倾、俯仰3个运动方向，由固定在平台驾驶位置前方的单一屏幕作为视觉成像系统为驾驶者提供实验场景，但该驾驶模拟平台没有布置额外的汽车功能和内部结构。

随后，受德国大众汽车公司的启发，瑞典国家道路与交通研究所积极参与驾驶模拟器开发，并于1984年研发出第一代驾驶模拟器。该驾驶模拟器包含4个自由度，可进行侧向、横摆、侧倾和俯仰模拟运动。同年，德国联邦国防军大学设计了与第一代驾驶模拟器具有相同自由度并由液压装置驱动的驾驶模拟器。

1985年，德国戴姆勒－奔驰公司基于Stewart博士提出的Stewart结构开发了世界首套具有6自由度运动模拟系统的驾驶模拟器，应用独创的液压六足装置，车身可实现横摆、侧倾、俯仰、垂直、纵向、横向6个方向的运动。驾驶模拟器为穹顶结构，内部嵌入6个阴极射线管投影仪，可呈现180°逼真视景，开启了高保真、多运动自由度高级驾驶模拟器的开发之路。该模拟器于1993年被升级为"先进驾驶模拟器"，相较以往设计的最大不同在于实现了运动系统在横向的延伸，运动执行机构液压足在横向实现了高达5.6m的偏移。日本汽车研究所、日产公司也分别于1996年、1999年开发了与Stewart结构类似的由液压装置驱动的6自由度驾驶模拟器。

进入21世纪后，为适应汽车新技术和智能交通的发展，各大科研机构和车企竞相研发更高自由度和保真度的高级驾驶模拟器。2003年，爱荷华大学联合美国联邦高速公路管理局开发了当时最大规模、最先进的驾驶模拟器NADS-I，具有12个自由度运动系统。该模拟器具有较好的再开发潜力，可进行各种复杂的驾驶员－硬件在环实验，主要用于研究碰撞事故中的驾驶员因素以及交通风险应对机制。该模拟器的Stewart结构安装在横纵导轨上，可实现复杂的横、纵两个方向的车路交互。该模拟器最重要的特点是显著地拓展了平台基座X–Y系统的水平工作区，可达20m×20m。除了传统的专用液压装置，新增了转盘和振动实验台，基座X–Y系统由电动机驱动，六足机构、转盘和振动实验台均由液压装置驱动。在穹顶内部，全尺寸汽车结构放置在六足装置上方的转盘上，配备了8个液晶显示器，可提供360°全视角交通场景。由于模拟舱内直接放置了整车原型，可以基于 CAN 总线进行数据采集，不需要安装额外的车用传感器，减少了工作量。

2006 年，英国利兹大学开发了 UoLDS，是当时科研领域最先进的驾驶模拟器之一，主要用于研究车辆的自动控制系统对安全性的影响、驾驶员认知模式、道路安全设计等问题。该模拟器具有 8 自由度运动系统，250°高清投影呈现逼真视景，8 通道视觉信道以 60Hz 频率更新，内置 5 个眼球跟踪仪。

2008 年，日本丰田东富士技术中心研发了高 4.5m，内径 7m 的驾驶模拟器。它取代了 NADS-Ⅰ，成为当时规模最大的汽车驾驶模拟器。其结构与 NADS-Ⅰ非常相似，率先使用 Car Sim 和 Truck Sim 软件代替汽车动力学计算模型，两者最主要的区别在于平台转盘的转动位置。丰田模拟器的汽车在穹顶结构内部做横摆运动，而 NADS-Ⅰ则是转盘带动整个穹顶结构做横摆运动。丰田模拟器旨在还原普通驾驶信息，实现加速度幅值高达 0.3g（g 为重力加速度）、频率响应至少 4Hz 的真实驾驶体验。360°球面屏幕呈现逼真的视景，要求视觉呈现延迟为 63ms，所以丰田模拟器具有更高的逼真度和沉浸感。该模拟器主要用于开展在现实中太过危险的驾驶测试，分析包括驾驶员困倦、疲劳、醉酒、身体不适和注意力不集中等有关行车安全性的驾驶行为。

2010 年，戴姆勒-奔驰公司新研制的高约 4.5m、内径约 7.5m、具有 7 个自由度的高级驾驶模拟器成功问世。电力驱动系统取代了之前的液压装置。由于过高运动质量的物理限制，平台很难实现横、纵 2 个方向运动能力的加强，该模拟器平台仅安装在单一方向的运动导轨上，通过无摩擦的空气轴承实现线性滑移，可实现纵向加速度 0.1g。该模拟器可平行或垂直安装在导轨上，进行纵向或横向的动力学实验，水平工作长度为 12.5m，主要用于研究汽车悬架技术（如自适应阻尼系统）、车辆主动安全技术、辅助驾驶技术等。

2014 年，日本 FORUM8 公司研发了 8 个自由度驾驶模拟器，该模拟器支持与 CarSim 和 TruckSim 软件配套使用；主要用于道路安全、驾驶员因素以及车辆开发等方面的研究。

2015 年，为解决 Stewart 结构模拟器（7 个自由度）在横、纵向运动交互不足，德国大众汽车公司研发出轮式自走式 6 自由度驾驶模拟器，该模拟器的驱动车轮具有前进和转向功能，可实现车体的横向、纵向、横摆、俯仰、侧倾和垂直运动。

目前，各研发机构在积极探索对科研型驾驶模拟器的二次开发，使其能够与程序开发软件、交通仿真软件、实验采集设备（如眼动仪、心生理仪）等联合使用，以满足更高的实验要求。

2. 国内驾驶模拟器发展历程

相较于国外，我国应用型和科研型驾驶模拟器的开发起步较晚，但在高级驾驶模拟器上基本遵循了相似的发展规律。20 世纪 70 年代，我国开始自主研制点光源、转盘机电式简易驾驶模拟器。进入 20 世纪 80 年代，清华大学、吉林工业大学、装甲兵工程学院、空军第二航空学校等高校积极参与研发，并开发出一些初级产品。自 20 世纪 90 年代以来，伴随着计算机技术和图形学的进步，以吉林大学、同济大学为代表的高校，开始自主研发具有高自由度、高保真的高级驾驶模拟器。

1996年，吉林大学汽车动态模拟国家重点实验室研发出我国首台6自由度驾驶模拟器，其建设规模和性能设计指标居世界前列，具有高度的可拓展性。该模拟器具有逼真的人机交互界面（Human-Machine Interface，HMI），可实现"驾驶员—硬件"在环实验；基于经济可重复的交通场景，在安全可控的极限模拟工况下完成对汽车整车及其关键子系统的匹配、控制、分析和性能评价，以及用于道路安全评估、车用控制系统设计、驾驶员安全特性等领域的研究。2010年，该模拟器完成了动力学模型的更新，拓展了运动机构的自由度，运动能力和精度都得到增强。

1999年，昆明理工大学研发出基于网络的WM驾驶模拟器，该模拟器不仅具有先进的车辆模型和逼真复杂的视景系统，还允许多台模拟器协同工作，对车辆具有选择性监视功能；主要用于道路安全性能的验证、驾驶行为特性研究等方面。

2004年，武汉理工大学自主研发了新一代汽车综合驾驶模拟器，该模拟器的驾驶交互性和真实感强，具有高清晰和高逼真的视景，并且模块化的设计能够满足不同用户的需求；主要用于驾驶行为特性分析、道路交通安全评价、道路交通事故致因分析、汽车安全辅助驾驶产品的评价、汽车自动驾驶仿真研究以及交通诱导研究等。

2009年，清华大学发展了基于XPC技术的6个自由度驾驶模拟器，该模拟器由中央控制、听觉仿真、视觉仿真等系统组成，不但可以模拟不同车型，还能呈现高速公路、城市道路等不同路况，再现雨、雪、雾、白天、黑夜等驾驶环境，可带给驾驶员6D的驾驶体验，还可以辅以眼动仪、肌电、脑电设备等设备；主要用于先进汽车设计技术、汽车智能安全技术、行车安全与事故再现、驾驶行为机理的研究等方面。

2011年，同济大学开发了具有8个自由度运动系统的电动高级驾驶模拟器，其驾驶模拟器为穹顶刚性封闭结构，后视镜由3块LCD屏幕组成。舱内的实车模型采用Renaultmegane Ⅲ车型，除移除发动机外，其余与真车一致。5个投影仪安装在驾驶舱，刷新频率为60Hz，250°球面屏幕呈现逼真场景。法国公司OKTAL开发的SCANER软件为其提供软件控制。

2019年，北京工业大学基于3个自由度实车驾驶模拟器，自主设计研发车路协同技术综合测试平台，实现驾驶模拟器在智能交通领域的应用突破。平台由驾驶模拟系统、数据协同处理中心、智能人机交互终端组成。平台通过应用程序接口添加道路、天气、交通状况、周围车辆运行信息等车路协同系统元素，通过无线通信与用户数据协议接口实现驾驶模拟器与智能终端间数据交换。2021年，对平台系统设备进行再次升级，实现车辆自动驾驶功能，并实现多台驾驶模拟器间联动。

诸多研究院所和高校正在自主或联合国外研究单位，结合眼动仪、心生理仪、脑电仪等诸多扩展设备开展研究，不断提高驾驶模拟器的效能。

5.1.2 设备分类

驾驶模拟器可以分为简易汽车驾驶模拟器、紧凑型汽车驾驶模拟器、真实车辆驾驶模拟器、液压伺服体感模拟器四类。

简易汽车驾驶模拟器（图5-2）。此类驾驶模拟器安装有转向盘、加速踏板、减速踏板等基础操控部件，但没有配置额外用于数据计算和图像渲染的专用电脑主机，用户可利用此类模拟器熟悉基本驾驶操作，属于最简单的汽车驾驶模拟器。

图 5-2　简易汽车驾驶模拟器

紧凑型汽车驾驶模拟器也称简单电脑驾驶模拟器（图 5-3）。此类驾驶模拟器安装有转向盘、加速踏板、减速踏板、中控平台、仪表盘、挡位、车辆启动机构等与正常车辆一致的车辆操控部件，配置一台或多台计算机用以支持数据计算、图像渲染等功能以实现逼真驾驶模拟场景。此类驾驶模拟器已开始安装驾驶行为传感器，用于采集驾驶员操纵行为和驾驶行为数据，并保存至本地数据库。

图 5-3　简单电脑驾驶模拟器

真实车辆驾驶模拟器（图 5-4）。以真实车辆作为驾驶模拟器，采用多个屏幕或者环形屏幕提供视角大于 140°的水平视野和大于 40°的垂直视野。模拟器通过音频设备模拟喇叭、发动机、车辆运行过程中的振动以及道路上其他声音，同时还能模拟车辆制动、鸣笛、转弯侧滑时发出的声音。通过振动发生器产生纵向振动。增强驾驶模拟器的真实有效模拟性能。目前，国外高校和科研机构大多采用此类模拟器进行交通安全方向的科学研究。

图 5-4　真实车辆驾驶模拟器

液压伺服体感模拟器也称多自由度模拟器（图 5-5）。这种模拟器基于液压伺服装置，其运动系统（体感模拟系统）可以模拟 6 个自由度姿态，动力学模型非常完善，视景仿真系统复杂逼真。在这种模拟器中，用户可以体验到与真车完全相同的驾车感受。6 个自由度模拟器主要用于研制和开发车辆以及交通安全科学研究，价格比较昂贵、精度高、功能全。吉林大学研制的我国第一台驾驶模拟器 ADSL，属于 6 个自由度模拟器，采用圆形座舱，视景系统采用 3 个投影仪投影，模拟驾驶环境，座舱底部的 3 个大行程液压装置联动控制，可以实现汽车的平纵横运动感。日本汽车研究所于 1995 年研制成功了具有体感模拟系统的模拟器。美国通用公司研制成功的第二代驾驶模拟器，其各项性能指标居世界领先水平。美国 IWOA 大学的液压伺服体感模拟系统被称作为美国国家高级驾驶模拟器。

图 5-5　液压伺服体感模拟器

5.1.3　组成结构

1. 硬件组成

驾驶模拟器的硬件系统主要由三部分组成：控制系统、显示系统和车辆系统，硬件结构图如图 5-6 所示。其中控制系统是整个平台的核心，用于实现对实验系统的设计、控制、监控、记录等功能。车辆系统是为驾驶员提供驾驶操作的平台，具备转向盘、加速踏板、制动踏板、离合等各种驾驶操作项目，实现为驾驶员提供逼真的车辆驾驶感受。同时，驾驶模拟平台具有音效模拟效果，包括发动机、车辆制动、车辆振动、转弯侧滑等常见音效。显示系统是系统运行主要结果的体现，实现为驾驶员提供虚拟3D道路交通场景。

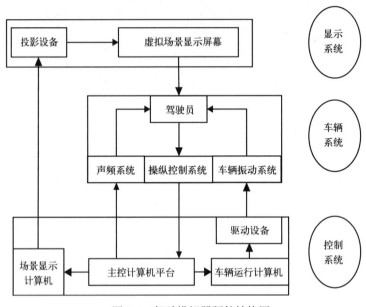

图 5-6　驾驶模拟器硬件结构图

2. 软件组成

驾驶模拟器中最重要的软件系统是虚拟场景搭建系统，以及模拟场景系统。前者实现根据需求设计完成虚拟场景，后者实现模拟场景的计算和运行，其软件结构图如图 5-7 所示。

软件系统以计算机为依托，模拟软件系统主要负责车辆运行与虚拟场景交互的动态效果，以及对交通环境中其他车辆运行及道路设施的模拟。首先，通过计算呈现出虚拟驾驶场景，接受驾驶员控制操作信息，实现在驾驶员操作情况下虚拟场景的动态运行，同时包括车辆振动信息和音效信息的输出。其次，该软件实现对车辆运行状态的实时监控和记录，能够对车辆运行状态、驾驶员操作特征、车辆运行环境周边特征等可以 1~100Hz 的频率进行记录输出，包括速度、加速度、侧位移、加速踏板、制动踏板、转向盘转角、离合、车辆坐标等车辆参数，同时包括与车辆前后相近的其他车辆的运行参数。该软件系统也为用户提供了动态可控的编程接口，可以根据实验需求，通过设计包括其他车辆运行情况、交通信号信息、天气、时间、突发事件等各种效果，进而使车辆在运行过程中达到所需要的事件效果。

虚拟场景搭建系统是驾驶模拟器运行的基本条件，尤其是在研究工作中，由于研究的需求，往往需要特定的驾驶虚拟环境系统。因此，虚拟场景开发软件系统是模拟平台的重要组成部分。

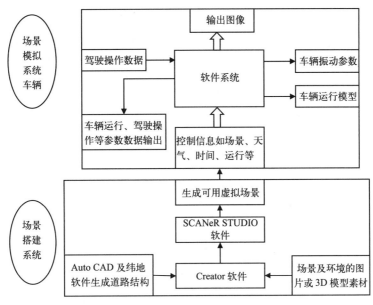

图 5-7　驾驶模拟器软件结构图

虚拟场景的开发是通过结合多款软件实现的，与驾驶模拟平台实现对接的是该平台系统配套的 Roadtools 软件，它是模拟系统识别场景的接口软件。开发过程中，为实现场景的逼真性，需要结合 AutoCAD、HintCAD（纬地）、3D-MAX、Creator、Photoshop 等软件，运行这些软件一方面建立符合规范的道路线形、道路路面、路肩等道路特征，另一方面制作出场景需要的环境如建筑物、树木、护栏等各种道路景观。同时场景设计中也包括了诸如灯光设计、交通信号灯设计等细节内容。可以说，虚拟场景的开发是各种软件的结合，是一项细腻的工作，良好逼真的虚拟场景必然需要设计者花费大量时间和精力进行完善。虚拟场景的设计与开发，其核心在于研究者对所要研究因素的控制与设计。

场景模拟系统车辆软件系统主要包括：驾驶模拟软件（SCANeR STUDIO v1.2）、运动平台控制软件（4×Motion SW）、实时车辆组合仪表软件（MyCluster SW）、实时数据收集—通信软件（MDAQ SW）、监控软件（DataManager SW）、程序自动运行软件（AutoRun SW）、API 软件（Model API）。

5.2　VISSIM 微观仿真软件介绍

VISSIM 是德国 PTV 公司的产品，它是一个离散的、随机的、以 10^{-1}s 为时间步长的微观仿真软件。车辆的纵向运动采用了心理—生理跟车模型，横向运动（车道变换）采用了基于规则（Rule-based）的算法，不同驾驶员行为的模拟分为保守型和冒进型。VISSIM 同时提供了图形化的界面，用 2D 和 3D 动画向用户直观显示车辆运动，运用动态交通分配进行路径选择。

VISSIM 软件的组成基础是时间间隔和驾驶行为，用以仿真城市道路交通和公共交通的运行状况。VISSIM 在交通流方面的基本组成单元是单个机动车，可以使用 VISSIM 对机动车在道路上的跟车、超车以及车道变换等行为进行仿真,VISSIM 不仅可以模拟城市道路交通,还可以模拟铁路交通以及地铁交通等。在各种交通条件下,评价交通工程设计是否合理,或者将 VISSIM 用于评价城市规划方案是否能够解决当前问题。

VISSIM 能够模拟许多城市内和城市间的交通状况,特别适合模拟各种城市交通控制系统,主要应用有:①由车辆激发(Vehicle-actuated)的信号控制的设计、检验、评价;②公交优先方案的通行能力分析和检验;③收费设施的分析;④匝道控制运营分析;⑤路径诱导和可变信息标志的影响分析等。VISSIM 也能对自行车和行人的运动进行模拟。

5.2.1 基本原理

交通仿真的核心部分是它所采用的描述交通行为的模型,机动车模型以及机动车在路网中的移动方法的质量决定了交通仿真模型的精确程度。VISSIM 采用了较为成功的德国 Karlsruhe 大学韦德曼教授的阈值交通仿真模型,这个模型是基于驾驶员生理—心理过程的。该模型是一个基于时间的、随机的微观模型,它以人、车、路为基本实体。

这种交通模型将机动车被驾驶的状态分为四种不同的类型:

(1)自由行驶(Free driving):前车的驾驶行为不对后车产生任何影响。一般情况下,驾驶员驾驶机动车在稳定的速度下运行。在现实情况中,车速无法维持稳定,实际速度是在期望到达的车速的附近上下波动。

(2)减速靠近(Approaching):前车驾驶员驾驶机动车减速,因此后车驾驶员驾驶机动车减速,以防止交通事故的发生。当后面的机动车和前面的机动车靠近时,后车驾驶员减速以便到达他的行驶安全距离。

(3)跟随行驶(Following):后车驾驶员驾驶机动车跟随前车,既不加速也不减速。后车驾驶员驾驶机动车与前车基本保持一定的安全距离。实际上,前后两辆机动车的速度并不是完全相同的,其差值在 0 附近摆动。

(4)制动(Braking):当前后两辆机动车之间的距离小于后车驾驶员的心理期望安全距离时,后车驾驶员减速。当前车减速或者前车的前车变换车道时,可能发生制动的情况。

阈值交通仿真模型是:当前后两车的距离小于后车驾驶员心中的安全距离时,后车驾驶员便开始减速。因为后车驾驶员无法准确知道前车的当前车速,所以在一段时间内,后车的车速会低于前车,直到两辆机动车的车间距达到后面机动车司机认为的另外一个心理安全距离时,后车驾驶员开始缓慢地加速,机动车在行驶过程中,一直处在不停地减速和加速过程中。基于此种状态下,可以进一步使用 VISSIM 分析交通状况,所以将 VISSIM 用作评估不同计划方案和交通工程的优劣性的评估工具。

5.2.2 软件特点

1. 路网编辑易于实现

它可以在诸如交叉口布置示意图或区域航拍图片等背景图的基础上完成路网编辑。当中提供一系列路网元素(如速度决定单元、信号控制单元、路权优先规则)和随机单元（如速度分布、加速度函数、跟车行为准则）。此外，它还提供了与 PTV 公司的交通规划软件 VISUM 的接口，可以方便地导入路网结构以及 OD 出行矩阵等。VISSIM 还可以从别的一些工具软件，如 CROSSIG and SITRAFFIC P2 中导入路网结构以及交通信号控制方案等。

2. 全面的车辆驾驶行为模型

VISSIM 采用科学的跟车模型，以 10^{-1}s 为时间步长描述城市道路和高速公路上的交通状况，所采用的车道变换模型考虑了多种实际的汇流情形。用户可以自行定义和加入车辆类型，同一车型的驾驶行为则分为保守型和冒进型。模型可以同时并行描述路网中的多类用户，如行人区域、公交专用线、高占有率车道以及货车的禁行等。

3. 城市和区域交通控制

VISSIM 中对于非信号控制交叉口可以用详细的优先权准则描述：对于信号控制，则包括有定时控制、车辆自适应控制，用户也可以通过 VAP 语言来自行定义信号控制的类型。用户还可以运用 VAP 语言来加入对一些智能交通系统和区域交通控制措施的描述，如动态速度控制和路径导航等。

4. 对仿真结果的全面分析以及有效展示

VISSIM 能就多项的统计指标，如流量、平均速度、旅行时间、延误、排队长度和停车次数等，给出用户指定需要的输出。借助 Mobile 5a 和其余车辆排放模型，系统也提供排放的计算结果。通过将不同的交通场景打印输出显示，以及用 2D 和 3D 动画直观显示车辆在路网中的运动，VISSIM 也能对非专业人员给予很好的展示。

5.2.3 功能模块

1. 车辆定义模块

该模块主要用于对仿真车辆的各种参数进行详细设置，包括车辆类别和车辆类型（车辆的长宽以及前后车轮之间的轴距等）等。

2. 速度定义模块

该模块主要用于对各种车型车辆的期望车速分布进行定义。在 VISSIM 中，该速度是以区间的形式来表示。

3. 交通量定义模块

该模块主要用于对车辆构成及其每种车辆的相对流量和期望速度进行定义。

4. 路径决策模块

VISSIM 提供了动态和静态两种汽车行驶路径的建模方法，即使用行驶路径决策点或行驶方向决策点的静态路径和使用 OD 矩阵的动态交通分配路径。

5. 评价分析模块

该模块可帮助用户实现对方案模型中的指标进行分析，用户可以轻松地将所评价的数据从系统中以电子数据表（如：记事本和 Excel 表格等）形式导出，最终进行方案评价、比选和优化。

6. 信号控制模块

对于有信号控制的交叉口仿真，该模块提供了内建的固定配时信号控制和可选的外部信号状态发生器建模信号控制路口。VISSIM 也可以与其他的信号控制逻辑设计软件一起使用，如 VS-PLUS、TRENDS、VOS、Type 2070 VS-PLUS 等。

7. 其他模块

除以上主要的几个系统模块外，VISSIM 系统模块还包括用于 3D 建模的模块、基于生理—心理驾驶行为模型的车辆跟驰模块和车道变换模块等。

5.3 驾驶模拟与 VISSIM 联动技术

驾驶模拟系统与微观交通仿真软件（VISSIM）间的互通，用以实现高密度高逼真交通仿真场景，亦可从交通运行层面评估驾驶行为对交通流影响。驾驶模拟系统—微观交通仿真软件互通平台技术路线包含场景平行建模、交通数据映射两个主要环节。

5.3.1 场景平行建模

将在驾驶模拟软件中搭建好的 3D 交通场景同比例导入微观仿真软件中，从而使驾驶模拟系统与微观仿真软件具备相同的道路条件、基础设施和交通环境。例如，将在 3DMax 制作的静态交通场景分别导入 VISSIM 和驾驶模拟软件 SCANeR 中。

5.3.2 交通数据映射

将驾驶模拟中被试驾驶行为数据映射至仿真软件中指定车辆，使该车辆在软件中复现被试驾驶行为。其技术手段包含两种：

1. 实时数据传输方法

首先将驾驶行为数据（坐标、速度、加速度等）通过 API 接口实时传输至仿真软件，进而控制仿真软件中指定车辆行驶状态。其次，将仿真软件中交通参与者数据（周围车辆、行人、自行车等）传输至驾驶模拟器实验场景，从而使二者所模拟仿真的交通状态一致。例如，采用二次开发的方法，分别通过 VISSIM-COM 接口和 SCANeR-API 函数获取微观仿真环境和驾驶模拟环境中的车辆状态和交通信息，并实现实时交互映射。

2. 行为特征标定方法

首先采集驾驶模拟实验中被试驾驶行为数据并进行特征提取，其次将提取后特征参数标定至仿真软件中的交通模型，使软件中指定车辆具备被试驾驶行为特征，最后进行仿真实验评测实验效果。例如，对驾驶模拟器中采集的驾驶行为数据进行标定，映射至 VISSIM 中 Wiedemann99 模型中的 CC0~CC9 参数，从而使 VISSIM 中指定车辆具备驾驶模拟器中被试的驾驶行为特征。该方法实现难度较低且能够支持后续不同仿真方案的测试评价。

第 6 章　基于驾驶模拟与 VISSIM 联动的实验设计流程

6.1　实验设计方法

实验设计（Design Of Experiments，DOE）也称为试验设计，是对实验进行科学合理安排，以达到最好的实验效果。实验设计是实验过程的依据和实验数据处理的前提，也是提高科研成果质量的重要保证。科学完善的实验设计，能够合理地安排各种实验因素，严格地控制实验误差，并且能够有效地分析实验数据，从而用较少的人力、物力和时间，最大限度地获得丰富而可靠的资料。反之，如果实验设计存在缺点，就必然造成不应有的浪费，减损研究结果的价值。

6.1.1　实验设计原则

费希尔提出了实验设计的三个原则，即随机化原则、重复原则和局部控制原则。通过理论研究和实践经验，人们对这三个原则进行了进一步的发展和完善，把局部控制原则分解为对照原则和区组原则，形成了实验设计的四个基本原则，即随机化原则（Randomization）、重复原则（Replication）、对照原则（Contrast）和区组原则（Block）。

1. 随机化原则

随机化是指被研究样本是从所研究总体中任意抽取的，也就是说从研究的总体中抽取样本时，要使每一个观察单位都有同等机会被分配到观察组或对照组。统计学中的很多方法都是建立在独立样本的基础上的，用随机化原则设计和实施的实验可以保证实验数据的独立性。

2. 重复原则

重复是指各组观察例数要足够，重复例数越多（即样本量越大），抽样误差越小，实验结果的可信度就越高。通过一定数量的重复实验，该处理的真实效应就会比较确定地显现出来，可以从统计学上对处理的效应给以肯定或否定。

3. 对照原则

对照是比较的基础，对照原则主要用于比较实验。除了因素的不同处理外，实验组与对照组中的其他条件应尽量相同。只有高度的可比性，才能对实验观察的项目做出科学结论。设计对照实验可以排除无关变量对实验结果的干扰，从而使实验结果更科学。

4. 区组原则

区组是指人为划分的时间、空间、设备等实验条件。区组因素会影响实验指标，但并不是实验者所要考察的因素，也称为非处理因素。任何实验都是在一定的时间、空间范围内并使用一定的设备进行的，然而把这些实验条件都保持一致是很难办到的。常用解决办法是把这些区组因素也纳入实验中，作为实验设计和数据分析中的实验因素。

6.1.2 实验因素与水平

因素是实验设计者希望考察的实验条件，在实验中能够影响实验结果。实验因素的数目可以是一个、两个或多个，分别称为单因素实验、双因素实验和多因素实验。例如，研究弯道半径及限速标志对车辆速度的影响时，实验因素有两个，分别为弯道半径和限速标志，属于双因素实验。

因素在实验中所处的各种状态和条件称为因素的水平。在实验中往往要考虑某种因素的几种状态，那么就称该因素具有几个水平。例如，研究限速标志对车辆速度的影响时，现共有限速120km/h、限速100km/h、限速80km/h三种不同的标志，则该实验共有限速标志一个因素，共有限速120km/h、限速100km/h、限速80km/h三个水平。

6.1.3 典型实验设计方法

1. 完全随机设计

完全随机设计（Completely Randomized Design）亦称为单因素设计，是将受试对象随机地分配到各个处理组中进行实验观察，或者从不同总体中随机抽样进行对比观察的一种试验设计方法。在实验研究中可先将实验对象编号，再用随机数字表或随机排列表把它们随机地分成两组或多组，分别用各种处理进行实验观察。

完全随机设计的优点是实验设计和统计分析简单易行，缺点是一次只能研究一个因素，且所需要的样本量比较大，混杂因素在各组均衡性往往较差，和其他实验设计相比效率不太高。适用于两个或两个以上样本的比较。各组间样本量可相等，也可不相等，样本相等时统计分析效率较高。

2. 配对设计

配对设计（Paired Block Design）是指将受试对象按配比条件配成对子，再将各对中的个体按随机分配的原则给予不同处理。配对设计实验常以主要的非处理因素作为配比条件，其基本思想是使实验组和对照组间非实验因素的条件均衡，使得实验因素的效应更容易显示出来，以提高实验设计的效率，减少样本例数的需要量。

配对有自身配对和不同个体配对。配对设计实验能有效控制个体间的差异，使抽样误差控制在最小范围，缺点是受试对象在实验过程中可能会发生某些条件的改变，会导致实验前后的条件不一致，产生实验结果偏差。一般来说，配对设计的效率高于完全随机设计，前提是正确选择与控制配对条件，保证对子数呈正方向变化。

3. 配伍设计

配伍设计（Randomized Block Design）亦称为随机区组设计，或双因素无重复实验设计。可分为两种情况：第一：对同一受试对象接受同一处理因素所有不同水平下的处理，并在该处理因素的不同水平间进行比较；第二是先把被试按某些特质分成不同的区组，使各区组内的被试接近同质，而区组间的被试更加不同，然后将各区组内的被试分别随机接受不同的处理，或按不同顺序接受所有的处理。每个配伍组的例数等于处理组的个数。用于配伍的因素应当是影响实验效应的主要非处理因素。

配伍设计的优点是尽量排除非处理因素对实验结果的干扰，保证组间的可比性，减少抽样误差，提高统计效能，可以减少样本量。缺点是由于配伍条件的限制，有时难以将受试对象配成区组，从而损失部分受试对象的信息；此外，区组内若有一个对象的数据发生缺失，对资料分析的影响较大。如果配伍因素也是希望研究的因素，或者配伍因素与研究因素间的交互作用不能忽略时，则不应当采用配伍设计。

4. 交叉设计

交叉设计（Cross-over Design）是在自身配对设计基础上发展起来的一种特殊的自身对照设计。将同一批受试对象先后接受 A、B 两种处理，如随机地使半数受试者先接受 A 后接受 B，而另一半受试对象先接受 B 再接受 A，两种处理在全部实验过程中交叉进行。交叉设计主要涉及一个处理因素和两个非处理因素（试验阶段、受试对象），能够很好地解决实验设计中，实验对象数量有限，而且每个研究对象的状况无法保证完全相同，并会对响应结果产生不同影响的情况。

交叉设计具备自身配对的优点，如减少个体差异对处理因素的影响、节省样本量等，能控制时间因素对实验效应的影响，故优于自身对照设计。适用于处理因素只有 2 个水平，非处理因素与处理因素间无交互作用的情况。

5. 析因设计

析因设计（Factorial Design）是一种将两个或多个因素的各水平交叉分组进行实验的设计。它不仅可检验各因素内部不同水平有无差异，还可检验 2 个或多个因素间是否存在交互作用，是对各因素各水平的所有组合都进行实验的设计方法。

析因设计时，若因素间存在交互作用，需逐一分析各因素的单独效应；若不存在交互作用，则两因素的作用相互独立，只需考虑各因素的主效应即可。分析时的因素数和水平数不宜过多，一般因素不超过 4 个，水平不超过 3 个。析因设计是一种高效的试验方法，对各种组合的交互作用具有独特的分析功能，同时又具有直观表达分析结果的优点，能够节约样本含量。缺点在于统计分析计算较复杂，因素及水平数均不宜过多，否则实验量太大，而且对比分析比较繁琐。

6. 正交设计

正交设计（Orthogonal Design）是研究多因素多水平的一种试验设计方法。它是利用一系列规格化的正交表将各实验因素、各水平之间的组合均匀搭配，并对结果进行统计分析，以获得较多的信息。正交实验设计主要用于调查复杂事物的某些特性或多个因素对事物某些特性的影响，识别事物中更有影响的因素、其影响的大小以及因素间可能存在的相互关系。

正交实验是按正交表进行，有多个试验号，在分配受试对象时，同样应进行随机分配，以保证每次实验的可比性。每次实验应尽可能地同时平行进行，以保持每次实验的条件均衡。正交实验设计是析因实验的部分实施，只分析有意义的主效应和部分重要因素的一级交互作用，可成倍地减少多因素实验的次数。此外，正交实验除可以利用空白项估计误差外，还可以采取重复实验的办法进行误差的估计，以增加信息量，提高准确性。

6.1.4 VISSIM仿真环境标定

VISSIM仿真环境标定流程：

（1）对环境标定的具体目标进行确定。通常，环境标定的具体目标是缩小输出结果与实际测量二者呈现出的数据差异，并尽量使数据差异为0；

（2）对校核指标进行适当选择。模拟输入参数可分为以下两类：

1）不可控参数，此类参数不会跟随模型发生同步变化，包括道路交通条件、交通车流量和人流量以及信号配时等；

2）可控参数，此类参数是仿真模型中数值可以发生变化的参数，包括车道变换距离、车辆等待时间以及最小车头时距等。必须选择实际测量较为容易，且可控制的校核指标；

（3）对实际数据进行采集。对校核指标进行选定后，要实地对校核指标以及各类不可控参数进行测量，并注意对高峰数据采集以及平峰数据采集进行区分；

（4）对参数变化范围进行确定。对于各类仿真对象，在不同条件下，各模型参数占据着不同权重，将仿真进度作为依据，对影响仿真结果的参数实施有效校正，并对参数相应的变化范围进行确定；

（5）制定科学的仿真实验方案。仿真系统所涉及的可控参数较多，且各参数相应的取值范围不尽相同。受时间限制，难以对每种情况均实施仿真实验。因此，实施参数校正，要对仿真实验进行科学设计。通常，可对拉丁方格法进行选用实施实验设计，对实验次数进行减少，并将校核参数确定为因变量，将可控的校正参数设定为自变量，对模型进行构建；

（6）标定参数。在多次运行的基础上，对模型参数进行确定。同时，将仿真结果及图像作为依据，对可控参数的最佳取值进行确定。

例如，关于车辆的跟驰行为的参数的标定，VISSIM软件中提供的跟驰模型是以Wiedemann 99跟驰模型为基础，其中Wiedemann 99跟驰模型可标定参数包括：

1）停车间距：两停止车辆之间的平均期望间隔距离。

2）车头时距：后车驾驶员对于某一个确定的速度而期望保持的车头时距。

3）跟驰变量：前后车的纵向摆动约束，是后车驾驶员在有所反应、有所行动之前，所允许的车辆间距大于目标安全距离的部分。

4）跟驰状态阈值：控制后车何时开始减速,如后车驾驶员何时辨认出前车的车速较低。

5）跟驰速度差：控制"跟驰"状态下前后车的速度差。该值越小，后车驾驶员对前车加/减速行为的反应越灵敏。速度差为负时，使用消极跟驰速度差；速度差为正时，使用积极跟驰速度差。

6）速度距离系数：跟驰过程中，距离对后车速度摆动的影响。

7）振动加速度：摆动过程中的实际加速度。

8）停车加速度：停车启动时的期望加速度。

9）80km/h 加速度：达到 80km/h 车速时的期望加速度。

6.2 实验测试流程

影响驾驶模拟实验的内外部因素众多，为保证实验真实有效，需要对实验流程进行科学设计与严格控制。驾驶模拟实验测试流程可参考图 6-1。

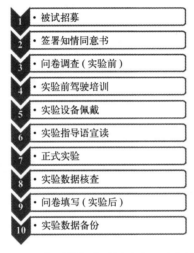

图 6-1 驾驶模拟实验测试流程示意图

6.2.1 实验准备阶段

在实验准备阶段，研究人员需要招募被试人员（简称"被试"）、准备好实验所用表单、准备仪器设备并进行检查。例如准备好眼动仪、心电仪、脑电仪等实验所需的实验设备，检查设备是否能正常使用；检查驾驶模拟器是否能正常运行，是否存在延迟、卡顿等现象。具体包括：

1. 被试招募

被试招募需要根据实验目的和实验要求在目标人群中取样，被试样本量要满足统计学要求，被试的选择要具有代表性、针对性和可控性。代表性指选取样本能代表目标人群，例如考虑被试的年龄、驾龄、性别等个体属性差异。针对性是指根据实验目的以及干预因素有针对性地选取样本，例如研究驾驶员年龄影响时选择老年驾驶员作为被试。可控性是指实验组和对照组之间除了所关注的组间差异外，尽量减少其他差异，控制组内个体差异间的平衡，避免混杂因素的干扰。

此外，对被试群体的基本要求包括：性别和年龄分布应满足当前我国机动车驾驶员的性别及年龄比例；持有合格的驾驶执照，驾龄不低于 2 年，总驾驶里程不低于 2 万 km；身体健康（无临床确诊的精神疾病史、无精神类药物服用或注射经历、无酗酒以及其他药物成瘾症状); 视力或矫正视力在 1.0 或以上, 无色盲、色弱等症状。

2. 知情同意书

被试到达实验室后首先要阅读并签署一份知情同意书, 应至少包括明确的驾驶任务介绍、实验中可能出现的突发状况、实验持续时间以及完成实验的酬劳标准等。

3. 问卷调查

被试在实验前需要填写个人基本信息与生理状态表, 并根据实验目的填写问卷和相关量表等。个人基本信息应至少包括被试编号、姓名、性别、年龄、驾龄、每周驾驶公里数、是否有高速公路驾驶经验、联系方式、实验时间等。生理状态表应至少包括实验日期、到达时间、姓名、被试编号、昨晚入睡时间、睡醒时间、驾前疲劳程度、有无服用药物、当日是否喝咖啡、咖啡饮用量、咖啡饮用时间、当日是否喝茶、茶饮用量、茶饮用时间、是否午休(下午或晚上实验者)、午休时间、驾前疲劳程度、离开时间等。问卷和相关量表即根据实验目的编制或采用的非规范化问卷、量表。非规范化问卷指根据实验目的自定义设计的问卷, 能够获取跟实验目的紧密相关但不能形成规范量表的驾驶员主观信息。量表是指严格按照规范设计和修订的问卷, 能够以一定的理论和逻辑获取驾驶员的主观信息。

4. 实验前驾驶培训

研究人员向被试介绍驾驶模拟器的基本特性以及操作方法, 调出与实验测试无关的场景供被试进行试驾。被试需要在虚拟道路场景中进行驾驶测试并自行体验车辆加速、减速、转弯以及其他基本车辆操作。试驾持续时间至少为 10min, 以保证被试能够熟练操作驾驶模拟器。

5. 实验设备佩戴

根据实验测试数据采集需求, 由专业实验员给被试佩戴相应实验设备, 并对实验设备进行校准, 保证设备正常运行。应告知被试勿自行乱动实验设备, 需由研究人员佩戴和取摘。常用的实验设备包括眼动仪、心电仪和脑电仪等。

6. 实验指导语宣读

研究人员打开并运行实验场景, 向被试介绍实验要求, 并告知被试在驾驶过程中需要遵守交通规则, 按照日常驾驶习惯进行驾驶任务。此外研究人员还需宣读实验指导语, 即给定驾驶情境, 以提升驾驶沉浸感。

6.2.2 实验过程

完整的驾驶模拟实验过程包括预实验和正式实验两部分。

1. 预实验

预实验一般选取 2~3 个被试, 目的是让实验人员熟悉实验流程, 做好分工, 发现实验设计、测试流程中的问题并加以改正。预实验是整个实验的重要组成部分, 可排查实验中存在的问题, 是确保实验测试科学合理的关键环节, 需要像对待正式实验一样认真执行。预实验结束后, 需要全面核对实验数据, 确保数据不漏项、取值范围正常。

2. 正式实验

实验人员严格按照实验设计流程开展实验测试, 实时监控实验过程, 确保实验环境安静，被试不受实验室周边环境影响，并对实验中出现的特殊情况和关键信息做好记录。对于有多个场景测试需求的实验，为尽量消除场景次序对实验结果产生的影响，实验人员应随机安排实验场景测试顺序。为缓解被试的眩晕感、避免疲劳驾驶，每个实验场景驾驶持续时间最好不要超过30min。同时，为了尽可能消除被试对驾驶场景的学习性和记忆性，在每个场景测试结束后，安排被试休息10min以上，再开始下一个场景的测试任务。若测试场景数量较多，应考虑将实验分天进行，两次实验测试时间间隔3天以上。此外，在实验过程中，实验者有任何身体上的不适，应立即终止实验。

6.2.3 实验结束

实验结束后，要求被试再次填写生理状态表、驾驶模拟器有效性主观评测表，并登记劳务报酬信息。同时，实验人员需要认真核对实验数据，导出相关实验设备生成的原始数据，核实实验数据的完整性，并做好数据文件命名、编号和保存工作。实验数据均为原始数据，为防止实验数据丢失，可另外备份，方便后续使用。除实验设备导出的数据，还应保存记录实验测试过程的视频和图片，以防后续发现数据出现问题时的复查。

6.2.4 VISSIM仿真流程

一般使用VISSIM进行仿真的常用流程如下：首先基于VISSIM建立交通路网的模型，反映真实世界的交通状况，一旦模型构成，交通工程师就可以尝试不同的控制配置，确定其对系统的影响程度，并根据仿真结果，调整设计方案。驾驶模拟实验测试基本流程如图6-2所示。

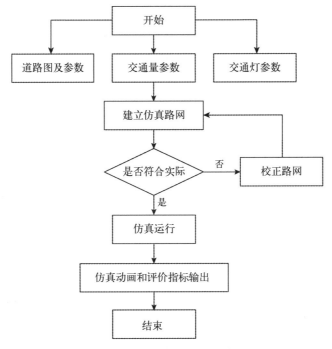

图6-2 驾驶模拟实验测试基本流程

第 7 章　驾驶模拟与 VISSIM 联动实验数据采集与分析

7.1　实验数据处理

7.1.1　数据预处理

1. 数据质量分析

数据质量分析是数据预处理的重要一环，也是确保数据分析结论有效性和准确性的基础。没有可靠的数据，数据分析的结论将是空中楼阁。数据质量分析的主要任务是检查是否存在"脏数据"。"脏数据"指不符合要求、不能直接进行相应分析的数据，包括缺失值、异常值、格式不一致的值、重复数据等。下文主要介绍缺失值和异常值检查。

（1）缺失值检查

缺失值主要包括数据记录的整体缺失，以及记录中某些字段信息的缺失，两者都会造成计算中断或者分析结果不准确。

1）缺失值产生原因

造成数据缺失的原因主要包括三个方面：一是部分数据信息无法获取，或者获取信息的代价太大；二是部分信息由于某些特定原因被遗漏，如因为疏忽、遗忘或对数据理解错误等一些人为因素而遗漏；三是交通数据采集设备、存储介质、传输媒介的故障等非人为原因而造成数据丢失。

2）缺失值影响

缺失值本身可能丢失了大量的有用信息，从而使得数据分析结果的不确定性更加显著，其隐藏的规律更难把握。同时，包含空值的数据可能会使数据分析过程陷入混乱，导致输出存在误差或者输出没有数字意义的值。

（2）异常值检查

异常值是指录入错误或者不合常理的数据，通常明显偏离大部分观测值的取值范围。直接对包含异常值的数据进行计算分析，可能会对后续的结果造成严重影响。此外，在数据分析中，如果重视异常值存在，分析其产生原因，往往能发现潜在问题，进而找到改进策略的契机。

造成异常值有人为原因和自然原因。人为原因包括数据输入错误、测量误差、实验误差、抽样误差等因素，会对后续分析带来较大的影响。自然原因造成的异常值，也称为离群点，在一定程度上反映了数据集的分布特征。

异常值检查方法，主要包括如下三种：

1）基础统计量分析

先对变量做一个"描述性统计"分析，得到一些基础统计量，从而查看哪些数据是不合理的。最常用的统计量是最大值和最小值，用以判断该变量的取值是否超过了合理的范围。

2）3σ 原则

如果数据服从正态分布，在 3σ 原则下，异常值被定义为一组测定值中与平均值的偏差超过 3 倍标准差的值。此时，距离平均值 3σ 之外的值出现概率为 $P(|x-\mu|>3\sigma)=0.003$，属于极小概率事件。如果数据不服从正态分布，也可以使用数据点远离平均值的 n 倍标准差（n 的取值根据实际数据而定）进行描述。

3）箱形图分析

箱形图检查异常值的标准是：小于 $Q_L-1.5IQR$ 或大于 $Q_U+1.5IQR$ 的值。如图 7-1 所示，Q_L 是"下四分位数"，表示全部样本中有四分之一的数据取值比它小；Q_U 是"上四分位数"，表示全部样本中有四分之一的数据取值比它大；$IQR=Q_U-Q_L$ 被称为四分位间距。

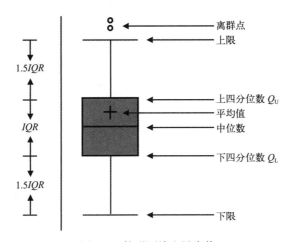

图 7-1　箱形图检查异常值

2. 缺失值处理

处理缺失值的方法包括删除记录和数据插补。要注意的是，对部分缺失的数据，如果缺失的部分不影响分析，那么即使对这些缺失数据不作处理也不会影响数据的分析结果。

（1）删除记录

假设某条样本记录的大部分有效数据都缺失了，且插补操作可能改变该条记录原本的含义，所以常常将其直接删除。

（2）缺失值插补

对于分析中必不可少的缺失值，需要进行插补填充，常用的缺失值插补方法如表 7-1 所示。

常用的缺失值插补方法　　　　　　　　　　　　　　表 7-1

插补方法	方法描述
均值/中位数/众数	根据属性值的类型、用该属性值的平均数/中位数/众数进行插补
固定值插补	将缺失的属性值用一个常量替换
最近邻插补	在记录中找到与缺失样本最接近的样本的该属性值插补
插值法	是利用已知点建立合适的差值函数$f(x)$，未知值由对应点x_i求出的函数值$f(x_i)$近似替代

一般情况下，为了提高插补数据的可靠度，常采用插值法。插值法是指利用函数$f(x)$在某区间中已知若干点的函数值，拟合出适当的函数，在区间的其他点上用该函数值作为函数$f(x)$的近似值。根据函数选取不同，插值方法还包括线性插值法、拉格朗日插值法、牛顿插值法、Hermite插值法、分段插值法和样条插值法等。

3. 异常值处理

对异常值的处理方法，需视其产生原因及其对数据分析任务和模型产生的影响而定，也需结合实际情况考虑，没有固定统一的方法。常用的异常值处理方法如表 7-2 所示。

常用的异常值处理方法　　　　　　　　　　　　　　表 7-2

异常值处理方法	方法描述
删除含有异常值的记录	直接将含有异常值的记录删除
视为缺失值	将异常值视为缺失值，利用缺失值处理的方法进行处理
不处理	直接在具有异常值的数据集上进行数据挖掘和分析

将含有异常值的记录直接删除这一方法简单易行，但缺点也很明显。在观测值很少的情况下，删除异常值的做法会造成样本量不足，而且可能会改变数据的原有分布，从而造成分析结果的不准确。因此可以将异常值视为缺失值进行处理，这种处理方法的好处是可以利用现有变量的信息，对异常值（缺失值）进行插补。

4. 数据标准化处理

数据标准化（规范化或归一化）处理，是开展数据挖掘的一项重要基础工作。因为不同类型的数据往往具有不同的量纲，数值间的差别可能很大。为了消除不同类型数据间量纲和取值范围差异的影响，需要对其进行标准化处理，将数据按照比例进行缩放，使之落入一个特定的区域（如 [−1, 1] 或者 [0, 1] 内），便于进行综合分析。此外，数据标准化对于涉及神经网络的分类算法和聚类算法也十分有用。例如训练神经网络模型时，对数据集中的数据标准化将有助于加快模型训练的速度。

对于交通数据，常用的数据标准化方法有三种：最小—最大标准化、零均值标准化和小数定标标准化。

（1）最小—最大标准化

最小—最大标准化也称为离差标准化，是对原始数据的线性变换，将数值映射到 [0, 1] 之间。转换公式如式（7-1）所示：

$$x^* = \frac{x - \min}{\max - \min} \tag{7-1}$$

式中　max——样本数据的最大值；
　　　min——样本数据的最小值；
　max-min——样本数据的极差。

离差标准化保留了原来数据中存在的关系，是消除量纲和数据取值范围影响的最简单方法。这种处理方法的缺点是：如果数据集中某个数值很大，则标准化后各值会接近 0，并且标准化后的数据之间将会相差不大。同时，如果遇到超过目前属性取值范围 [min, max] 的时候，会引起系统出错，需要重新确定 min 和 max。

（2）零均值标准化

零均值标准化也称标准差标准化，是当前用得最多的数据标准化方法。经过零均值标准化处理的数据均值为 0，标准差为 1。变换公式如式（7-2）所示：

$$x^* = \frac{x - \bar{x}}{\sigma} \tag{7-2}$$

式中　$\bar{x}$——原始数据的均值；
　　　σ——原始数据的标准差。

（3）小数定标标准化

通过移动属性值的小数位数，将属性值映射到 [-1, 1] 之间。移动的小数位数取决于属性值绝对值的最大值。变换公式如式（7-3）所示：

$$x^* = \frac{x}{10^{[\lg(\max(|x|))]}} \tag{7-3}$$

式中　$[\lg(\max(|x|))]$——属性值绝对值最大值的以 10 为底的对数值向上取整。

7.1.2　数据时空转化

驾驶模拟器初始记录数据为等时间记录模式，采集频率为 1Hz、20Hz、30Hz、60Hz 等。根据数据分析需求不同，数据采集频率不一致。由于不同驾驶员驾驶风格不同，同一实验测试环境下的驾车速度表现差异明显，造成数据长度不一致。为了更方便地分析实验设计因素对驾驶行为的影响，对比同一空间位置的驾驶行为特征，常利用插值方法将时间范围内的指标数据转化为等距离间隔数据。具体转换过程如下：

步骤一：定位所需时间序列数据的索引：行程时间、行程距离、指标值；
步骤二：如图 7-2 所示，在空间采样间隔 X 内匹配行程距离和指标值；
步骤三：在空间采样间隔 X 内计算指标的算数平均值；
步骤四：以此类推，分别计算行程距离内所有逐点速度数据。

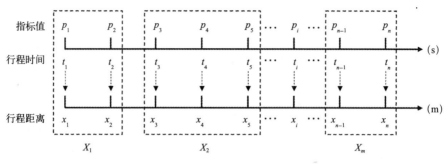

图 7-2 数据截取示意图

7.1.3 典型数据特征值计算

1. 速度均值

车辆运行时的纵向速度的平均值，如公式（7-4）所示：

$$v_{\text{mean}} = \frac{1}{n}\sum_{i=1}^{n} v_i \tag{7-4}$$

式中 v_{mean}——速度均值（km/h）；

n——采样点数量（个）；

v_i——每个采样点车辆纵向速度（km/h）。

2. 速度标准差

表征速度在特定空间内的离散程度，如公式（7-5）所示：

$$v_{\text{SD}} = \sqrt{\frac{1}{n-1}\sum_{i=1}^{n}(v_i - v_{\text{mean}})^2} \tag{7-5}$$

式中 v_{SD}——速度标准差（km/h）；

v_{mean}——速度均值（km/h）；

n——采样点数量（个）；

v_i——每个采样点车辆纵向速度（km/h）。

3. 加速度均值

表征速度在特定空间内的变化快慢情况，如式（7-6）所示：

$$a_{\text{mean}} = \frac{1}{n}\sum_{i=1}^{n} a_i \tag{7-6}$$

式中 a_{mean}——加速度均值（m/s²）；

n——采样点数量（个）；

a_i——每个采样点车辆纵向加速度（m/s²）。

4. 加速度标准差

表征加速度在特定空间的离散程度，如公式（7-7）所示：

$$a_{SD}= \sqrt{\frac{1}{n-1} \sum_{i=1}^{n}(a_i-a_{mean})^2} \qquad (7\text{-}7)$$

式中 a_{SD}——加速度标准差（m/s²）；
　　 a_{mean}——加速度均值（m/s²）；
　　 n——采样点数量（个）；
　　 a_i——每个采样点车辆纵向加速度值（m/s²）。

5. 转向盘转角

表征驾驶员转动转向盘的角度（单位：rad），如公式（7-8）所示：

$$SW_{mean}=\frac{1}{n}\sum_{i=1}^{n}SW_i \qquad (7\text{-}8)$$

式中 SW_{mean}——转向盘角度（rad）；
　　 n——采样点数量（个）；
　　 SW_i——每个采样点驾驶员转动转向盘的角度值（rad）。

6. 运行时间

表征车辆通过特定空间的时间，如公式（7-9）所示：

$$t=\sum_{i=1}^{n}t_i \qquad (7\text{-}9)$$

式中 t——运行时间（s）；
　　 n——截取空间内的采样点数量（个）；
　　 t_i——采样间隔（s）。

7. 加速踏板功效

加速踏板角度又指的是驾驶过程中加速踏板位置（量纲为1，取值为0~1），驾驶员踩踏加速踏板的角度与其持续时长的乘积定义为加速踏板功效，如公式（7-10）所示：

$$Power_{acce}=\sum_{i=1}^{n}\alpha_i t_i \qquad (7\text{-}10)$$

式中 $Power_{acce}$——加速踏板功效（N·s）；
　　 n——采样点数量（个）；
　　 α_i——每个采样点加速踏板角度值（rad）；
　　 t_i——采样间隔（s）。

8. 制动踏板功效

制动踏板角度 β 指的是驾驶过程中制动踏板位置，驾驶员踩踏制动踏板的角度与其持续时长的乘积定义为制动踏板功效。制动踏板功效的表达式如公式（7-11）所示：

$$Power_{brake}=\sum_{i=1}^{n}\beta_i t_i \qquad (7\text{-}11)$$

式中 $Power_{brake}$——制动踏板功效（N·s）；
　　　n——采样点数量（个）；
　　　β_i——每个采样点制动踏板角度值（rad）；
　　　t_i——采样间隔（s）。

9. 横向偏移

表征车辆运行过程中偏离车道中心线的程度（左正，右负），如公式（7-12）所示：

$$LP = \frac{1}{n}\sum_{i=1}^{n} LP_i \qquad (7-12)$$

式中 LP——横向偏移（m）；
　　　n——采样点数量（个）；
　　　LP_i——每个采样点车辆横向偏移值（m）。

10. 换道次数

车辆运行过程中的换道次数，初始状态为0，当驾驶员换道时为1，驾驶员再次换道回归时为0，以此类推。换道次数的表达式如公式（7-13）所示：

$$N_{LC} = \sum_{i=1}^{n} |LC_{i+1} - LC_i| \qquad (7-13)$$

式中 N_{LC}——换道次数（次）；
　　　n——采样点数量（个）；
　　　LC_i——第 i 个采样点的车辆换道状态量。

7.1.4 特征数据库构建

完成实验测试及数据处理后，形成特征数据库。特征数据库是实验数据的互联，同一驾驶员不同数据库的匹配，主要包括驾驶模拟数据、眼动数据、心电数据等。

1. 驾驶模拟数据库

驾驶模拟实验完成后输出时间、位置坐标、速度、加速度、方向盘转角、挡位、加速踏板行程等原始数据，通过数据处理得到特征数据。表7-3为某被试在某驾驶模拟场景中的时间维度特征数据，包含速度均值、速度标准差、加速度均值、加速度标准差、转向盘转角、运行时间、加速踏板功效、制动踏板功效、横向偏移、换道次数共10个特征值表单。经过数据时空转化和特征值提取，也可构建空间维度的特征数据，以速度为例，空间维度特征数据如表7-4所示。

时间维度特征数据　　　　表7-3

时间（ms）	速度（km/h）	加速度（m/s²）	…	坐标 X（m）	坐标 Y（m）
0.050	29.386	0.635	…	25607.166	1252.654
0.100	29.523	0.636	…	25607.656	1252.658

续表

时间（ms）	速度（km/h）	加速度（m/s²）	...	坐标 X（m）	坐标 Y（m）
0.150	29.656	0.637	...	25608.150	1252.663
0.200	29.725	0.638	...	25608.380	1252.665
0.250	29.867	0.639	...	25608.894	1252.670
0.300	29.955	0.639	...	25609.210	1252.673
0.350	30.093	0.640	...	25609.710	1252.678
...	...	...	...	...	...
585.300	36.151	0.846	...	24359.154	−533.436
585.350	36.334	0.843	...	24358.550	−533.431
585.400	36.450	0.840	...	24358.166	−533.428
585.450	36.643	0.836	...	24357.517	−533.424
585.500	36.788	0.834	...	24357.027	−533.422

空间维度特征数据（速度，km/h）　　　　　　　　　表7-4

驾驶员编号	空间点				
	X_1（m）	X_2（m）	X_3（m）	X_{m-1}（m）	X_m（m）
1	68.168	67.336	...	65.663	66.267
2	67.171	66.099	...	63.683	62.362
...	...	...	...	...	...
$k-1$	80.251	80.279	...	80.335	80.363
k	79.358	79.368	...	79.388	79.397

2. 眼动数据

眼动仪获取的视觉行为数据主要为注视（Fixation）、眼跳（Saccade）和眨眼（Blink）三种行为。注视相关信息包括序号、注视点的位置、起始时间、结束时间、持续时间、平均瞳孔直径等；眼跳信息包含序号、起始时间、结束时间、持续时间、起始位置、结束位置、眼跳幅度、平均速度、平均加速度、加速度峰值等；眨眼信息包括序号、起始时间、持续时间、结束时间等。眼动基础数据如表7-5所示。

眼动基础数据　　　　　　　　　表7-5

类型	序号	起始时间（μs）	结束时间（μs）	持续时间（μs）	起始位置 x（°）	...	平均速度（°/s）
Blink	1	205059012	205312613	253601	—	—	—
Fixation	1	205312613	205512275	199662	783.14	...	100.33
Blink	2	205512275	205878019	365744	—	—	—
Fixation	2	205878019	206077901	199882	722.57	...	98.33

续表

类型	序号	起始时间（μs）	结束时间（μs）	持续时间（μs）	起始位置 x（°）	…	平均速度（°/s）
Saccade	1	206077901	206144047	66146	721.9	…	6.51
Fixation	3	206144047	206410101	266054	710.7	…	97.25
Blink	3	206410101	206742477	332376	—	…	—
Fixation	4	206742477	206908685	166208	772.67	…	92.8
Saccade	2	206908685	206975227	66542	780.57	…	29.61
Blink	4	206975227	207341552	366325	—	…	—

3. 心电数据

心电仪能够获取驾驶员的生理参数指标。生理参数指标可以全面量化驾驶员在实验过程中的生理特性（心电、呼吸、体表温度、体位等），可直接以记录波段图的形式直观呈现。在研究中一般将生理参数数据与体位数据同步进行处理和转化，以便直接用于数据分析和研究。生理参数基础数据如表7-6所示，构建的数据库中包含时间、运动体位（Gz, Gy）、活动强度、心率（最快、最慢、平均）、早搏数、呼吸率（最快、最慢、平均）以及体表温度。

生理参数基础数据　　　　　　　　　　　　表7-6

时间	运动体位		活动强度（kJ/min）	心率（次/min）			早搏数（次/d）	呼吸率（次/min）			体表温度（℃）
	Gz	Gy		最快	最慢	平均		最快	最慢	平均	
08:11:00	0.9	0.0	2.10	85	75	81	14	18	12	15	35.6
08:12:00	0.9	0.0	1.70	82	74	78	15	13	11	13	35.6
08:13:00	0.8	−0.1	3.40	81	71	75	14	23	15	20	35.7
08:14:00	0.8	0.1	1.20	77	68	70	16	18	17	17	36.8
08:15:00	0.9	−0.1	1.10	74	64	70	17	19	13	16	37.2
…	…	…	…	…	…	…	…	…	…	…	…
10:56:00	0.8	0.0	0.70	70	66	68	12	21	20	20	36.2
10:57:00	0.9	0.1	0.50	72	68	70	13	24	15	20	36.5
10:58:00	0.8	−0.1	0.60	74	70	72	14	24	15	20	36.7

7.2　指标体系构建

驾驶员人因实验数据分析中常用指标包括驾驶员生理特性、车辆绩效及驾驶员主观感受三类。根据实验分析目的可选择所需指标。如图7-3所示为人因实验数据分析的指标体系，每一类指标的介绍在下文中给出。

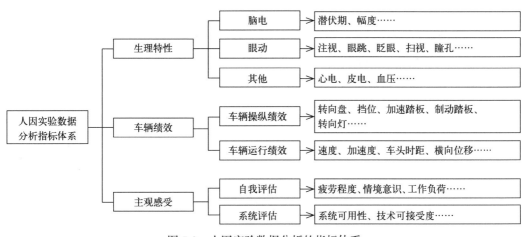

图 7-3 人因实验数据分析的指标体系

7.2.1 生理特性指标

1. 脑电指标

脑电是一种从头皮表面记录得到的能反映颅内神经元电活动的生理电信号。由某一刺激触发的或与某一特定事件相关联的特异性脑电信号被称为事件相关电位（Event-Related Potential，ERP）。事件相关电位波形上观察到的由特定神经活动引起的一致、明显的偏移称为成分。ERP 中最重要的特征是所关注成分的振幅和潜伏期，ERP 成分的振幅可以反映认知过程的强度，潜伏期反映了认知加工处理的时间进程。

振幅估计包括简单峰振幅估计、局部峰振幅估计、平均振幅估计和面积幅值估计。简单峰振幅估计指在成分对应的时间窗内选取波形的峰/谷点作为估计值；局部峰振幅估计通过在时间窗内搜索比两侧（各 3~5 个数据点）平均幅值更大的局部峰所在点作为成分幅值的估计值；平均振幅估计将一定时间范围内波形数据点的平均值作为振幅的估计量；面积幅值估计将计算时间窗内波形与坐标围成的面积作为幅值的估计值，是一种非线性估计量。

潜伏期估计包括峰值中心潜伏期和起始潜伏期。峰值中心潜伏期将时间窗内峰值出现的时间当作对应成分的潜伏期；起始潜伏期指一个成分开始出现的时间点。起始潜伏期仍然可以使用部分面积估计法来估计，只不过所选择分割点的比例产生了变化。推荐使用 50% 部分峰值潜伏期法来估计起始潜伏期，具体做法如下：先确定时间窗内的局部最值点，然后以逆时间轴方向找到第一个小于局部最值点幅度 50% 的点，该点对应的时间便是 50% 部分峰值潜伏期估计值。

2. 眼动指标

驾驶员在驾驶车辆时，90% 以上的信息依靠视觉获取，眼动指标经常用于驾驶安全性研究。眼动仪是驾驶员视觉行为的常用测量设备，具有便捷易用的优点，在实车测试和驾驶模拟中都有应用。国际标准化组织定义驾驶过程中三种基本的眼动行为分别是注视、眼跳与眨眼。除了以上三个基本的视觉行为，还有另一种常被用于视觉注意力分析的视觉行为，叫作扫视。扫视代表一系列连续定位于一个特定目标区域的基本视觉行为

（包括注视与眼跳），直到眼睛注视到新的视野区域为止。

为了表征驾驶员的注意加工过程，常用的注视相关指标包括注视持续时间、注视频率等；眼跳相关指标包括眼跳持续时间、眼跳幅度、眼跳速度、眼跳峰值速度等；眨眼相关指标包括眨眼频率、眨眼持续时间等；扫视相关指标包括扫视频率、扫视持续时间、驻留时间、转移时长等。另外，瞳孔直径、瞳孔面积常用来表征驾驶员的紧张程度，眼睑闭合度用来表征驾驶员的疲劳程度。

3. 其他生理信号指标

其他生理信号指标如心电、心率、血压、皮电、呼吸等生理指标也可作为衡量驾驶员生心理状态的辅助指标。

心电是心脏在每个心动周期中伴随产生的生物电的变化，数据分析时一般取两次 R 波波峰之间的时间间隔，即 RR 间期。一般心电 RR 间期越大，表明心理状态越平静。

心率是人心跳的频率，成人心率一般是 70 次 /min 左右。在紧张、恐惧、兴奋、激动等情况下，心率会加快。

皮电是皮肤的导电性指标，外界刺激可引起较大的皮电反应，可通过皮肤电阻或皮肤的导电率进行测量。一般认为皮电越大，心理越紧张。皮电指标可表征驾驶员的心理负荷状态。

7.2.2　车辆绩效指标

1. 车辆操纵绩效指标

驾驶员在驾驶过程中的操作行为表现为对汽车操纵装置的控制，汽车操纵装置包括转向盘、变速杆、加速踏板、制动踏板、离合器踏板及各种开关、按钮等，操控的合理性直接决定车辆运行的安全性。

（1）转向盘转角信息

直接反映驾驶员的横向操控行为，是驾驶操作行为的重要表征参数之一，常用指标包括转向盘高频转角、转向盘转角标准差、转向盘转动速率等。

（2）挡位信息

驾驶员挡位控制能力是安全驾驶的前提，是表征驾驶员操控行为的一个重要参数。驾驶员挡位操作能力主要表现在对挡位的合理选择与流畅切换方面。

（3）加速踏板信息

加速踏板操控是车辆纵向操控行为的重要构成，直接影响车辆的启动、正常行驶中的加、减速过程以及乘坐舒适性。常用指标有加速踏板深度、加速踏板功效等。

（4）制动踏板信息

制动踏板行程反映驾驶员使用制动踏板的轻重程度，是表明驾驶员操作行为的重要参数。在正常的行驶过程中，降低速度、停车都是驾驶员不可避免的操作行为，有效利用制动，可以减少道路交通事故的发生。常用指标有制动踏板深度、制动反应时间等。

（5）转向灯状态

转向灯的使用与车辆变道、转弯等横向运动行为密切相关，该指标在分析驾驶员横向操控行为合理性时，可以与驾驶员眼动变化规律协同分析，结果可用于评估驾驶员横向操控行为安全性。

2. 车辆运行绩效指标

车辆运行状态是驾驶操控行为的结果，主要体现为车辆运行速度、加速度、横向位移和行驶距离等信息的变化，包括车辆的横向和纵向运动特征。

（1）速度

速度是车辆状态最直观的反映，速度标准差说明了驾驶员纵向操作的不稳定性，标准差越大说明驾驶员操作越不稳定。常用指标有平均速度、速度标准差、最大速度、85%速度等。

（2）加速度

加速度一定程度上可以反映驾驶员心理紧张程度，加速度越大说明驾驶员心理紧张程度越大。同时加速度标准差反映了驾驶员频繁的操控情况，标准差越大说明驾驶员操作越危险。常用指标有平均加速度、加速度标准差等。

（3）车头时距

指的是在同一车道上行驶的车辆队列中，两连续车辆车头端部通过某一断面的时间间隔。车头时距是评价驾驶安全性的重要指标，它与交通流组成、驾驶行为密切相关，是反映道路通行能力和服务水平的重要依据。

（4）横向偏移

横向偏移表示驾驶车辆中心偏离车道边的相对距离，该距离说明了驾驶员横向操作的稳定性。常用指标有平均横向位移、横向位移标准差等。

7.2.3 主观感受指标

驾驶员在实验过程中的评价主要包括驾驶员的自我评估和系统主观评价两方面。前者包含驾驶员的疲劳程度、情境意识和任务负荷等，后者包含系统可用性、技术接受度等。

1. 自我评估指标

（1）疲劳程度

卡罗琳斯卡嗜睡量表（Karolinska Sleepiness Scale，KSS）和斯坦福嗜睡量表（Stanford Sleepiness Scale，SSS）常用来评估被试者的疲劳程度。

KSS 经常被用来研究各种情况下的困倦程度。它有两个版本，一个是每间隔一个刻度提供标签的版本（A 版），另一个是每个刻度都有标签的版本（B 版），但两个版本均为 9 分制。SSS 主要是评估特定时刻的嗜睡感受。该量表要求被试从 7 种描述中选择最能代表自己嗜睡感受的选项。

（2）情景意识

全局情境意识评估工具（Situation Awareness Global Assessment Technique，SAGAT）是目前应用较为广泛的情境意识测量方法。这种记忆探测测量方法基于冻结技术，采用自我陈述报告的方式，由于在实验过程中需要随时暂停任务而探查记忆，因此只能在模拟器上实施，其预测效度有一定的局限性。

此外，主观情境意识评定技术（Situation Awareness Rating Technique，SART）和十维度情境意识测评技术（10-D SART）从注意需求、注意供应和信息获取等维度测量情境意识的状况，具有较高的敏感性、精确性和易操作性，也是应用广泛的测量方法。

（3）任务负荷

美国国家航天航空局任务负荷指数量表（National Aeronautics and Space Administration Task Load Index，NASA），简称NASA任务负荷指数量表或NASA-TLX。该量表是目前国外研究报道较多的心理负荷主观评价量表，多用于人因功效学领域的研究，如宇航员、飞行员、铁路司机、驾驶员等。汉化版NASA-TLX量表共6个条目：脑力要求（Mental Demand）、体力要求（Physical Demand）、时限要求（Temporal Demand）、自我表现（Performance）、努力程度（Effort）和受挫感（Frustration）。

2. 系统评价指标

完成一系列任务场景后，可对产品或系统的可用性和接受度进行测量。目前常用测量方法有系统可用性量表（System Usability Scale，SUS）和技术可接受度模型（Technology Acceptance Model，TAM）。

（1）SUS

SUS由10个题目组成，包括奇数项的正面陈述和偶数项的反面陈述，要求参与者在使用系统或产品后对每个题目进行5点评分，然后对每个题目的分值进行转换，奇数项计分采用"原始得分-1"，偶数项计分采用"5-原始得分"。由于是5点量表，每个题目的得分范围记为0~4（最大值为40），而SUS的范围在0~100，故需要把所有项的转换分相加，最终再乘以2.5，即可获得SUS分数。

除了获得SUS量表总分之外，还可以获得分量表得分。SUS中，第4和第10项构成的子量表为"易学性"（Learnability），其他8项构成的子量表为"可用性"（Usability）。为了使易学性和可用性分数能够与整体SUS分数兼容，范围也是0~100，需要对原始分数进行转换：易学性量表转换分数的总和乘以12.5，可用性量表乘以3.125。除此之外，也可以将SUS分数换算成百分等级来解释，用于测量产品或系统相对于总数据库里其他产品或系统的可用性程度。

（2）TAM

TAM主要用于解释用户对于新技术或新系统的使用意向。TAM包含四个基础要素：感知易用性、感知有用性、态度和行为意向，其中，感知易用性和感知有用性是TAM的两个核心要素。感知易用性表征人们相信使用某一特定的系统或技术不费体力和脑力劳动的程度；感知有用性表征人们认为某一特定系统或技术可以提高整体工作表现的程度。感知有用性由感知易用性和外部变量共同决定，感知易用性是由外部变量决定的。外部变量包括系统设计特征、用户特征（包括感知形式和其他个性特征）、任务特征、开发或执行过程的本质、政策影响、组织结构等。基础TAM模型结构图如图7-4所示。

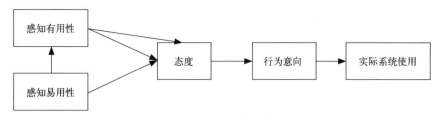

图 7-4 基础 TAM 模型结构图

7.2.4 交通运行指标

（1）平均速度：车辆通过一段道路的速度平均值；
（2）平均流量：通过道路某一断面的平均车辆数；
（3）平均密度：在单位长度车道上，多个时刻道路上存在车辆的平均数量；
（4）平均延误：车辆通过一段道路所花费实际时间与理论时间的平均差值；
（5）自由流速度折减系数：以基准条件为参照，推算特定条件下自由流速度与基准条件自由流速度的比值；
（6）通行能力折减系数：以基准条件为参照，推算特定条件下通行能力与基准条件通行能力的比值。

7.3 假设检验

统计假设检验可分为参数检验和非参数检验。参数假设检验是数理统计学中根据一定假设条件由样本推断总体的一种方法。用来判断样本与样本、样本与总体的差异是由抽样误差引起还是本质差别造成的统计推断方法。其基本原理是先对总体的特征作出某种假设，然后通过抽样研究的统计推理，对此假设应该被拒绝还是接受作出推断。非参数检验与参数检验共同构成统计推断的基本内容。参数检验是在总体分布形式已知的情况下，对总体分布的参数如均值、方差等进行推断的方法。但是，在数据分析过程中，由于种种原因，人们往往无法对总体分布形态作简单假定，此时参数检验的方法就不再适用了。非参数检验正是一类基于这种考虑，在总体方差未知或知之甚少的情况下，利用样本数据对总体分布形态等进行推断的方法。

7.3.1 参数检验

1. 单样本 T 检验

单样本 T 检验，用于检验单个变量的均值与给定的常数（指定的检验值）之间是否存在显著差异，样本均值与总体均值之间的差异显著性检验，也属于单样本 T 检验。单样本 T 检验要求样本来自正态分布总体，基本的理论计算步骤如下：

（1）假设提出

零假设和备择假设分别记作 $H_0: \mu = \mu_0$ 和 $H_1: \mu \neq \mu_0$，其中 μ 为样本所在总体平均数的估计值，μ_0 为已知的总体平均数。

（2）统计量计算

t 统计量计算公式如式（7-14）所示：

$$t=\frac{\bar{x}-\mu_0}{S_{\bar{x}}} \tag{7-14}$$

自由度计算公式如式（7-15）所示：

$$df=n-1 \tag{7-15}$$

式中 $S_{\bar{x}}$——标准差，$S_{\bar{x}}=\frac{s}{\sqrt{n}}$；

n——样本量；

df——自由度。

（3）统计推断

根据自由度确定临界值 $t_{0.05}$ 和 $t_{0.01}$，作出统计推断。若 $|t|<t_{0.05}$，接受零假设，表明样本平均值与总体平均数的差异不显著，可以认为样本取自该总体；若 $t_{0.05} \leqslant |t|<t_{0.01}$，则拒绝零假设，表明样本均值与总体均值的差异显著，以 95% 的概率认为样本不是取自该总体；若 $t_{0.01} \leqslant |t|$，拒绝零假设，表明样本均值与总体均值之间的差异极其显著，以 99% 的概率认为样本不是取自该总体。

2. 两独立样本 T 检验

两独立样本的 T 检验，用于检验两个样本是否来自具有相同均值的总体。两独立样本的样本量分别为 n_1 和 n_2，且均来自两个正态分布的总体：$X_1 \sim N(\mu_1, \sigma_1^2)$，$X_2 \sim N(\mu_2, \sigma_2^2)$，两独立样本 T 检验的基本步骤如下：

（1）假设提出

零假设和备择假设分别记作 $H_0: \mu_1=\mu_2$ 和 $H_1: \mu_1 \neq \mu_2$，其中 μ_1、μ_2 为两样本所在总体平均数的估计值。

（2）统计量计算

t 统计量计算公式如式（7-16）所示：

$$t=\frac{\bar{x}_1-\bar{x}_2}{S_{\bar{x}_1-\bar{x}_2}} \tag{7-16}$$

自由度计算公式如式（7-17）所示：

$$df=(n_1-1)+(n_2-1) \tag{7-17}$$

式中 $S_{\bar{x}_1-\bar{x}_2}$——两样本均值之差的标准误差，$S_{\bar{x}_1-\bar{x}_2}=\sqrt{\frac{S_1^2}{n_1}+\frac{S_1^2}{n_2}}$；

$\bar{x}_1$、$\bar{x}_2$——样本均值。

（3）统计推断

根据自由度确定临界值 $t_{0.05}$ 和 $t_{0.01}$，作出统计推断。使用两独立样本进行 T 检验时，不仅要求两个样本相互独立，而且要求它们的总体分布都服从分布。如果分组样本彼此不独立，应该使用配对样本 T 检验的功能（Paired Sample T-test）。如果分组样本不止两个，应该使用一元方差分析过程（One-Way ANOVA）进行单变量方差分析。如果试图比较的样本变量的取值不服从正态分布，应该考虑使用非参数检验过程（Nonparametric Test）进行分析。如果想要比较的变量是分类变量，则应该使用 χ^2 检验。

3. 配对样本 T 检验

配对样本 T 检验，用于检验两个相关样本是否来自具有相同均值的总体。配对数据来源的方式有两种：自身配对与同源配对。自身配对指同一个试验对象，在两个不同时间上分别接受前、后两次处理，用其前后两次的观测值进行对照和比较；或者，对同一试验对象，取其不同部分的观测值或不同方法处理后的观测值进行自身对照和比较。同源配对指将来源相同、性质相同的两个个体配成一对，然后对配对的两个个体随机地实施不同处理，再根据所得的试验数据检验两种处理方法的效果。配对样本 T 检验的基本步骤如下：

（1）假设提出

零假设和备择假设分别记作 $H_0: \mu_d = 0$ 和 $H_1: \mu_d \neq 0$，其中 μ_d 为两配对样本取值之差的总体平均数，它等于两样本所属总体的平均数之差，即 $\mu_d = \mu_1 - \mu_2$。

（2）统计量计算

t 统计量计算公式如式（7-18）所示：

$$t = \frac{\overline{d}}{S_{\overline{d}}} \tag{7-18}$$

自由度计算公式如式（7-19）所示：

$$df = n - 1 \tag{7-19}$$

式中　$S_{\overline{d}}$——两样本均值差的标准误，$S_{\overline{d}} = \sqrt{\dfrac{(d - \overline{d})^2}{n(n-1)}}$；

　　　d——两样本各对数据之差；

　　　n——样本量。

（3）统计推断

根据自由度确定临界 t 值 $t_{0.05}(n-1)$ 和 $t_{0.01}(n-1)$，作出统计推断。

4. 单因素方差分析

单因素方差分析也称作一维方差分析，它可用于检验单个因素取不同水平时某因变量的均值是否有显著的变化，还可进一步用于因变量均值的多重比较，即在指定因素的若干取值水平中，检验哪些水平的试验结果具有区别于其他水平的显著差异。单因素方差分析的具体步骤如下：

（1）假设提出

零假设和备择假设分别记作 $H_0:\mu_1=\mu_2=\cdots=\mu_k$ 和 $H_1:k$ 个总体均数不同或者不完全相同。

（2）统计量计算

F统计量计算公式如式（7-20）所示：

$$F_{k-1,\ N-k}=\frac{MS_B}{MS_W}=\frac{SS_B/(k-1)}{SS_W/(N-k)} \quad (7\text{-}20)$$

自由度计算公式如式（7-21）所示：

$$df=n-1 \quad (7\text{-}21)$$

式中 MS_B——组间均方，由组间平方和 SS_B 除以自由度获得；

MS_W——组内均方，由组内平方和 SS_W 除以自由度获得。

（3）统计推断

在零假设成立时，F值应该服从自由度为 $k-1$，$N-k$ 的中心F分布，检验统计量落在相应检验水准所确定的拒绝域内，意味着在一次抽样研究中在假设总体内得到了小概率事件，则有理由拒绝 H_0。一般而言，要应用方差分析，数据应当满足以下几个条件：观察对象是来自于所研究因素的各个水平之下的独立随机抽样；每个水平下的因变量应当服从正态分布；各水平下的总体具有相同的方差。

5. 多因素方差分析

当有两个或者两个以上的因素对因变量产生影响时，可以用多因素方差分析的方法来进行分析。原理与单因素方差分析基本一致，也是利用方差比较的方法，通过假设检验的过程来判断多个因素是否对因变量产生显著性影响。在多因素方差分析中，由于影响因变量的因素有多个，其中某些因素除了自身对因变量产生影响之外，它们之间也有可能会共同对因变量产生影响。多因素方差分析既可以分析单个因素的作用（主效应），也可以分析因素之间的交互作用（交互效应），还可以进行协方差分析，以及各因素变量与协变量之间的交互作用。在两因素方差分析中，假设试验要考察两个因素A和B，A因素有 a 个水平，B因素有 b 个水平，两者交叉搭配形成 $a\times b$ 个水平组合。这两个因素在试验中处于平等地位，将试验单位分成 $a\times b$ 个组，每组随机接受一种处理，每种处理取一个观测值。与单因素方差分析类似，通过总平方和分解与自由度分解，获取两因素方差分析结果，通过F检验可以推断因素A、B的效应是否是显著的。两因素方差分析的具体步骤如下：

（1）假设提出

零假设和备择假设分别记作 $H_0:\mu_A=\mu_B$ 和 H_1：自变量对因变量存在显著影响。

（2）统计量计算

F 统计量计算公式如式（7-22）~式（7-25）所示：

$$F_T = s_T^2 / s_e^2 \tag{7-22}$$

$$F_{A \times B} = s_{A \times B}^2 / s_e^2 \tag{7-23}$$

$$F_A = s_A^2 / s_e^2 \tag{7-24}$$

$$F_B = s_B^2 / s_e^2 \tag{7-25}$$

自由度计算公式如式（7-26）~式（7-28）所示：

$$df_T = df_{A \times B} = ab - 1 \tag{7-26}$$

$$df_A = a - 1 \tag{7-27}$$

$$df_B = b - 1 \tag{7-28}$$

式中　s_T^2——总离差；

$s_{A \times B}^2$——交互作用引起的均方离差；

s_A^2——A 因素引起的均方离差；

s_B^2——B 因素引起的均方离差；

s_e^2——均方误差；

df_T——总体自由度；

$df_{A \times B}$——交互作用自由度；

df_A——A 因素组内自由度；

df_B——B 因素组内自由度。

（3）统计推断

通常首先由 F_T 确定各因素水平之间是否存在整体显著性，再根据 $F_{A \times B}$ 检验交互作用的显著性；如果交互作用不显著，就对因素 A、B 主效应的显著性进行检验；如果交互作用显著，那么主效应的检验结果就不太重要了。

6. 重复测量方差分析

重复测量设计，指对同批研究对象先后施加不同的实验处理后进行测量，或者在不同场合对其进行至少两次的测量。重复测量方差分析，可以是在相同条件下进行的重复测量，如此在研究不同处理之间是否存在显著差异的同时，也能研究被试者之间的差异；或者是不同条件下进行的重复测量，如此在研究不同处理之间是否存在显著差异的同时，

也能研究重复测量的条件之间的差异,以及这些条件与处理之间的交互效应。重复测量方差分析的具体步骤如下:

提出零假设 H_0:k 个样本分别来自具有相同均值、方差的相互独立的总体。将 k 次重复测量的样本看作 k 个因变量,作多元检验,如果 F 统计量的值大于临界值,就否定零假设,反之亦然。如果实验中还定义了组间因素变量,那么组间偏差平方和就反映了该分组变量各水平间的差异。此时的零假设 H_0:该分组变量各取值水平下的样本来自均值相同的总体。若组间均方和的取值远大于误差均方和,使 F 统计量的值大于临界值,就否定零假设,反之亦然。

一般而言,要应用重复测量方差分析,数据应当满足以下几个条件:每个水平下的因变量应当服从正态分布;各水平下的总体具有相同的方差;因变量的方差—协方差矩阵满足球形假设,即两个对象的协方差应该等于他们方差的均值减去一个常数。如果球形假设不能满足,则相关的 F 统计量是有偏的,会造成过多地拒绝本来为真的假设(即增加 I 型错误),此时在计算 F 统计量时需要对分子、分母作一定的调整。

7.3.2 非参数检验

非参数统计方法主要用于总体分布不能用有限实参来刻画,或者不考虑被研究对象为何种分布以及分布是否已知的情形,它对总体分布几乎没有假定要求,只是有时对分布的形状作一些诸如连续、对称等的简单假设。这种检验方法的着眼点不是总体有关参数的比较,而是聚焦分布位置、分布形状之间的比较,用于识别研究目标总体与理论总体分布是否相同,或者各样本所在总体的分布位置是否相同等,该方法因不受总体分布的限定、适用范围广而被称为非参数检验。

非参数检验依然遵循于假设检验的基本思想和基本准则,在缺乏总体分布信息的支撑下,利用统计思想、数学方法和技巧构造相应的统计量进行检验。和参数方法相比,非参数检验方法的优势如下:

(1)稳健性。因为对总体分布的约束条件放宽,出现因统计假设过分理想化而无法切合实际的情形较少,对个别偏离较大数据的敏感性也较低。

(2)对数据的测量尺度无约束,对数据的要求也不严格,即适用于所有的数据类型。

(3)适用于小样本、无分布样本、数据污染样本和混杂样本等情形。

同时非参数统计方法也存在着一些弊端,检验效能较低。这是非参数检验的最大缺点,以其中效能最高的秩和检验为例,其检验效能大约在所对应的参数 T 检验方法的 90%~95%,而中位数检验等其他非参数方法的效能则更低。因此在数据允许的条件下,参数检验方法仍然为首选检验方法。

非参数检验的内容十分丰富,主要有:卡方检验、二项分布检验、游程检验、单样本 K–S 检验、两个独立样本检验、多个独立样本检验、两个相关样本检验、多个相关样本检验。对于多数参数检验方法,一般都有一种或几种相对应的非参数检验方法,见表 7-7。

参数检验与非参数检验方法对应表　　表 7-7

参数检验方法	非参数检验方法
单样本 T 检验	卡方检验、二项分布检验、单样本 K–S 检验、Wilcoxon 符号检验、游程检验
两独立样本 T 检验	Mann-Whitney U 检验、K–S 检验、Wald-Wolfowitz 检验
配对样本 T 检验	符号检验、McNemar 检验、Wilcoxon 符号秩检验、边际同质性检验
单因素方差分析	中位数检验、K–W 单因素 ANOVA 检验、有序备择检验
多因素方差分析	Friedman 秩和检验、Kendall 协同系数检验、Cochran Q 检验
相关系数	Spearman 秩相关系数

7.4 评价方法

7.4.1 因子分析

因子分析是把一些具有错综复杂关系的变量归结为少数几个无关的新的综合因子的一种多变量统计分析方法。在多指标综合评价方法中，传统方法对于权重的设置往往带有一定的主观随意性，将因子分析引入综合评价方法，可以克服人为确定权数的缺陷，使得综合评价结果唯一，而且客观合理。因子分析的基本思想是根据相关性大小对变量进行分组，使得同组内的变量之间相关性较高，不同组的变量相关性较低。每组变量代表一个基本结构，因子分析中将之称为公共因子。

设有 N 个样本，n 个指标，$Z=(Z_1, Z_2, \cdots, Z_n)^T$ 为随机向量，要寻找公因子为 $F=(F_1, F_2, \cdots, F_m)^T$，则模型如式（7-29）所示：

$$\begin{cases} Z_1 = c_{11}F_1 + c_{12}F_2 + \cdots + c_{1m}F_m + \varepsilon_1 \\ Z_2 = c_{21}F_1 + c_{22}F_2 + \cdots + c_{2m}F_m + \varepsilon_2 \\ Z_n = c_{p1}F_1 + c_{p2}F_2 + \cdots + c_{pm}F_m + \varepsilon_m \end{cases} \quad (7-29)$$

式中　$C=(c_{ij})$——表示上式中的 $\begin{pmatrix} c_{11} & c_{12} & \cdots & c_{1m} \\ c_{21} & c_{22} & \cdots & c_{2m} \\ c_{p1} & c_{p2} & \cdots & c_{pm} \end{pmatrix}$；

　　　　c_{ij}——因子载荷，含义为第 i 个变量在第 j 个因子上的载荷，其实质就是公因子 F_i 和变量 Z_j 的相关系数，表示变量 Z_i 依赖因子 F_j 的程度；

　　　　ε——特殊因子，代表公因子以外的影响因素所导致的（不能被公因子所解释的）变量变异，在实际分析时忽略不计。

7.4.2 层次分析

层次分析法是一种定性和定量相结合的、系统化、层次化的分析方法，将问题简化为确定最低层次（决策规划、度量等）相对于最高层次（总体目标）的相对重要性权重，其最大的优点是提出了层次本身，使得数据分析人员能够认真地考虑和衡量指标的相对重要性。该方法常被应用在安全科学和环境科学领域。层次分析法的计算方法如下：

1. 建立层次结构模型

将决策的目标、考虑的因素（决策准则）和决策对象按它们之间的相互关系分为最高层、中间层和最低层,绘出层次结构图。最高层是指决策的目的、要解决的问题。最低层是指决策时的备选方案。中间层是指考虑的因素、决策的准则。对于相邻的两层,称高层为目标层,低层为因素层。

2. 构造判断(成对比较)矩阵

在确定各层次各因素之间的权重时,Saaty等人提出一致矩阵法,即不把所有因素放在一起比较,而是两两相互比较,以尽可能减少性质不同的诸因素相互比较的困难,以提高准确度。如对某一准则,对其下的各方案进行两两对比,并按其重要性程度评定等级。按两两比较结果构成的矩阵称作判断矩阵,记作 $K=(k_{ij})$。判断矩阵如式(7-30)所示:

$$k_{ij}=\frac{1}{k_{ij}} \tag{7-30}$$

3. 层次单排序

求解判断矩阵最大特征根 λ_{max} 的特征向量,并对特征向量作归一化处理,即使向量中各元素之和为1。经归一化后的向量记作 d,d 中的元素为同一层次因素对上一层因素相对重要性的排序权重,这一过程称为层次单排序。

4. 一致性检验

最大特征值与矩阵维数相比,若最大特征值 = 矩阵维数,则为一致性矩阵,若不相等则利用式(7-31)和式(7-32)进行检验。若 $CR<0.1$,则证明矩阵一致性良好。

$$CI=\frac{\lambda_{max}-n}{n_1-1} \tag{7-31}$$

$$CR=\frac{CI}{RI} \tag{7-32}$$

式中 λ_{max}——判断矩阵特征值;
n_1——判断矩阵维数;
CI——一致性指标;
RI——随机一致性指标;
CR——一致性比率。

7.4.3 模糊综合评价

模糊综合评价方法是基于模糊数学的一种综合评价方法,通过模糊集的隶属度理论将因素集 U 和评价集 V 之间建立定量映射关系 R,基于 R 对事物总体做出评价,是目前多指标综合评价实践中应用最广的方法之一,被应用于经济、管理和环境等众多领域。模糊综合评价法的计算步骤如下所示:

1. 建立综合评价的因素集

因素集是以影响评价对象的各种因素为元素所组成的一个普通集合,通常用 U 表示,$U=(u_1, u_2, \cdots, u_m)$,其中元素 u_i 代表影响评价对象的第 i 个因素。这些因素,通常都具有不同程度的模糊性。

2. 建立综合评价的评价集

评价集是评价者对评价对象可能做出的各种结果所组成的集合，通常用 V 表示，$V=(v_1, v_2, \cdots, v_n)$，其中元素 v_j 代表第 j 种评价结果，可以根据实际情况的需要，用不同的等级、评语或数字来表示。

3. 进行单因素模糊评价，获得评价矩阵

若因素集 U 中第 i 个元素对评价集 V 中第 1 个元素的隶属度为 r_{i1}，则对第 i 个元素单因素评价的结果用模糊集合表示为：$R_i=(r_{i1}, r_{i2}, \cdots, r_{in})$，以 m 个单因素评价集 R_1，R_2，$\cdots$，R_m 为行组成矩阵 $R_{m \times n}$，称为模糊综合评价矩阵。

4. 确定影响因素权重系数

评价工作中，各因素的重要程度有所不同，为此，给各因素 u_i 一个权重 a_i，各因素的权重集合的模糊集，用 W 表示：$W=(w_1, w_2, \cdots, w_m)$。

5. 建立综合评价模型

确定单因素评价矩阵 R 和因素权向量 A 之后，通过模糊变化将 U 上的模糊向量 A 变为 V 上的模糊向量 B，即 $B=A_{1 \times m} \circ R_{m \times n}=(b_1, b_2, \cdots, b_n)$。其中 $\circ$ 称为综合评价合成算子，这里取成一般的矩阵乘法即可。

6. 确定系统总得分

综合评价模型确定后，确定系统得分，即 $F=B_{1 \times n} \times S_{1 \times n}^{\mathrm{T}}$，其中 F 为系统总得分，S 为 V 中相应因素的积分。

7.4.4 熵权—TOPSIS

TOPSIS 方法是通过检测评价对象与最优解、最劣解的距离来进行排序，若评价对象最靠近最优解同时又最远离最劣解，则为最好。传统 TOPSIS 主要依靠专家意见确定指标权重，主观性较强，而熵权法则是在综合考虑各因素提供信息量的基础上确定指标权重，是一种客观定权方法。为了弥补传统 TOPSIS 的不足，一些学者提出将熵权法与 TOPSIS 相结合的评价方法。熵权—TOPSIS 的具体计算过程如下：

1. 建立多目标决策矩阵

基于 m 种方案的 n 种指标，建立多目标决策矩阵 D。为了排除不同指标量纲的影响，根据式（7-33）将决策矩阵标准化，形成标准化决策矩阵 D^*。

$$D_{ij}^*=d_{ij}/\sqrt{\sum_{i=1}^{m} d_{ij}^2}, i=1, \cdots, m, j=1, \cdots, n \qquad (7\text{-}33)$$

2. 确定评价指标权重系数

针对标准化矩阵 D_{ij}^*，采用熵权赋值法，获取 n 种指标权重 W_j。

3. 计算欧氏距离

利用权重 W_j 与标准化矩阵 D_{ij}^*，构造规范化加权矩阵 U_{ij}。基于加权矩阵，获取正理想解：$U_j^+=\max\{U_{ij}\}$；负理想解：$U_j^-=\min\{U_{ij}\}$，$j=1, 2, \cdots, m$。

最终，计算各评价方案与正负理想解的距离：正理想解：$D_i^+ = \sum_{j=1}^{n}(u_{ij} - U_j^+)^2$；负理想解：$D_i^- = \sum_{j=1}^{n}(u_{ij} - U_j^-)^2$。获得评价方案与最优及最劣解的欧氏距离。

4. 确定综合评分

基于 D_i^+、D_i^-，计算各评价方案与最优解的相对接近度：$C_i^* = \dfrac{D_i^-}{D_i^+ + D_i^-}$，$0 \leqslant C_i^* \leqslant 1$，$C_i^*$ 越接近于1，表明方案综合评定越优，反之则越差。

7.4.5 灰色近优

灰色近优是基于灰色关联分析理论的一种灰色综合评估法，具有原理简单易懂、样本量要求不高、评价结果相对客观等特点。灰色近优评价流程如下：

1. 建立灰矩阵

设有 m 种设置方案，n 个评价指标，则得到灰矩阵 R_{nm}。

2. 建立白化灰矩阵

将 m 种方案 n 个评价指标值代入上述矩阵 R_{nm}，则获得白化灰矩阵 $\overline{R}_{nm}$。

3. 建立近优白化灰矩阵

对 $\overline{R}_{nm}$ 中各白化灰元值进行无量纲化处理，即将各白化灰元值映射到 [0，1] 区间。接着以各白化灰元的效果测度取代白化灰元值，得到近优白化灰矩阵 $\overline{R}'_{nm}$，如式（7-34）所示：

$$\overline{R}'_{nm} = \begin{bmatrix} C_1 \\ \cdot \\ \cdot \\ \cdot \\ C_n \end{bmatrix} \begin{bmatrix} \overline{R}'_{11} \cdots \overline{R}'_{1m} \\ \cdot \\ \cdot \\ \cdot \\ \overline{R}'_{n1} \cdots \overline{R}'_{nm} \end{bmatrix} \quad (7\text{-}34)$$

式中 $\overline{R}'_{ij}$——第 j 种设置方案的第 i 个评价指标的近优白化灰量值，实际上就是关联度，即效果测度。一般工程领域常用单点效果测度，包括上限效果测度（应用于越大越优型指标）、中限效果测度（应用于适中型指标）和下限效果测度（应用于越小越优型指标），如式（7-35）~ 式（7-37）所示：

越大越优型指标：

$$\overline{R}'_{ij} = \dfrac{\overline{R}_{ij}}{\max\{\overline{R}_{ij}, \mu_{\max}\}} \quad (7\text{-}35)$$

式中 $\max\{\overline{R}_{ij}, \mu_{\max}\} = \max\{\overline{R}_{i1}, \overline{R}_{i2}, \cdots, \overline{R}_{im}, \mu_{\max}\}$；

$\mu_{\max}$——指定的最大值。

越小越优型指标：

$$\overline{R}'_{ij} = \frac{\min\{\overline{R}_{ij}, \mu_{\min}\}}{\overline{R}_{ij}} \quad (7\text{-}36)$$

式中 $\min\{\overline{R}_{ij}, \mu_{\min}\} = \min\{\overline{R}_{i1}, \overline{R}_{i2}, \cdots, \overline{R}_{im}, \mu_{\min}\}$；

$\mu_{\min}$——指定的最小值。

适中型指标：

$$\overline{R}'_{ij} = \frac{\min\{\overline{R}_{ij}, \mu_0\}}{\max\{\overline{R}_{ij}, \mu_0\}} \quad (7\text{-}37)$$

式中 μ_0——指定的适中值。

4. 确定近优度

由上述公式，求解近优度并对其排序，即将式（7-37）中的近优白化灰量通过特定公式整合成一个综合值，即近优度，以此对需评价的各个方案进行整体比较。近优度白化灰元矩阵 $\overline{R}'_s$ 的计算公式见式（7-38）：

$$\overline{R}'_s = S_j[S_1, S_2, \cdots, S_m] = S_j\left[\frac{1}{n}\sum_{i=1}^{n}\overline{R}'_{i1}, \frac{1}{n}\sum_{i=1}^{n}\overline{R}'_{i2}, \cdots, \frac{1}{n}\sum_{i=1}^{n}\overline{R}'_{im}\right] \quad (7\text{-}38)$$

根据式（7-38）计算出不同方案的近优度，并根据大小进行排序，近优度值越接近 1，说明对应方案的综合评价越好。

7.5 影响分析

7.5.1 线性回归模型

线性回归模型是一种确定变量之间相关关系的数学回归模型。根据自变量的个数，线性回归模型可分为一元线性模型和多元线性模型。线性回归模型形式简单、易于建模、容易理解，结果具有很好的可解释性。

一元线性回归用于解析单一因素的线性影响，在实际研究中，因变量的变化往往受多个因素的影响，此时就需要用两个或两个以上的影响因素作为自变量来解释因变量的变化，这就是多元回归。当多个自变量与因变量呈现线性关系时，所进行的多元回归分析是多元线性回归。

设 Y 为因变量，$X = (x_1, x_2, \cdots, x_k)$ 为自变量，则多元线性回归模型如式（7-39）所示：

$$Y = \beta_0 + \beta_1 x_1 + \cdots + \beta_k x_k + e \quad (7\text{-}39)$$

式中 β_0——常数项；

$\beta_1, \beta_2, \cdots, \beta_k$——偏回归系数；

e——残差。

应用线性回归模型进行统计分析时，要求数据满足以下条件：

（1）自变量和因变量之间存在线性关系，这个可以通过绘制散点图予以确认；

（2）各观测间相互独立，即任两个观测残差的协方差为0；

（3）残差e服从正态分布$N(0, \sigma^2)$；

（4）e的离散程度不随所有变量取值水平的改变而改变，即方差齐性。

7.5.2 Logistic回归模型

上述线性回归模型要求因变量必须满足正态分布和残差的方差齐次。然而，在实际数据分析工作中，很多数据往往不能满足以上条件。这种情况就要求我们寻找一种没有以上假设要求的方法来替代存在假设的模型。广义线性模型，是为了克服线性回归模型的缺点出现的，是线性回归模型的推广。Logistic回归模型是一种广义线性模型，通常用来解决因变量为分类变量的回归问题，在心理学、社会学、经济学及交通领域得到了广泛的应用。根据因变量取值类别不同，Logistic回归模型又可分为二元Logistic回归模型和多元Logistic回归模型，二元Logistic回归模型中因变量只能取两个值1和0，而多元Logistic回归模型中因变量可以取多个值。以二元Logistic回归模型为例进行介绍。

假设因变量Y为二分类变量，1表示事件发生，0表示事件未发生，事件发生的概率为p，未发生的概率为$1-p$，自变量$X=(x_1, x_2, \cdots, x_k)$，则二元Logistic回归模型如式（7-40）和式（7-41）所示：

$$\ln\frac{p}{1-p}=\beta_0+\beta_1 x_1+\beta_2 x_2+\cdots+\beta_k x_k \qquad (7\text{-}40)$$

$$p=\frac{e^{(\beta_0+\beta_1 x_1+\beta_2 x_2+\cdots+\beta_k x_k)}}{1+e^{(\beta_0+\beta_1 x_1+\beta_2 x_2+\cdots+\beta_k x_k)}} \qquad (7\text{-}41)$$

式中　β_0——常数项；

$\beta_1, \beta_2, \cdots, \beta_k$——各解释变量对应的回归系数。

实际应用中，常把事件发生的概率与事件不发生的概率之比称为比值（Odds），即Odds=$p/(1-p)$，实验组与对照组的比值之比称为比值比（Odds Ratio，简称OR），结合式（7-40）和式（7-41）可得比值比的计算公式为式（7-42）：

$$\text{OR}=\exp\left(\beta_0+\sum_{i=1}^{k}\beta_i x_i\right) \qquad (7\text{-}42)$$

当两个OR进行比较时，其大小的比较结果与对应的概率p的比较结果一致；因此，可以通过OR识别两种情形对应的发生概率大小。

7.5.3 广义线性混合效应模型

广义线性混合效应模型基于广义线性模型引入随机效应参数，可以处理多种研究设计和数据类型，拟合非正态分布且存在复杂相关结构的数据。广义线性混合效应模型的一般表达式如式（7-43）所示：

$$Y = X\beta + Zu + \varepsilon \tag{7-43}$$

式中　Y——因变量；
　　　X——已知固定效应变量构造矩阵；
　　　Z——随机效应变量构造的设计矩阵，其构造方式与 X 相同；
　　　β——未知回归系数构成的向量，称之为固定效应；
　　　u——随机效应参数向量；
　　　ε——随机误差向量。

广义线性混合模型族可通过指数族型概率密度函数定义，即 y_i 的密度函数如式（7-44）所示：

$$f(y|a) = \exp\left\{\frac{ya - b(a)}{a(\phi)} + c(y, \phi)\right\} \tag{7-44}$$

式中　ϕ——散度参数。

假定给定随机效应 u 时，y_i 的分布规律由如下线性结构 η_i 决定，而 u_i 通过已经关联函数 $g(u_i)$ 与 η_i 关联，则有式（7-45）：

$$g(u_i) = \eta_i = x_i^{\mathrm{T}}\beta + z_i^{\mathrm{T}} u \tag{7-45}$$

因此，在给定随机效应 u 时，y_i 的密度函数被简化为式（7-46）：

$$f_i(y_i|\beta, u, \phi) = \exp\left\{\frac{y_i\eta_i - b(\eta_i)}{a_i(\phi)} + c_i(y_i, \phi)\right\} \tag{7-46}$$

7.5.4 结构方程模型

结构方程模型是一种通过变量间的协方差矩阵来分析变量间关系的多变量统计模型，它综合了多元回归分析、因子分析和路径分析等统计方法，是研究多元数据的有效工具。

结构方程模型包括两个部分：一是测量方程，二是结构方程。结构方程模型可以同时对模型的测量部分和结构部分（因果关系部分）进行分析和评估。

在结构方程模型中，无法直接测量潜在变量常用椭圆形表示，可直接测量的观察变量常用方形表示。将模型中只起解释变量作用的潜在变量称为外生变量，通常用 ξ 表示；受模型或系统中其他变量影响的变量称为内生变量，通常 η 用表示，模型中各参数关系如图 7-5 所示。

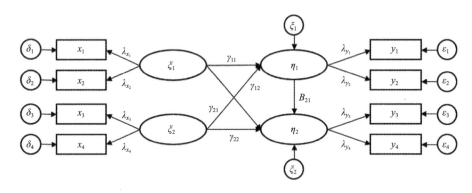

图 7-5　模型中各参数关系

1. 测量方程

测量方程也称为验证性因子分析模型，主要表示测量变量和潜变量之间的关系。度量模型一般由两类方程式组成，分别规定了内生潜变量 η 和内生显变量（即可测变量）Y_{en} 之间，以及外生潜变量 ξ 和外生显变量 X_{ex} 之间的联系，模型形式为式（7-47）和式（7-48）：

$$Y_{en}=\Lambda_y\eta+\varepsilon \quad (7\text{-}47)$$

$$X_{ex}=\Lambda_x\xi+\delta \quad (7\text{-}48)$$

式中　Y_{en}（$p\times1$）[①]——内生潜变量 η 的显变量构成的向量；
　　　X_{ex}（$q\times1$）——外生潜变量 ξ 的显变量构成的向量；
　　　Λ_y（$p\times m$）——Y 在 η 上的因子载荷矩阵；
　　　Λ_x（$q\times n$）——X 在 ξ 上的因子载荷矩阵；
　　　δ——$q\times1$ 阶测量误差向量；
　　　ε——$p\times1$ 阶测量误差向量；δ 和 ε 是不能由潜变量解释的部分。

2. 结构方程

结构方程又称为潜变量间的因果关系模型，主要表示潜变量之间的关系。结构方程规定了假设的潜在外生变量和潜在内生变量之间的因果关系，模型形式为式（7-49）：

$$\eta=B\eta+\Gamma\xi+\varsigma \quad (7\text{-}49)$$

式中　η（$m\times1$）——内生潜在变量构成的向量；
　　　B（$m\times m$）——内生潜变量向量 η 的系数参数，即内生潜变量间的通径系数矩阵；
　　　ξ（$n\times1$）——外生潜变量构成的向量；
　　　Γ（$m\times n$）——外生潜变量向量的系数参数矩阵；
　　　ς（$m\times1$）——残差向量，是模型内未能解释的部分。

---

① 这里的括号指的是向量或矩阵的维度，后同。

7.5.5 灰色关联

灰色关联分析方法是根据序列曲线几何形状的相似程度来判断其联系，曲线越接近，相应序列之间的关联度就越大，反之就越小。灰色关联分析的具体计算步骤如下：

1. 确定分析数列

确定反映系统行为特征的参考数列和影响系统行为的比较数列，设参考数列为 $Y_0=\{Y_0(k)|k=1,2,\cdots,n\}$；比较数列 $X_i=\{X_i(k)|k=1,2,\cdots,n\}, i=1,2,\cdots,m$。

2. 变量的无量纲化

由于系统中各因素列中的数据可能因量纲不同，不便于比较或在比较时难以得到正确的结论。因此在进行灰色关联度分析时，一般都要进行数据的无量纲化处理，如式（7-50）所示：

$$X_i(k)=X_i(k)/x_i(1), \quad k=1,2,\cdots,n; \quad i=0,1,2,\cdots,m \tag{7-50}$$

3. 计算关联系数

关联系数如式（7-51）和式（7-52）所示：

$$\vartheta_i(r)=\frac{\min_i\min_r|y(r)-x_i(r)|+\rho\max_i\max_r|y(r)-x_i(r)|}{|y(r)-x_i(r)|+\rho\max_i\max_r|y(r)-x_i(r)|} \tag{7-51}$$

记 $\Delta_i(k)=|y(k)-x_i(k)|$，则：

$$\vartheta_i(r)=\frac{\min_i\min_r\Delta_i(k)+\rho\max_i\max_r\Delta_i(k)}{\Delta_i(k)+\rho\max_i\max_r\Delta_i(k)} \tag{7-52}$$

$\rho\in(0,\infty)$：分辨系数，值越小，分辨力越大，一般它的取值区间为（0,1），具体取值可视情况而定。当 $\rho\leq0.5463$ 时，分辨力最好，通常取 $\rho=0.5$。

4. 计算关联度

关联度公式如式（7-53）所示：

$$\gamma_{0i}=\frac{1}{n}\sum_{k=1}^{n}\gamma_{0i}(k), \quad i=1,\cdots,m \tag{7-53}$$

在以往研究分析中，关联系数值在 0~1 范围内，数值越大代表关联系数越强。关系值不同，则关联强度也不同，具体等级划分情况如下：$0<\gamma\leq0.35$ 为弱关联，$0.35<\gamma\leq0.65$ 为中关联，$0.65<\gamma\leq0.85$ 为强关联和 $0.85<\gamma\leq1$ 为极强关联。

第8章　驾驶模拟与 VISSIM 联动实验案例分析

8.1　不良天气条件下的实验设计与数据提取

8.1.1　实验目的

通过本实验，期望能够获取驾驶员在不同等级雨、雪、雾以及晴天环境下跟驰、变道及超车行为的微观驾驶行为数据，为不良天气对驾驶行为影响模型及交通仿真提供坚实的数据基础。

8.1.2　实验对象

本次驾驶模拟实验从社会上共招募 31 名被试人员，年龄为 25～50 岁，驾龄均在 5 年以上，其中男性驾驶员 24 人，女性驾驶员 7 人。所有被试人员无生理、心理等疾病以及酗酒等不良嗜好。同时，实验规定被试在实验前 24h 内不允许饮酒或者饮用咖啡等刺激性饮品。每位被试的实验总时长为 6h，分三次完成，每次实验间隔 3d 以上。

8.1.3　实验设计

1. 模拟场景设计

该实验以北京市东二环道路为背景，为了在模拟环境下尽量还原道路实际场景，组织调查人员对东二环道路、楼房等环境要素进行了详细调查。北京市东二环从华威南路起，到东直门桥，全程共 9km，包括光明桥、广渠门桥、建国门桥、朝阳门桥、东四十条桥及东直门桥共六座立交桥，每座立交桥有上坡、下坡地形条件各一处；中段有两处弯道。同时，研究参考北京市东二环 CAD 图获取道路线形、宽度、坡度等详细道路参数。

基于北京市东二环道路基础参数，利用 AutoCAD 构建道路基础线形，道路形状包括直线、弯道、上坡以及下坡。横断面为双向六车道以及应急车道，立交桥最大高差为 3m，坡长为 230m，坡度为 1.3%。场景中有两处弯道，半径均为 200m。北京市东二环道路线形示意图如图 8-1 所示。

道路线形搭建完成后，利用 AutoCAD 绘制路面及路面标线。根据北京市东二环道路设施资料，北京市东二环车道宽度为 3.75m，标线宽度为 0.2m，长度为 4m，间隔为 6m。

道路标志是虚拟场景的重要组成部分，为了增加场景的真实感，该实验调查了东二环由南向北所有的指路指示标志，并利用 Photoshop 进行标志牌制作，最后根据实际调查情况在东二环虚拟场景相应位置完成标志设置。模拟场景中的标识设置如图 8-2 所示。

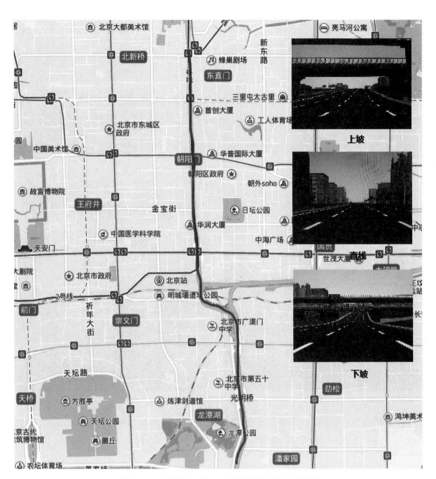

图 8-1 北京市东二环道路线形示意图

图 8-2 模拟场景中的标识设置

最后，在 3Dmax 及驾驶模拟软件 SCANeR 中完成实验场景道路环境及虚拟车辆行驶路面设置，保证模拟环境下车辆的正常行驶。

2. 交通条件设计

完成模拟场景环境设置后，利用驾驶模拟软件 SCANeR Studio 编写程序控制脚本，设置交通条件，控制车辆的运行。交通流运行状况根据北京市城市道路交通运行评价体系划分为高速与低速交通条件，并增加自由流条件下驾驶场景。高速交通条件与低速交通条件场景示意图如图 8-3 所示。

(a)

(b)

图 8-3　高速交通条件与低速交通条件场景示意图
（a）高速交通条件；（b）低速交通条件

3. 天气条件设计

在实际生活中，不同等级的雨、雪、雾天气对交通造成了不同程度的影响。根据现行国家标准《降水量等级》GB/T 28592（表 8-1），利用降水量将雨天、雪天划分为 6 个等级。

雨雪天气等级划分　　表 8-1

等级（12h 降雨量，mm）	等级（24h 降雪量，mm）
小雨（0.1～4.9）	小雪（0.1～2.4）
中雨（5.0～14.9）	中雪（2.5～4.9）
大雨（15.0～29.9）	大雪（5.0～9.9）
暴雨（30.0～69.9）	暴雪（10.0～19.9）
大暴雨（70.0～139.9）	大暴雪（20.0～29.9）
特大暴雨（≥140.0）	特大暴雪（≥30.0）

参考现行国家标准《雾的预报等级》GB/T 27964，本书将驾驶模拟实验中的雾天按照能见度不同分为 5 种等级，如表 8-2 所示。

雾天等级划分　　　　表 8-2

等级	轻雾	雾	大雾	浓雾	强浓雾
能见度 S（单位：m）	$1000 < S \leqslant 100000$	$500 < S \leqslant 1000$	$200 < S \leqslant 500$	$50 < S \leqslant 200$	$S \leqslant 50$

然而在驾驶模拟器中，由于系统降雨、降雪参数限制，仅能模拟 4 种雨天、2 种雪天（雾天能见度能够实现在 0~10000m 之间的任意设置）。考虑到模拟器雨雪等级与实际天气不能匹配，研究首先进行了一次模拟天气场景与实际天气场景对应关系的视觉匹配实验，模拟器天气场景参数如表 8-3 所示。

模拟器天气场景参数　　　　表 8-3

| 等级 | 雨 | | 等级 | 雪 | | 等级 | 雾 |
	降雨量（mm）	能见度（m）		降雪量（mm）	能见度（m）		能见度（m）
1	0.2	2000	1	0.45	500	1	1500
2	0.45	800	2	0.95	100	2	800
3	0.7	550	3	—	—	3	300
4	0.95	300	4	—	—	4	150
5	—	—	5	—	—	5	50

注：降雨量与降雪量为系统参数值，其中 0 代表无降雨、降雪，1 代表最大程度降雨、降雪，数值越大表示降雨、降雪程度越大。

研究招募了 31 名驾驶员，要求其根据实际驾驶经验，通过体验模拟环境中不同等级天气状况，匹配模拟环境下的天气等级与现实生活中天气等级。

模拟降雨天气与实际天气对应选择权重如表 8-4 所示。

模拟降雨天气与实际天气对应选择权重　　　　表 8-4

| 选择权重 | | 模拟环境等级 | | | |
		1	2	3	4
实际划分	小雨	24.25	4.1	0	0
	中雨	0.7	20.15	2.8	0
	大雨	0	1.15	16.14	1.8
	暴雨	0	0	6.9	5.35
	大暴雨	0	0	3.1	14.2
	特大暴雨	0	0	0	9.5

表 8-4 显示，认为模拟降雨等级 1 环境与实际小雨环境相似的人数权重为 24.25，模拟降雨等级 2 环境与实际中雨环境相似的人数权重为 20.15，模拟降雨等级 3 环境与实际大雨环境相似的人数权重为 16.14，模拟降雨等级 4 环境与实际大暴雨环境相似的人数权重为 14.2。经过对比，最终确定模拟器的四个等级分别对应实际天气的小雨、中雨、大雨、大暴雨。

模拟降雪天气与实际天气对应选择权重如表 8-5 所示。

模拟降雪天气与实际天气对应选择权重　　　　　　　　　　表 8-5

选择权重		模拟环境等级	
		1	2
实际划分	小雪	0	0
	中雪	4.8	0
	大雪	7.5	0
	暴雪	0.3	2.7
	大暴雪	0	4.8
	特大暴雪	0	2.7

如表 8-5 所示，认为模拟降雪等级 1 与实际大雪环境相似的人数权重为 7.5，模拟降雪等级 2 与实际大暴雪环境相似的人数权重为 4.8。经过对比，最终确定模拟器降雪等级 1、等级 2 分别对应实际天气的大雪与大暴雪天气。

模拟雾天天气与实际天气对应选择权重如表 8-6 所示。

模拟雾天天气与实际天气对应选择权重　　　　　　　　　　表 8-6

选择权重		模拟器等级				
		1	2	3	4	5
实际划分	轻雾	30	18	5	1	0
	雾	0	14	25	10	0
	大雾	0	2	4	20	0
	浓雾	0	0	1	4	15
	强浓雾	0	0	0	2	23

如表 8-6 所示，认为模拟雾天等级 1 与实际轻雾天气相似的人数权重为 30，模拟雾天等级 2 与实际轻雾相似的人数权重为 18，模拟雾天等级 3 与实际雾天相似的人数权重为 25，模拟雾天等级 4 与实际大雾相似的人数权重为 20，模拟雾天等级 5 与实际环境强浓雾相似的人数权重为 23。经纵向比较，可以得出模拟器雾天等级 1 和等级 2 对应实际天气的轻雾，等级 3、4、5 分别对应雾、大雾、强浓雾。再经过横向比较，等级 1 和 2 中，等级 1 代表轻雾的权重 30 大于等级 2 的 18，等级 1 更能代表轻雾，因此雾天场景为轻雾、雾、大雾、强浓雾四种。

实际天气下，不同等级的雨雪雾天气共有 17 种，基于模拟器的性能，选取其中的 10 种天气进行实验。综上，考虑正常天气，本实验天气因素共有水平：1（晴天）+4（降雨）+2（降雪）+4（雾天）=11 种。模拟天气等级与实际天气的对比如表 8-7 所示。

模拟天气等级与实际天气的对比　　　　　　表 8-7

雨天		雪天		雾天	
模拟环境等级	实际天气等级	模拟环境等级	实际天气等级	模拟环境等级	实际天气等级
1	小雨	—	小雪	1、2	轻雾
2	中雨	—	中雪	3	雾
3	大雨	1	大雪	4	大雾
—	暴雨	—	暴雪	—	浓雾
4	大暴雨	2	大暴雪	5	强浓雾
—	特大暴雨	—	特大暴雪	—	—

4. 驾驶行为事件设计

根据驾驶员在实际驾驶过程中遇到的较为常态的驾驶事件，选取跟驰、变道及超车三种驾驶行为事件进行实验。

（1）跟驰行为

跟驰是一种微观驾驶行为，描述的是在限制超车的单行道上行驶车队中相邻两车之间的相互作用。在实验设计阶段利用驾驶模拟软件设置前车运行参数，设计有匀速、加速及减速跟驰三种状态，经调试前车运行设计如下：

1）低速状况

①匀速跟驰：前方车辆以 40km/h 速度运行；

②加速跟驰：前方车辆 3s 内从 40km/h（低速）加速至 50km/h；

③减速跟驰：前方车辆 3s 内从 40km/h 减速至 30km/h。

2）高速状况

①匀速跟驰：前方车辆以 70km/h 速度运行；

②加速跟驰：前方车辆 3s 内从 70km/h（低速）加速至 85km/h；

③减速跟驰：前方车辆 3s 内从 70km/h 减速至 55km/h。

（2）变道行为

变道是描述车辆从一条车道行驶到另一条车道的过程。在实验设计阶段，通过软件脚本控制周围车辆的运行，为实验车辆变道创造空间，经调试周围车辆运行设计如下：

1）低速状况

①前车速度 4s 内从 40km/h 降低至 30km/h；

②左前车速度 4s 内从 40km/h 增加至 50km/h（左前车辆距离实验车辆较远）或者左前车速度 4s 内从 40km/h 降低至 30km/h（左前车辆距离实验车辆较近）；

③左后车速度 4s 内从 40km/h 降低至 30km/h。

2）高速状况

①前车速度 4s 内从 70km/h 降低至 60km/h；

②左前车速度 4s 内从 70km/h 增加至 80km/h（左前车辆距离实验车辆较远）或者左前车速度 4s 内从 70km/h 降低至 60km/h（左前车辆距离实验车辆较近）；

③左后车速度 4s 内从 70km/h 降低至 45km/h。

（3）超车行为

超车是描述车辆超过一辆较慢的车辆而行驶至其前方的行为。实验中通过软件脚本控制周围车辆的运行，为实验车辆的超车行为创造空间，经调试周围车辆运行设计如下：

1）低速状况

①前车速度 4s 内从 40km/h 降低至 30km/h；

②左前车速度 4s 内从 40km/h 增加至 50km/h（左前车辆距离实验车辆较远）或者左前车速度 4s 内从 40km/h 降低至 30km/h（左前车辆距离实验车辆较近）；

③左后车速度 4s 内从 40km/h 降低至 30km/h。

2）车辆并道时

①前车速度 4s 内从 40km/h 增加至 50km/h；

②右前车速度 4s 内从 40km/h 增加至 50km/h（右前车辆距离实验车辆较远）或者右前车速度 4s 内从 40km/h 降低至 30km/h（右前车辆距离实验车辆较近）；

③右后车速度 4s 内从 40km/h 降低至 30km/h。

3）高速状况

①前车速度 4s 内从 70km/h 降低至 60km/h；

②左前车速度 4s 内从 70km/h 增加至 80km/h（左前车辆距离实验车辆较远）或者左前车速度 4s 内从 70km/h 降低至 60km/h（左前车辆距离实验车辆较近）；

③左后车速度 4s 内从 70km/h 降低至 60km/h。

4）车辆并道时

①前车速度 4s 内从 70km/h 降低至 60km/h；

②右前车速度 4s 内从 70km/h 增加至 80km/h（右前车辆距离实验车辆较远）或者右前车速度 4s 内从 70km/h 降低至 60km/h（右前车辆距离实验车辆较近）；

③左后车速度 4s 内从 70km/h 降低至 60km/h。

在模拟器中通过 SCANeR Studio 软件设定地点坐标，当车辆行驶至地点坐标范围内运行周围车辆控制脚本，触发相应的交通事件并语音提示驾驶员做出变道或者超车动作。

8.1.4 实验流程

在实验准备阶段，检查设备状况，保证设备正常运行。

（1）检查模拟器运行状况，保证车辆方向盘、油门、刹车等操纵机构能够正常操作。

（2）检查模拟器控制端，保证数据正常记录。

（3）实验基本流程如下：

1）被试填写驾驶前问卷，调查被试生心理状况；

2）实验员引导被试在模拟器中适应性驾驶，确认其无不良反应后开始正式实验；

3）实验员宣读实验前注意事项，协助被试调整车辆；

4）实验开始，实验员记录实验数据；

5）每完成 2~3 个场景的驾驶，被试下车休息 5min；

6）实验结束后，被试填写驾驶后问卷。

实验过程见图 8-4。

(a)

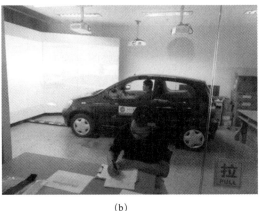
(b)

图 8-4　实验过程
（a）实验过程Ⅰ；（b）实验过程Ⅱ

8.1.5　数据获取及预处理

利用驾驶模拟器，获取驾驶员在不同天气、道路及交通条件下的跟驰、变道与超车数据。数据种类包括：实验车辆的速度、加速度，以及与周围车辆之间距离等。

通过驾驶模拟软件可以获取实验车辆在模拟环境下跟驰、变道及超车驾驶事件发生的坐标范围。进而，以驾驶员微观驾驶行为数据中的实时坐标数据为基础，利用 MATLAB 软件，按照驾驶行为时间坐标范围，将原始数据切分并整理为不同天气、道路及交通条件下的跟驰、变道及超车微观驾驶行为数据库。

后续的分析将以此数据库为基础，通过方差分析、主成分分析以及线性回归等方法研究不良天气条件下驾驶员的微观驾驶行为规律。

8.2　不良天气条件下微观驾驶行为特征描述

8.2.1　不良天气对跟驰行为影响分析

1. 指标选取

根据驾驶员在跟驰过程中的行为特征，选取了停车间距、车头时距、跟驰变量、跟驰速度差、速度距离系数、振动加速度、停车加速度和 80km/h 加速度作为分析不良天气条件下跟驰行为特征的依据。

2. 影响特征

研究利用 SPSS 软件，通过多因素方差分析方法，分析跟驰行为相关指标在不同天气、道路及交通条件下的特征。不同外部条件对跟驰行为指标影响的显著性如表 8-8 所示。

不同外部条件对跟驰行为指标影响的显著性　　　　　　　　　　表 8-8

跟驰行为指标	道路	天气	交通	道路×天气	道路×交通	天气×交通	道路×天气×交通
停车间距	—	0.208	—	—	—	—	—
车头时距	0.022**	0**	0**	0.367	0.25	0**	0.71
跟驰变量	0**	0**	0**	0.058*	0**	0**	0.244
跟驰状态阈值	—	0.611	0.002**	0.779	—	—	—
消极跟驰速度差	0**	0**	0.001**	0.036**	0.006**	0**	0.683
积极跟驰速度差	0**	0**	0**	0.136	0**	0**	0.68
速度距离系数	—	—	—	—	—	—	—
振动加速度	0**	0.171	0**	0.411	0.047**	0.352	0.554
停车加速度	—	0.001**	—	—	—	—	—
80km/h 加速度	—	0.806	—	—	—	—	—

注：** 表示在 0.05 水平下显著；* 表示在 0.1 水平下显著。

以下研究内容将针对驾驶员在不同天气、道路及交通条件下的跟驰行为特征展开分析及讨论。

（1）停车间距

停车间距是两辆停止车辆之间的平均期望间隔距离，该参数与车头时距一同构成行车安全距离。

图 8-5 显示，小雨天气与大暴雪天气下的停车间距分别为两个极端。其中，大暴雪天气条件下较小的停车间距可能与较低的抓地力和能见度有关。

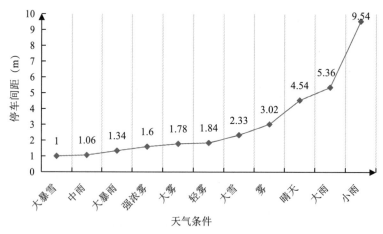

图 8-5　不同天气条件下的停车间距

（2）车头时距

车头时距是指车辆行驶过程中，后车驾驶员对于某个确定的速度而期望保持的车头时距，单位为 s。该值越大，说明驾驶员越谨慎。

图 8-6 显示，车辆跟驰过程中，车头时距与能见度大致呈负相关，随着能见度降低，车辆车头时距增大，表明驾驶员在低能见度下更为谨慎。图 8-7（a）显示，直线道路条件下车头时距小于上坡，而下坡条件下车头时距小于直线，表明下坡条件下，驾驶员倾向跟紧前车，对车速控制较不敏感；上坡条件下保持一定的车头时距。图 8-7（b）显示，低速条件下，车辆车头时距相对高速条件下较小，驾驶员在高速条件下保持更大的车头时距，驾驶更为谨慎。

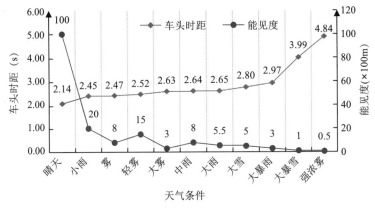

图 8-6　不同天气条件下的车头时距

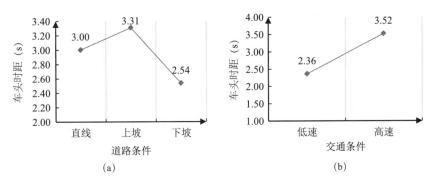

图 8-7　不同条件下的车头时距
(a) 不同道路条件；(b) 不同交通条件

天气和交通条件对车头时距影响具有显著性（$p < 0.05$），不同天气与交通条件下的车头时距如图 8-8 所示。

图 8-8 显示，主要交互作用来自于大暴雨、大暴雪以及强浓雾天气条件。高速条件下，上述三种天气车头时距明显变大，表明在大暴雨、大暴雪以及强浓雾恶劣天气情况下，驾驶员保持较大的车头时距来保证安全性，低速条件下车头时距较小。在恶劣天气下驾驶员在低速和高速下采取不同的策略保证安全性。

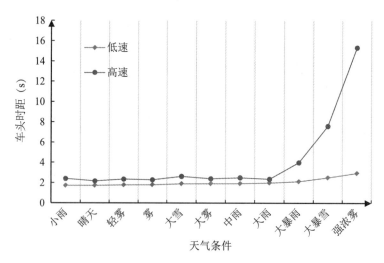

图 8-8 不同天气与交通条件下的车头时距

（3）跟驰变量

跟驰变量是指跟驰过程中，前后车的纵向摆动约束，即后车驾驶员在有所反应、有所行动之前，所允许的车辆间距大于目标安全距离的部分。该值越大，说明驾驶员的跟驰过程越不稳定。

如图 8-9 所示，车辆跟驰过程中，跟驰变量与能见度大致呈负相关，随着能见度的降低，跟驰变量逐渐变大，表明相对于晴天与能见度较好的天气，能见度较低的恶劣天气对驾驶员的跟驰影响较大，驾驶员对车辆的控制能力受影响较大。图 8-10（a）显示，下坡路段跟驰变量较直线和上坡路段较小，表明驾驶员在下坡跟驰时更加谨慎。图 8-10（b）显示，低速条件下跟驰变量明显低于高速，即低速条件下车辆对于车距敏感性较高。

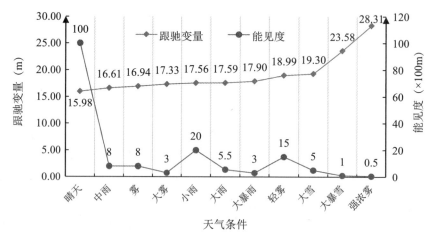

图 8-9 不同天气条件下的跟驰变量

道路和天气条件对跟驰变量影响呈边缘显著（$p=0.058$），不同道路与天气条件下的跟驰变量如图 8-11 所示。

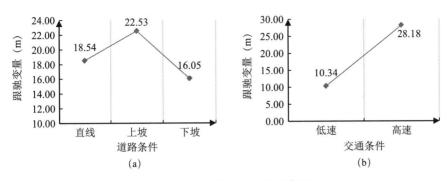

图 8-10 不同条件下的跟驰变量
（a）不同道路条件；（b）不同交通条件

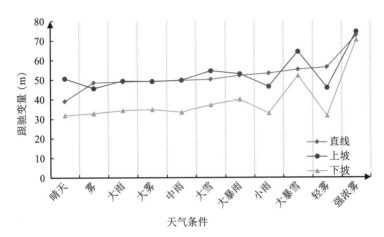

图 8-11 不同道路与天气条件下的跟驰变量

如图 8-11 所示，交互效应主要来自于直线路段。分别对直线、上坡和下坡条件下跟驰变量进行方差分析发现，直线路段各天气条件下跟驰变量无显著差异（$p=0.779$）。因此，直线路段驾驶员对车辆控制更为稳定。

道路和交通条件对跟驰变量具有显著影响（$p < 0.05$），不同道路与交通条件下的跟驰变量如图 8-12 所示。

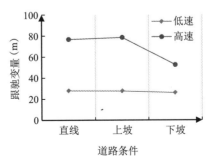

图 8-12 不同道路与交通条件下的跟驰变量

如图 8-12 所示，交互影响主要来自于下坡路段，高速条件下车头时距明显降低，可能是因为下坡路段驾驶员谨慎程度较大。

天气与交通条件对跟驰变量影响呈显著性（$p < 0.05$），不同天气与交通条件下的跟驰变量如图 8-13 所示。

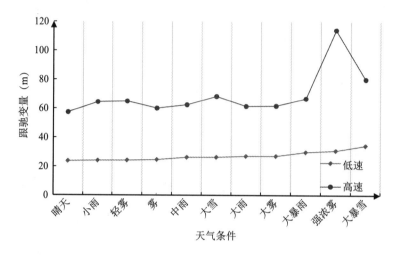

图 8-13 不同天气与交通条件下的跟驰变量

图 8-13 显示，主要交互作用来自于高速条件。强浓雾和大暴雪天气下跟驰变量明显变大，表明上述两种天气对驾驶员跟驰距离有较大影响。

（4）跟驰状态阈值

跟驰状态阈值表示的是车辆在跟驰前车的行驶状态下，前后车之间为了维持安全行驶距离而需要保持的车头时距。

图 8-14 显示，跟驰状态阈值与能见度具有一定的相关性。随着能见度降低，跟驰状态阈值减小，表明驾驶员在低视距情况下倾向于跟紧前车，同时危险性增加。

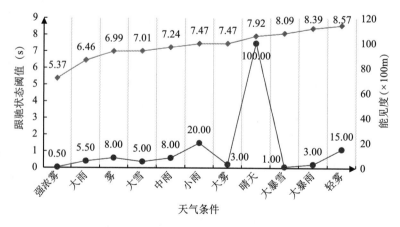

图 8-14 不同天气条件下的跟驰状态阈值

（5）消极跟驰速度差

消极跟驰速度差是指在车辆跟驰过程中，前车速度大于后车情况下，后车对于前车车速的敏感程度，即跟驰过程中后车车速小于前车车速的最大值。

图 8-15 显示，强浓雾和大暴雪条件下消极跟驰车速差与其他天气条件差异较为明显，同时，大暴雨与轻雾、雾、小雨天气条件下消极跟驰车速差具有显著差异。图 8-16（a）显示，不同道路条件下消极跟驰车速差，直线大于上坡，上坡大于下坡；表明驾驶员在下坡条件下谨慎程度较大，远离前车意愿较大。图 8-16（b）显示，低速下的消极跟驰车速差小于高速下，表明低速下驾驶员跟驰前车车速的意愿更小。

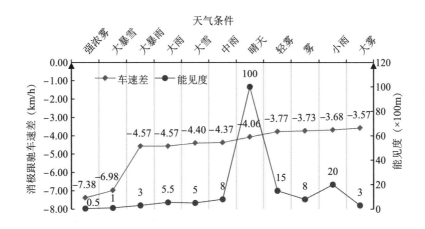

图 8-15　不同天气条件下的消极跟驰车速差

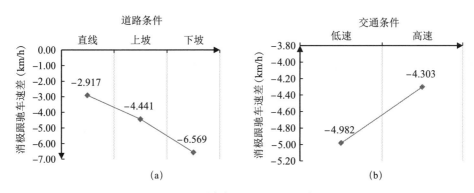

图 8-16　不同条件下的消极跟驰车速差
（a）不同道路条件；（b）不同交通条件

道路与天气条件对消极跟驰车速差影响呈显著性（$p=0.036$），不同道路与天气条件下的消极跟驰车速差如图 8-17 所示。

图 8-17 显示，交互作用主要来自于上坡条件，表明驾驶员在上坡道路条件下的不同天气下与直线和下坡条件下采取不同的车速差跟驰，以提高安全性。

道路与交通条件对消极跟驰车速差具有显著影响（$p=0.006$），不同道路与交通条件下的消极跟驰车速差如图 8-18 所示。

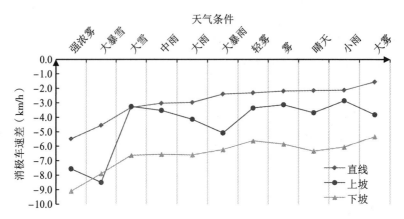

图 8-17　不同道路与天气条件下的消极跟驰车速差

图 8-18 显示，交互作用主要来自于直线路段，直线条件下，高速下的消极跟驰车速差较低速条件变大，表明驾驶员在高速条件下的直线路段远离前车意愿较小，对车速不敏感。

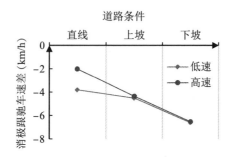

图 8-18　不同道路与交通条件下的消极跟驰车速差

天气与交通条件对消极跟驰车速差影响呈显著性（$p < 0.05$），不同天气与交通条件下的消极跟驰车速差如图 8-19 所示。

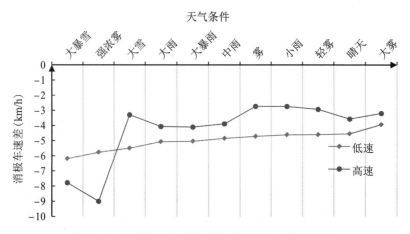

图 8-19　不同天气与交通条件下的消极跟驰车速差

天气与交通条件对消极跟驰车速差影响呈显著性，天气与交通条件的交互主要来自于高速条件下大暴雪、强浓雾、大暴雨等天气，表明驾驶员在这些天气下对前车的跟驰意愿与低速不同，大暴雪和强浓雾天气下远离前车意愿较大。

（6）积极跟驰速度差

积极跟驰速度差是指在车辆跟驰过程中，后车速度大于前车情况下，后车对于前车车速的敏感程度，即跟驰过程中后车车速大于前车车速的最大值。

图 8-20 显示，积极跟驰速度差大致与能见度呈正相关，表明驾驶员在能见度较高的天气下，跟驰的意愿更强烈。图 8-21（a）表明，相比于直线和上坡，下坡路段积极跟驰车速差最小，表明在下坡路段驾驶安全性较低，驾驶员减小跟驰车速差以保证安全性。图 8-21（b）显示，低速下积极跟驰车速差小于高速，表明驾驶员在低速下跟驰前车时更为谨慎。

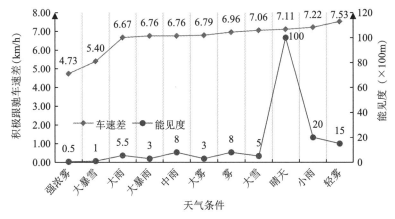

图 8-20　不同天气条件下的积极跟驰车速差

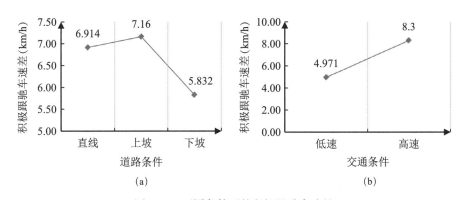

（a）　　　　　　　　　　　（b）

图 8-21　不同条件下的积极跟驰车速差
（a）不同道路条件；（b）不同交通条件

道路与交通条件对积极跟驰车速差具有显著影响（$p < 0.05$），不同道路与交通条件下的积极跟驰车速差如图 8-22 所示。

图 8-22 显示，主要的交互作用来自于下坡路段的不同交通条件下的积极跟驰车速差。

在下坡条件下，低速下的积极跟驰车速差大致保持不变，而高速下的积极跟驰车速差在下坡时变小，表明驾驶员在下坡高速跟驰安全性较差，驾驶员跟驰积极性降低。

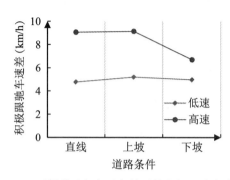

图 8-22　不同道路与交通条件下的积极跟驰车速差

天气与交通条件对积极跟驰车速差影响呈显著性（$p < 0.05$），不同天气与交通条件下的积极跟驰车速差如图 8-23 所示。

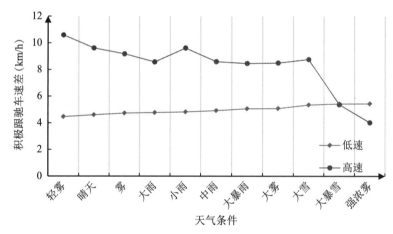

图 8-23　不同天气与交通条件下的积极跟驰车速差

图 8-23 显示，交互作用来自于高速交通条件下的大暴雪和强浓雾天气，高速下积极跟驰车速差降低，表明驾驶员在高速条件下的大暴雪和强浓雾天气下对前车跟驰的意愿降低。

（7）速度—距离系数

基于车辆跟驰车头间距、速度标准差，计算指标之间的相关性和显著性，不同道路、天气及交通条件下两者的皮尔森相关系数及显著性如表 8-9 所示。

皮尔森相关系数及显著性 表8-9

道路条件	天气条件	交通条件	皮尔森相关系数	显著性	道路条件	天气条件	交通条件	皮尔森相关系数	显著性	道路条件	天气条件	交通条件	皮尔森相关系数	显著性
1	1	1	0.242	0.206	2	1	1	0.641	0.00**	3	1	1	0.272	0.008**
		2	0.500	0.004**			2	−0.276	0.027**			2	0.382	0.002**
	2	1	−0.050	0.795		2	1	0.340	0.005**		2	1	0.118	0.346
		2	0.429	0.018**			2	−0.153	0.193			2	0.341	0.003**
	3	1	−0.389	0.031**		3	1	0.373	0.002**		3	1	−0.030	0.809
		2	0.437	0.016**			2	−0.086	0.480			2	0.557	0.000**
	4	1	0.528	0.002**		4	1	0.171	0.139		4	1	0.236	0.040**
		2	0.113	0.544			2	−0.105	0.365			2	0.194	0.093*
	5	1	−0.088	0.639		5	1	0.145	0.227		5	1	0.275	0.020**
		2	0.268	0.254			2	−0.127	0.307			2	−0.108	0.414
	6	1	0.165	0.374		6	1	0.377	0.001**		6	1	−0.002	0.987
		2	0.320	0.079*			2	−0.106	0.357			2	0.175	0.125
	7	1	0.139	0.457		7	1	0.284	0.017**		7	1	0.137	0.258
		2	0.732	0.000**			2	−0.240	0.048**			2	0.314	0.009**
	8	1	0.023	0.904		8	1	0.496	0.000**		8	1	0.148	0.215
		2	0.369	0.044**			2	−0.154	0.195			2	0.148	0.215
	9	1	0.274	0.143		9	1	0.401	0.000**		9	1	0.007	0.950
		2	−0.026	0.891			2	−0.081	0.486			2	−0.001	0.994
	10	1	−0.084	0.653		10	1	0.204	0.081*		10	1	0.113	0.338
		2	0.356	0.058**			2	−0.021	0.870			2	0.204	0.101
	11	1	0.228	0.217		11	1	0.418	0.000**		11	1	0.376	0.000**
		2	−0.059	0.765			2	−0.174	0.133			2	−0.039	0.742

注：1.**：在0.05水平下显著；*：在0.1水平下显著；
2. 道路条件中1、2、3分别表示直线、上坡和下坡；
3. 天气条件中1~11分别表示：晴天、轻雾、雾、大雾、强浓雾、小雨、中雨、大雨、大暴雨、大雪、大暴雪；
4. 交通条件中1、2分别表示低速和高速。

（8）振动加速度

振动加速度是指车辆在跟驰过程中，实际加减速过程中的加速度。该值越大，表明驾驶员对车辆控制的稳定性越差。

图8-24显示，不同天气条件下车辆的振动加速度处于同一水平，表明不同天气下，驾驶员对车辆的控制能力均较为稳定。图8-25（a）表明，相比于直线和上坡，下坡路段振动加速度最大，车辆在下坡路段的加速度最大可能与地形有关。图8-25（b）显示，低速下的振动加速度低于高速下，表明驾驶员在低速跟驰过程中对车辆的控制较为稳定。

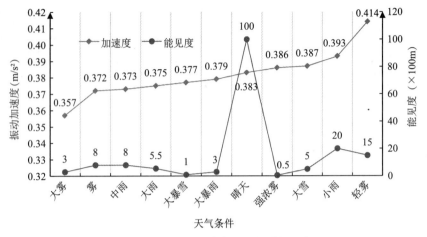

图 8-24　不同天气条件下的振动加速度

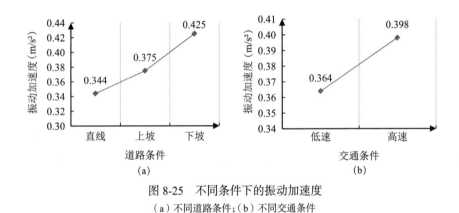

图 8-25　不同条件下的振动加速度
（a）不同道路条件；（b）不同交通条件

道路与交通条件对振动加速度具有显著影响（$p=0.047$），不同道路与交通条件下的振动加速度如图 8-26 所示。

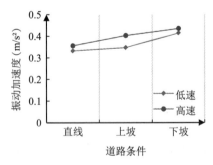

图 8-26　不同道路与交通条件下的振动加速度

图 8-26 显示，主要的交互作用来自于上坡路段的不同交通条件。在上坡路段，高速下的振动加速度有所提高，而低速下的振动加速度降低，表明在上坡路段的低速条件下安全性较低，驾驶员减小加速度以保证安全性。

（9）停车加速度

停车加速度指的是车辆由行驶状态转变为静止状态的期望加速度，反映驾驶员在停车过程中对车辆的控制能力，该值越大，驾驶员对车辆控制能力越差，安全性越低。

图 8-27 显示，在强浓雾和大暴雪天气条件下，停车加速度绝对值显著增加，表明驾驶员停车时对车辆控制能力较差，停车较急，安全性降低。

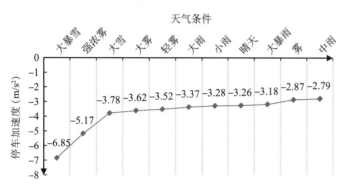

图 8-27　不同天气条件下的停车加速度

（10）80km/h 加速度

80km/h 加速度指的是车辆在跟驰行驶过程中，当车速为 80km/h 时的期望加速度。

如图 8-28 所示，不同天气条件下的期望加速度几乎处于同一水平，表明驾驶员在不同天气条件下对车辆的控制具有一定的稳定性。

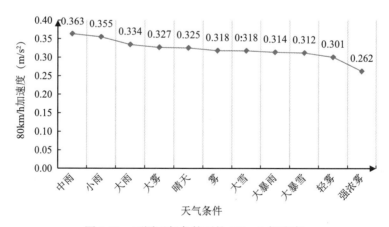

图 8-28　不同天气条件下的 80km/h 加速度

3. 分析结果

跟驰是驾驶员在驾驶过程中最常见的驾驶行为，跟驰过程中车辆与前车之间的车头时距、速度差等行为参数反映了驾驶员的基本跟驰特征，同时对交通运行的平稳运行有直接影响。

基于 VISSIM 仿真软件中 Wiedemann 模型，利用多因素方差分析方法，分析不良天气、道路及交通环境下的跟驰行为，发现驾驶员在强浓雾、大暴雨及大暴雪等恶劣天气情况下，倾向于通过增加车头时距、减小跟驰变量与加速度等方法来保证驾驶安全性，同时，在低能见度下驾驶员停车加速度加大，安全性较低。此外，驾驶员在下坡路段倾向于跟紧前车，选择较小的跟驰变量，驾驶更为谨慎，在低速条件下对车辆之间敏感度较高，跟驰过程更为谨慎。

8.2.2 不良天气对变道行为影响分析

1. 指标选取

根据驾驶员在变道过程中的行为特性以及与周围车辆之间的关系，选取了车辆变道时刻的前车车头时距、左前车车头时距、左后车车头间距、横向加速度及纵向加速度为指标分析驾驶员的变道行为。

2. 影响特征

通过多因素方差分析方法，对变道行为相关指标进行分析。不同外部条件对变道行为指标影响的显著性如表 8-10 所示。

不同外部条件对变道行为指标影响的显著性　　　　表 8-10

变道行为指标	道路	天气	交通	道路×天气	道路×交通	天气×交通	道路×天气×交通
前车车头时距	0**	0**	0**	0.623	0**	0.295	0.695
左前车车头时距	0**	0.056*	0**	0.756	0.186	0.944	0.334
左后车车头间距	0**	0**	0**	0.503	0.252	0**	0.549
横向加速度	0**	0**	0**	0.051*	0**	0.131	0.559
纵向加速度	0**	0.267	0**	0.54	0**	0.584	0.219

注：** 表示在 0.05 水平下显著；* 表示在 0.1 水平下显著。

（1）前车车头时距

前车车头时距是指车辆在变道行为开始时，与本车道前方车辆的距离，反映了驾驶员在不同外部环境下变道时的谨慎程度，该值越大，驾驶员变道时的谨慎程度越大。

图 8-29 显示，车辆在变道过程中，车头时距与能见度大致呈负相关，随着能见度的降低，车辆的车头时距增大，表明驾驶员在低能见度下变道时更加谨慎。强浓雾天气下车头时距最大，驾驶员在该天气下谨慎程度最高；轻雾天气下车头时距最小，表明驾驶员在该天气下谨慎程度较小。图 8-30（a）显示，弯道条件下车头时距大于其他道路条件，表明驾驶员在弯道条件下进行跟驰时谨慎程度较大，与前车保持较远的距离；直线与上坡条件下的车头时距较小，表明驾驶员在直线和上坡条件下谨慎程度较小，与前车保持较近的距离。图 8-30（b）显示，高速条件下，车辆变道时的车头时距较低速下大，驾驶员在高速条件下更为谨慎。

道路与交通条件对变道时车辆距离前车的车头时距影响呈显著性（$p < 0.05$），不同道路与交通条件下的车头时距如图 8-31 所示。

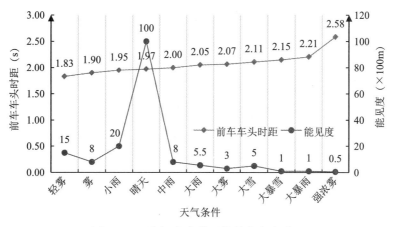

图 8-29 不同天气条件下的前车车头时距

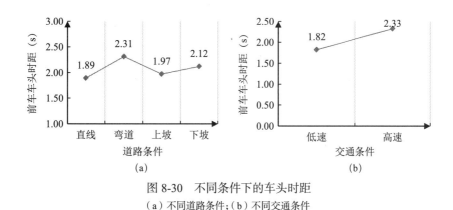

图 8-30 不同条件下的车头时距
（a）不同道路条件；（b）不同交通条件

图 8-31 显示，主要的交互作用来自于下坡条件下。高速条件下坡路段的车头时距较低速条件下坡路段明显增大，这表明驾驶员在下坡路段的不同交通条件下采取不同的控制策略以保证安全性。

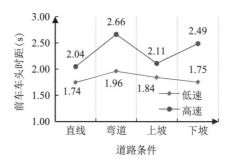

图 8-31 不同道路与交通条件下的车头时距

（2）左前车车头时距

左前车车头时距指的是车辆在变道时刻，与左前方车辆的车头时距，同样反映了驾驶员在变道时刻的谨慎程度。该值越大，驾驶员的谨慎程度越高。

图 8-32 显示，车辆变道过程中，在大暴雪、大暴雨、强浓雾等能见度低的恶劣天气条件下，在前车车头时距相对于其他能见度较高的天气有所提升，表明驾驶员在低能见度下更为谨慎。图 8-33（a）显示，弯道条件下变道时的左前车车头时距较其他条件下高，表明驾驶员在弯道条件下驾驶谨慎程度较高，而在直线、上坡和下坡条件下的谨慎程度则类似。图 8-33（b）显示，车辆在高速条件下变道时左前车车头时距较大，驾驶员在高速条件下变道更为谨慎。

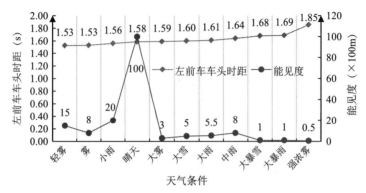

图 8-32　不同天气条件下的左前车车头时距

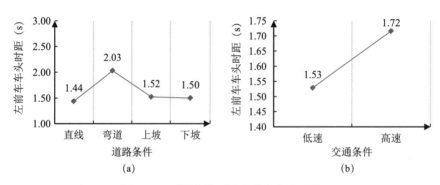

图 8-33　不同条件下的左前车车头时距
（a）不同道路条件；（b）不同交通条件

（3）左后车车头间距

左后车车头间距指的是实验车辆在变道时刻，左侧车道后面车辆与实验车辆的相对距离，即驾驶员在变道时通过左后视镜观察到的与左后车辆之间的距离，反映了驾驶员在变道时刻的谨慎程度，该值越大表明驾驶员的谨慎程度越大。

图 8-34 显示，车辆变道过程中，在大暴雪、大暴雨、强浓雾等能见度低的恶劣天气条件下，左后车车头间距相对于其他能见度较高的天气有所提升，表明驾驶员在低能见度下更为谨慎。图 8-35（a）显示，下坡路段的左后车车头间距大于其他三个路段，表明驾驶员在下坡路段变道时选择较大的左后车距离，对左后车的谨慎程度较高；而直线、弯道和上坡条件下对左后车的谨慎程度则类似。图 8-35（b）显示，车辆在高速条件下变道时左后车车头间距较大，驾驶员在高速条件下变道更为谨慎。

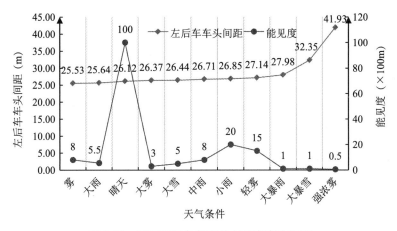

图 8-34　不同天气条件下的左后车车头间距

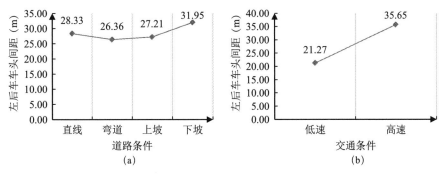

图 8-35　不同条件下的左后车车头间距
(a) 不同道路条件；(b) 不同交通条件

天气与交通条件对变道时车辆距离左后车的车头间距影响呈显著性（$p < 0.05$），不同天气与交通条件下的左后车车头间距如图 8-36 所示。

图 8-36 显示，交互作用主要来自于大暴雪和强浓雾天气下的高速交通条件，在高速交通条件下大暴雪和强浓雾天气下左后车车头间距变大，表明驾驶员谨慎程度变大。

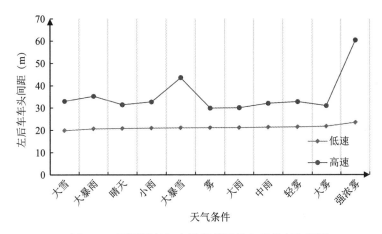

图 8-36　不同天气与交通条件下的左后车车头间距

（4）横向加速度

横向加速度指的是驾驶员在变道过程中，在横向方向上的加速度值，反映了驾驶员在变道过程中对车辆稳定性的控制力与谨慎程度，该值越大表明驾驶员对车辆稳定性的控制力越差、谨慎程度越低。

图 8-37 显示，晴天天气下横向加速度最大，表明驾驶员在晴天下变道时谨慎程度较小，对车辆稳定性的控制较差；大雾、强浓雾以及大雨等恶劣天气条件下驾驶员的横向加速度较小，表明驾驶员在该种天气下谨慎程度较高，对车辆稳定性的控制较高。图 8-38（a）显示，弯道条件下的横向加速度大于其他条件，表明驾驶员在弯道条件下变道时对车辆的控制能力较差。下坡条件下的横向加速度最小，表明驾驶员在下坡条件下变道时对车辆的控制能力较好。图 8-38（b）显示，低速条件下，车辆变道时的横向加速度较低，驾驶员在低速下对车辆稳定性的控制较好。

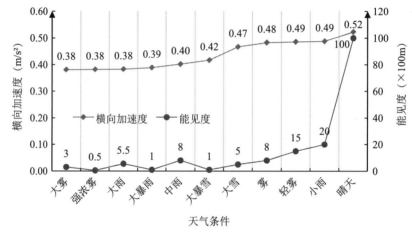

图 8-37　不同天气条件下的横向加速度

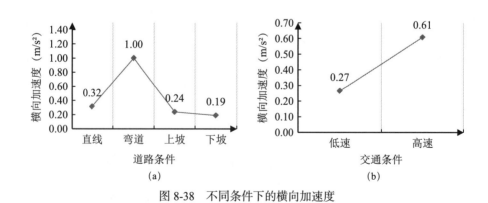

图 8-38　不同条件下的横向加速度
（a）不同道路条件；（b）不同交通条件

道路与天气条件对变道时车辆的横向加速度影响呈边缘显著（$p=0.051$），不同道路与天气条件下的横向加速度如图 8-39 所示。

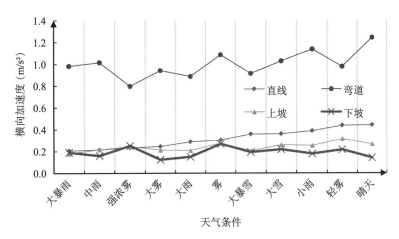

图 8-39　不同道路与天气条件下的横向加速度

图 8-39 显示，交互作用主要来自于弯道，弯道条件各天气的横向加速度均高于其他路段，表明驾驶员在弯道条件下对车辆稳定性的控制较差。

道路与交通条件对变道时车辆的横向加速度影响呈显著性（$p < 0.05$），不同道路与交通条件下的横向加速度如图 8-40 所示。

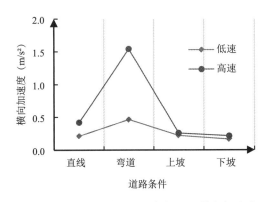

图 8-40　不同道路与交通条件下的横向加速度

图 8-40 显示，交互作用主要来自于弯道路段的高速交通条件。横向加速度在高速条件下驶过弯道时明显变大，表明驾驶员在高速条件下转弯时对车辆稳定性的控制较差。

（5）纵向加速度

纵向加速度是指驾驶员在变道过程中在纵向方向上的加速度，反映了驾驶员在纵向方向上对车辆稳定性的控制，该值越大，驾驶员对车辆纵向方向上的稳定性越差。

图 8-41 显示，不同天气条件下车辆变道时纵向加速度处于同一水平，表明驾驶员在不同天气条件下变道时对车辆的纵向稳定性控制类似，差异性较小。图 8-42（a）显示，下坡条件下纵向加速度大于其他道路条件，表明驾驶员在下坡路段对变道时的纵向的车辆稳定性较差；其他三种道路条件下纵向加速度不呈显著性差异，表明驾驶员在这三种道路条件下对车辆的纵向稳定性控制类似。图 8-42（b）显示，低速条件下车辆变道时纵向

加速度较大，表明驾驶员在低速条件下变道时对车辆纵向稳定性的控制较差。

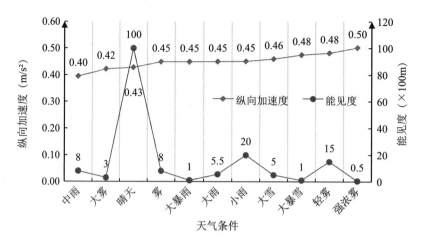

图 8-41　不同天气条件下的纵向加速度

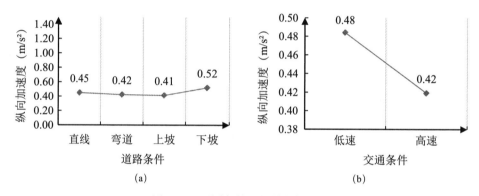

图 8-42　不同条件下的纵向加速度
（a）不同道路条件；（b）不同交通条件

道路与交通条件对变道时车辆的纵向加速度影响呈显著性（$p<0.05$），不同道路与交通条件下的纵向加速度如图 8-43 所示。

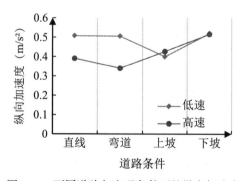

图 8-43　不同道路与交通条件下的纵向加速度

图 8-43 显示，交互作用主要来自于上坡和下坡路段，相比直线，高速交通状态下的上坡和下坡的纵向加速度增加，表明驾驶员对车辆的纵向稳定性的控制相较直线变差；低速条件下的上坡和下坡变道时的纵向加速度相较直线变小，表明驾驶员在该条件下对车辆的纵向稳定性控制良好；驾驶员在上坡和下坡路段变道时在高速和低速下采取不同的纵向加速度以保证变道的安全。

3. 分析结果

变道是驾驶员在驾驶过程中常见的驾驶行为，车辆的横向加速度与纵向加速度以及与周围车辆之间的距离反映了驾驶员在变道过程中的驾驶行为特征。

选取前车车头时距、左前车车头时距、左后车车头间距、车辆横向加速度及纵向加速度为指标，利用多因素方差分析方法，对驾驶员在变道过程中的驾驶行为特征进行了分析，发现驾驶员在强浓雾、大暴雨、大暴雪等能见度较低的恶劣天气下变道时与周围车辆距离大于晴天等能见度较高的天气，同时车辆的横向加速度及纵向加速度较小，驾驶员变道过程十分谨慎。此外，弯道道路条件下驾驶员变道行为受影响较大，车辆横向加速度较大，车辆稳定性较差，低速条件下驾驶员变道时对车辆控制较为稳定。

8.2.3 不良天气对超车行为影响分析

1. 指标选取

根据车辆在超车过程中的特性以及与周围车辆之间的关系，选取了以下指标分析驾驶员的超车行为。

（1）变道阶段：前车车头时距Ⅰ、左前车车头时距、左后车车头间距、横向加速度Ⅰ、纵向加速度Ⅰ；

（2）加速阶段：车速、加速度；

（3）并道阶段：前车车头时距Ⅱ、右前车车头时距、右后车车头间距、横向加速度Ⅱ、纵向加速度Ⅱ。

2. 影响特征

通过多因素方差分析方法，对超车行为相关指标进行分析。不同外部条件对超车行为指标影响的显著性如表 8-11 所示。

不同外部条件对超车行为指标影响的显著性　　表 8-11

超车行为指标	道路	天气	交通	道路×天气	道路×交通	天气×交通	道路×天气×交通
前车车头时距Ⅰ	0.271	0**	0**	0.978	0.594	0**	0.913
左前车车头时距	0.01**	0**	0**	0.947	0.678	0**	0.833
左后车车头间距	0**	0**	0**	0.69	0.137	0**	0.15
横向加速度Ⅰ	0.64	0**	0.094*	0.885	0**	0.953	0.921
纵向加速度Ⅰ	0**	0.814	0.014**	0.796	0.004**	0.586	0.782
车速	0**	0.1*	0**	0.103	0.379	0.49	0.474

续表

超车行为指标	道路	天气	交通	道路 × 天气	道路 × 交通	天气 × 交通	道路 × 天气 × 交通
加速度	0**	0.894	0**	0.956	0.001**	0.256	0.993
前车车头时距 II	0**	0**	0**	0.25	0.003**	0**	0.421
右前车车头时距	0.155	0**	0.004**	0.174	0**	0**	0.207
右后车车头间距	0**	0**	0**	0.113	0.176	0**	0.22
横向加速度 II	0.89	0.01**	0**	0.195	0.124	0.031**	0.969
纵向加速度 II	0**	0.454	0.002**	0.879	0.522	0.987	0.912

注：** 表示在 0.05 水平下显著；* 表示在 0.1 水平下显著。

（1）前车车头时距 I

超车行为的变道阶段指的是车辆从当前车道转化到左侧车道的过程。其中前车车头时距计算方式与变道行为中一致，即车辆在变道行为开始时，与本车道前方车辆的距离，反映了驾驶员在不同外部环境下变道时的谨慎程度，该值越大，驾驶员变道时的谨慎程度越大。

图 8-44 显示，强浓雾天气条件下车头时距最大，表明驾驶员谨慎程度较高；大雨天气条件下车头时距较小，表明驾驶员在大雨条件下谨慎程度较小。车辆在超车的变道阶段过程中，车头时距与能见度大致呈负相关，随着能见度的降低，车辆变道时的车头时距增大，表明驾驶员在低能见度下变道时更谨慎。图 8-45（a）显示，不同道路条件下的车头时距处于同一水平，表明驾驶员在不同的道路条件下谨慎程度类似。图 8-45（b）显示，低速条件下，车辆在超车的变道阶段的车头时距相对高速条件下较低，驾驶员在高速条件下更为谨慎。

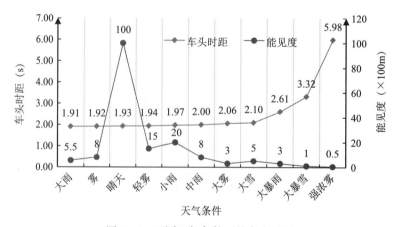

图 8-44　不同天气条件下的车头时距

天气与交通条件对变道时车辆距离前车的车头时距影响呈显著性（$p < 0.05$），不同天气与交通条件下的车头时距如图 8-46 所示。

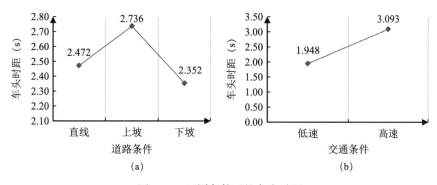

图 8-45 不同条件下的车头时距
(a) 不同道路条件;(b) 不同交通条件

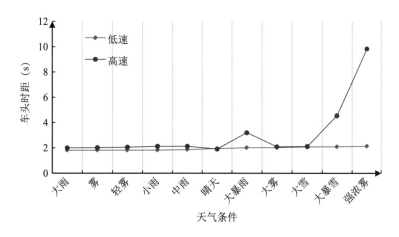

图 8-46 不同天气与交通条件下的车头时距

如图 8-46 所示,天气与交通条件的交互作用主要来自于大暴雨、大暴雪以及强浓雾等天气;在该天气下驾驶员在高速条件下的车头时距较大,表明大暴雨、大暴雪以及强浓雾天气对驾驶员的谨慎程度影响较大。

(2) 左前车车头时距

超车行为中变道阶段的左前车车头时距指的是车辆在变道阶段左侧车道前方车辆与实验车辆的距离,反映了驾驶员超车过程中的谨慎程度。

图 8-47 显示,强浓雾天气下的左前车车头时距最大,其次是大暴雪、大暴雨,表明驾驶员在这些天气下变道时的谨慎程度较大;雾天天气条件下车头时距最小,驾驶员在该天气下变道时的谨慎程度较小。图 8-48 (a) 显示,下坡路段的左前车车头时距小于直线和上坡路段,表明驾驶员在下坡路段谨慎程度不高;上坡和下坡条件下的左前车车头时距小于直线条件,表明驾驶员在上坡和下坡道路条件下倾向于选择较小的左前车头时距进行变道,对车速控制较不敏感。图 8-48 (b) 显示,低速条件下,车辆超车变道阶段的左前车车头时距低于高速,表明驾驶员在高速下更为谨慎。

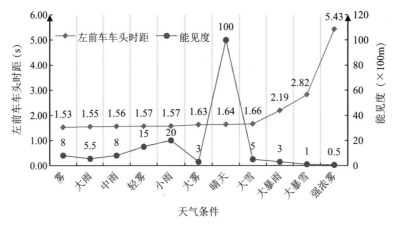

图 8-47 不同天气条件下的左前车车头时距

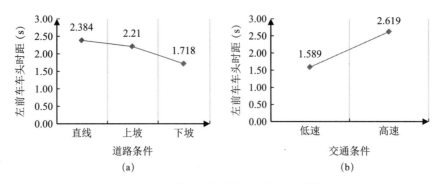

图 8-48 不同条件下的左前车车头时距
（a）不同道路条件；（b）不同交通条件

天气与交通条件对变道时车辆距离前车的车头时距影响呈显著性（$p < 0.05$），不同天气与交通条件下的左前车车头时距如图 8-49 所示。

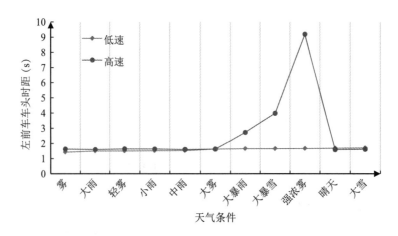

图 8-49 不同天气与交通条件下的左前车车头时距

图 8-49 显示，主要交互作用来自高速条件的强浓雾、大暴雨、大暴雪天气。高速条件下，

强浓雾时左前车车头时距明显提高，表明在强浓雾、大暴雨、大暴雪下，驾驶员谨慎程度较高，选择较大的左前车车头时距以保证安全性。

（3）左后车车头间距

超车行为中变道阶段的左后车车头间距指的是车辆在超车时车辆左侧车道后方车辆与实验车辆的距离，驾驶员通过左侧后视镜观察该距离，从而决定是否超车，反映了驾驶员在超车过程中的谨慎程度。

图 8-50 显示，车辆变道过程中，强浓雾天气下的左后车车头间距最大，驾驶员在该天气下谨慎程度最高。图 8-51（a）显示，相对于直线道路条件，上坡和下坡道路条件下的车头间距较小，表明驾驶员在上坡和下坡变道时倾向于选择与左后车较小的车头间距，对距离的控制敏感性较低。图 8-51（b）显示，低速条件下，超车的变道阶段的左后车车头间距相对高速条件下较低，驾驶员在高速条件下更为谨慎。

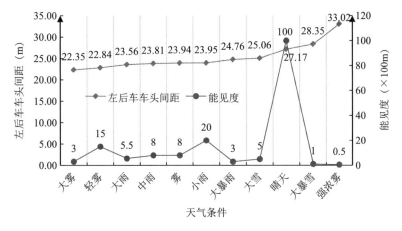

图 8-50 不同天气条件下的左后车车头间距

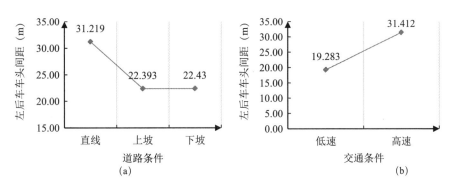

图 8-51 不同条件下的左后车车头间距
（a）不同道路条件；（b）不同交通条件

天气与交通条件对变道时车辆左后车车头间距影响呈显著性（$p < 0.05$），不同天气与交通条件下的左后车车头间距如图 8-52 所示。

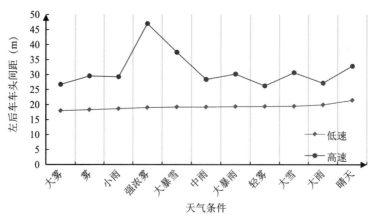

图 8-52 不同天气与交通条件下的左后车车头间距

图 8-52 显示，交互作用主要来自于高速条件下的强浓雾、大暴雪等天气。高速条件下，强浓雾和大暴雪等天气的车头间距增大，表明驾驶员在该条件下选择与低速条件下不同的变道策略，以保证驾驶的安全性。

（4）横向加速度 I

超车行为中变道阶段的横向加速度指的是车辆在横向方向上的加速度，反映了驾驶员对车辆在横向稳定性上的控制能力与谨慎程度。

图 8-53 显示，车辆在变道过程中，横向加速度与能见度大致呈正相关，随着能见度的提高，车辆变道时的横向加速度增大，表明驾驶员在低能见度下更为谨慎。图 8-54（a）直线、上坡和下坡道路条件下车辆超车的变道阶段的横向加速度彼此之间没有显著性差异，表明驾驶员在这三种道路条件下变道时所选取的横向加速度相似，驾驶策略与地形条件无关。图 8-54（b）显示，在低速条件下，车辆在超车的变道阶段的横向加速度相对高速条件下较高，表明驾驶员在高速条件下更为谨慎。

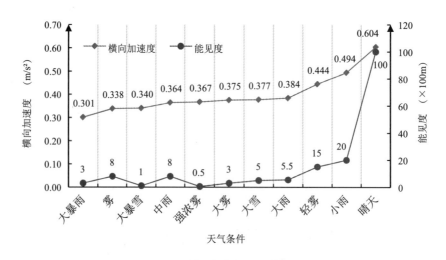

图 8-53 不同天气条件下的横向加速度

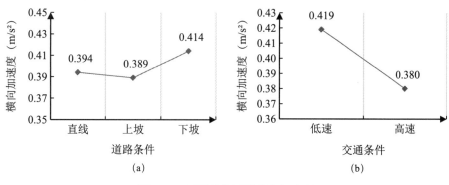

图 8-54 不同条件下的横向加速度
（a）不同道路条件；（b）不同交通条件

道路与交通条件对超车的变道阶段的横向加速度影响显著（$p < 0.05$），不同道路与交通条件下的横向加速度如图 8-55 所示。

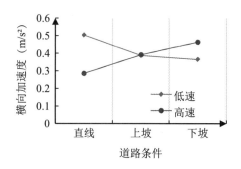

图 8-55 不同道路与交通条件下的横向加速度

图 8-55 显示，交互影响主要来自于高速条件下的上坡和下坡路段，相比于低速条件下，高速条件下的上坡和下坡路段横向加速度提高，表明驾驶员在该条件下对车辆横向稳定性控制变差。

（5）纵向加速度 I

超车行为中变道阶段的纵向加速度指的是车辆在纵向方向上的加速度，反映了驾驶员对车辆在纵向方向上稳定性的控制。

图 8-56 显示，不同天气下驾驶员在超车的变道阶段的纵向加速度处于同一水平，表明驾驶员在不同天气条件下超车的谨慎程度以及对车辆纵向稳定性的控制较为类似。图 8-57（a）显示，三种道路条件中，下坡路段的纵向加速度最大，表明驾驶员在下坡路段对车辆的纵向行驶稳定性控制较差；上坡路段纵向加速度最小，表明驾驶员在上坡路段对车辆的纵向行驶稳定性控制较好，驾驶的谨慎程度较高。图 8-57（b）显示，在低速条件下，车辆在超车的变道阶段的纵向加速度相对高速条件下较高，表明驾驶员在高速条件下较为谨慎，对车辆纵向稳定性的控制较好。

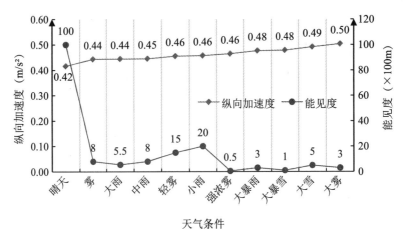

图 8-56　不同天气条件下的纵向加速度

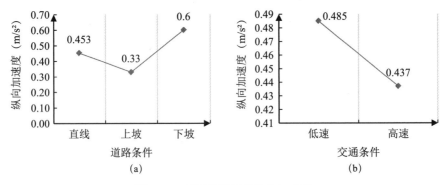

图 8-57　不同条件下的纵向加速度
（a）不同道路条件；（b）不同交通条件

道路与交通条件对超车的变道阶段的纵向加速度影响显著（$p < 0.05$），不同道路与交通条件下的纵向加速度如图 8-58 所示。

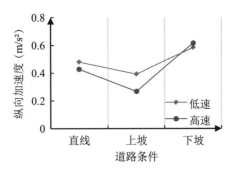

图 8-58　不同道路与交通条件下的纵向加速度

图 8-58 显示，交互作用主要来自于高速上坡条件，较直线和下坡条件，上坡条件在高速状态下的纵向加速度与在低速状态下呈现的纵向加速度差异显著，表明驾驶员在高速上坡条件下对车辆的控制与其他地形条件下不同，对车辆纵向稳定性控制与低速下差别较大。

（6）车速

超车行为的加速阶段指的是车辆在完成变道阶段到达左侧车道后，加速超过原车道前方车辆的过程。该过程的车速反映驾驶员在超车加速阶段的谨慎程度。

图 8-59 显示，强浓雾天气下的车速小于其他天气，表明驾驶员在强浓雾天气下谨慎程度较大。图 8-60（a）显示，相对于直线和下坡，上坡条件下车速较小，表明上坡条件下超车时，驾驶员倾向采取与直线和下坡阶段相比较小的车速，在上坡条件下谨慎程度较大；在直线和下坡条件下驾驶员采取的超车车速基本相同。图 8-60（b）显示，低速条件下车辆超车的加速阶段的车速小于高速条件。

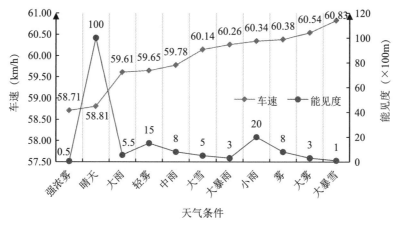

图 8-59 不同天气条件下的车速

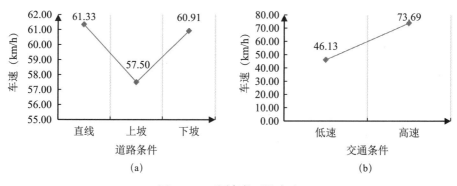

图 8-60 不同条件下的车速
（a）不同道路条件；（b）不同交通条件

（7）加速度

超车行为中加速阶段的加速度指的是车辆在左侧车道超越原车道前方车辆过程中的加速度，反映了驾驶员在超车加速阶段对车辆稳定性的控制。

图 8-61 显示，多数天气下加速度处于同一水平，表明驾驶员在不同的天气下对车辆稳定性的控制类似，而晴天天气下的加速度小于轻雾天气，表明驾驶员在轻雾天气下对车辆稳定性控制较晴天天气下差。图 8-62（a）显示，下坡条件车辆超车的加速阶段的加

速度大于直线条件,直线条件的加速度大于上坡条件;表明驾驶员在不同的道路条件下超车时,在上坡条件下的谨慎程度最大,对车辆的稳定性控制较好;在下坡条件下的谨慎程度最小;对车辆稳定性控制较差。图 8-62(b)显示,低速条件下车辆超车的加速阶段的加速度大于高速条件,表明驾驶员在高速条件下超车时谨慎程度较大,对车辆加速控制较好。

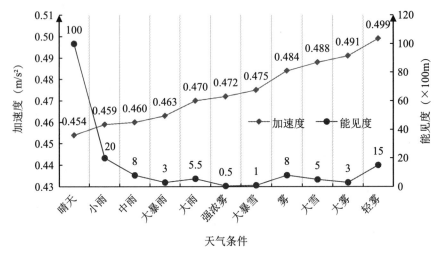

图 8-61 不同天气条件下的加速度

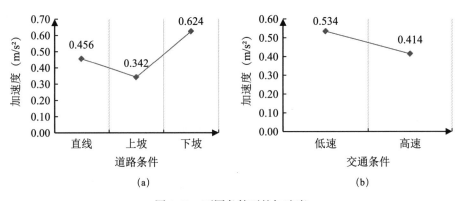

图 8-62 不同条件下的加速度
(a)不同道路条件;(b)不同交通条件

道路与交通条件对车辆加速度具有显著影响($p < 0.05$),不同道路与交通条件下的加速度如图 8-63 所示。

图 8-63 显示,道路和交通条件对加速度的交互作用主要来自高速条件下的下坡路段,加速度明显提高,表明驾驶员在高速条件下下坡条件下倾向于选择较大的加速度,有追尾的安全隐患。

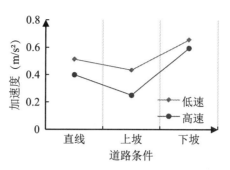

图 8-63 不同道路与交通条件下的加速度

（8）前车车头时距 II

超车行为并道阶段指的是车辆在左侧车道完成对原车道前方车辆的超越后，从左侧车道并回原车道的过程。并道阶段的前车车头时距指的是实验车辆在并道行为开始时前方车辆与本车辆的距离，反映了驾驶员在并道开始阶段的谨慎程度。

图 8-64 显示，强浓雾天气下的前车车头时距大于其他天气，表明驾驶员在强浓雾天气下并道时的谨慎程度较大；雾、小雨等天气下的前车车头时距较小。图 8-65（a）显示，上坡条件下超车的并道阶段的前车车头时距明显高于直线和下坡条件，表明驾驶员在上坡条件下较为谨慎，选择较大的车头时距；直线和下坡条件下的前车车头时距没有显著性差异，表明驾驶员在直线和下坡条件下选择的并道策略类似。图 8-65（b）显示，低速条件下车辆并道时的前车车头时距小于高速条件下的前车车头时距，表明驾驶员在高速条件下并道时谨慎程度较高。

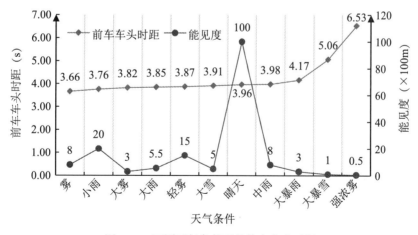

图 8-64 不同天气条件下的前车车头时距

道路与交通条件对车辆车头时距具有显著影响（$p < 0.05$），不同道路与交通条件下的前车车头时距如图 8-66 所示。

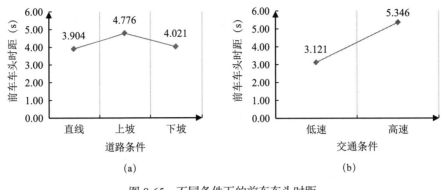

图 8-65 不同条件下的前车车头时距
（a）不同道路条件；（b）不同交通条件

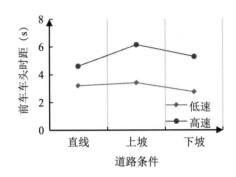

图 8-66 不同道路与交通条件下的前车车头时距

图 8-66 显示，道路与交通条件的交互作用主要来自于高速条件下的直线路段，其车头时距明显较小，表明驾驶员在高速条件下直线条件下并道时的谨慎程度较小，有安全隐患。

天气与交通条件对车辆车头时距影响显著（$p < 0.05$），不同天气与交通条件下的前车车头时距如图 8-67 所示。

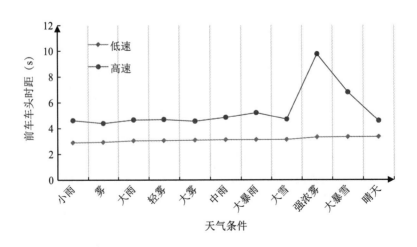

图 8-67 不同天气与交通条件下的前车车头时距

图 8-67 显示,交互效应主要来自高速状态下强浓雾和大暴雪天气,驾驶员在该条件下车头时距较大,谨慎程度大于低速状态。

(9)右前车车头时距Ⅱ

并道阶段的右前车车头时距指的是车辆在并道行为开始阶段,右前方车辆与实验车辆的距离,也反映了驾驶员在并道阶段的谨慎程度。

图 8-68 显示,强浓雾天气下车辆并道时右前车车头时距最大,其次是大暴雪,表明在恶劣天气下驾驶员并道时的谨慎程度较大,大雪和大雨等天气条件下车头时距较小,可能是由于驾驶员在一定恶劣程度范围内的天气下驾驶谨慎程度变化较小导致。图 8-69(a)显示,直线、上坡及下坡条件下的右前车车头时距处于同一水平,表明驾驶员并道时对右前车距离不敏感,三种道路条件下并道时右前车距离相差不大。图 8-69(b)显示,低速条件下车辆并道时的右前车车头时距小于高速条件,表明驾驶员在高速条件下并道时对右前车的谨慎程度较大。

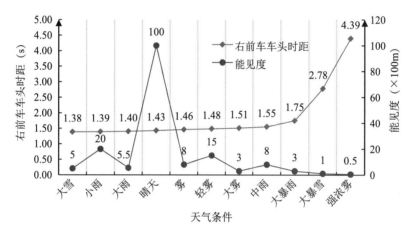

图 8-68　不同天气条件下的右前车车头时距

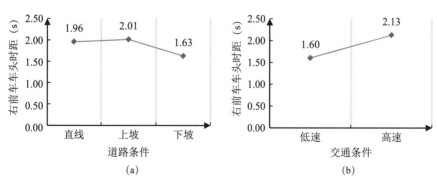

图 8-69　不同条件下的右前车车头时距
(a)不同道路条件;(b)不同交通条件

道路与交通条件对车辆右前车车头时距具有显著影响($p < 0.05$),不同道路与交通条件下的右前车车头时距如图 8-70 所示。

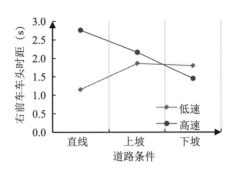

图 8-70　不同道路与交通条件下的右前车车头时距

图 8-70 显示，道路和交通条件对右前车车头时距的交互作用主要来自于高速状态下的上坡和下坡条件。在高速状态下，驾驶员在上坡和下坡并道时选择的右前车车头时距减小，表明驾驶员在该条件下谨慎程度相对于直线减小，而低速状态下驾驶员在上坡和下坡条件下对右前车的谨慎程度变大。

天气与交通条件对车辆右前车车头时距影响显著（$p < 0.05$），不同天气与交通条件下的右前车车头时距如图 8-71 所示。

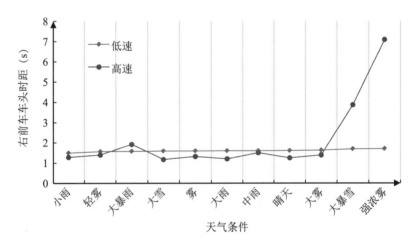

图 8-71　不同天气与交通条件下的右前车车头时距

图 8-71 显示，天气与交通条件的交互效应主要来自于强浓雾和大暴雪天气。高速状态下强浓雾天气和大暴雪天气的右前车车头时距明显增大，表明驾驶员在该条件下谨慎程度大于低速。

（10）右后车车头间距

并道阶段的右后车车头间距指的是车辆右侧车道后方车辆与实验车辆之间的距离，驾驶员通过右侧后视镜观察右后车间距从而选择是否并道。该指标反映了驾驶员在并道结束阶段的谨慎程度。

图 8-72 显示，强浓雾、大暴雪天气下的右后车车头间距较大，表明驾驶员在该天气下并道时对右后车车头间距较为敏感，谨慎程度较大；而在晴天天气下并道时对右后车车

头间距谨慎程度较小。图 8-73（a）显示，下坡条件下车辆并道时的右后车车头间距最大，其次是上坡，直线条件下的右后车车头间距最小，这表明驾驶员在上坡和下坡条件下选择较大的右后车车头间距进行并道，在非直线路段的驾驶谨慎程度较高。图 8-73（b）显示，低速条件下的右后车车头间距小于高速条件下的右后车车头间距，驾驶员在高速并道过程中选择较大的车头间距，表明驾驶员在高速条件下的谨慎程度较大。

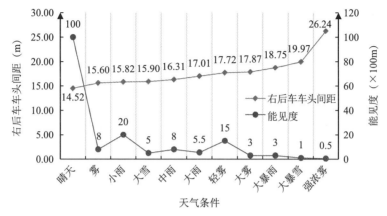

图 8-72　不同天气条件下的右后车车头间距

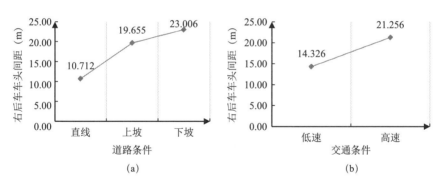

图 8-73　不同条件下的右后车车头间距
（a）不同道路条件；（b）不同交通条件

天气与交通条件对车辆右后车车头间距影响显著（$p < 0.05$），不同天气与交通条件下的右后车车头间距如图 8-74 所示。

图 8-74 显示，天气与交通条件的交互效应主要来自于强浓雾和大暴雪等天气，驾驶员在高速状态的该类恶劣天气下并道时选择的右后车车头间距大于低速状态，谨慎程度较大。

（11）横向加速度Ⅱ

横向加速度Ⅱ为超车的并道阶段车辆的横向加速度，反映了驾驶员在并道阶段对车辆横向稳定性的控制。

图 8-75 显示，大暴雨天气下车辆并道时的横向加速度最小，表明驾驶员在该天气下的谨慎程度较高；车辆变道时的横向加速度与能见度没有明显的相关关系。图 8-76（a）

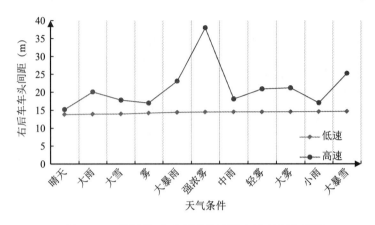

图 8-74　不同天气与交通条件下的右后车车头间距

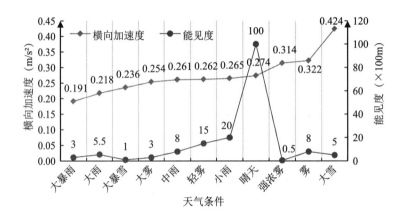

图 8-75　不同天气条件下的横向加速度

显示，直线、上坡及下坡条件下的横向加速度处于同一水平，表明驾驶员在并道过程中对道路条件不敏感，对车辆横向稳定的控制较为一致。图 8-76（b）显示，低速条件下车辆并道时的横向加速度小于高速条件下，表明驾驶员在低速条件下并道时谨慎程度较大，对车辆横向稳定的控制较好。

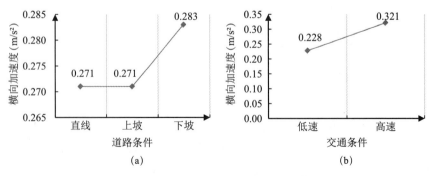

图 8-76　不同条件下的横向加速度
（a）不同道路条件；（b）不同交通条件

天气和交通条件对车辆横向加速度影响显著（$p < 0.05$），不同天气与交通条件下的横向加速度如图 8-77 所示。

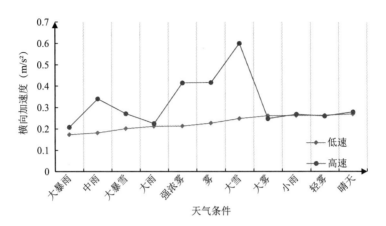

图 8-77　不同天气与交通条件下的横向加速度

图 8-77 显示，天气条件和交通条件影响交互效应主要来自于中雨、强浓雾、大雪等天气，驾驶员在高速状态下的该类天气下横向加速度增大，对车辆的横向稳定性控制下降。

（12）纵向加速度 II

纵向加速度 II 指的是车辆在并道阶段在纵向上的加速度，反映了驾驶员在并道阶段对车辆纵向稳定性的控制。

图 8-78 显示，不同天气条件下的纵向加速度保持在同一水平，驾驶员在不同天气下并道时对车辆的纵向稳定控制较为一致，受天气条件影响不大。图 8-79（a）显示，下坡条件纵向加速度大于直线、上坡条件，驾驶员在下坡条件下对车辆的纵向稳定控制较差；上坡条件纵向加速度最小，表明驾驶员对上坡条件对车辆纵向稳定控制较好，谨慎程度较高。图 8-79（b）显示，低速条件下车辆并道时的纵向加速度大于高速条件下，表明驾驶员在高速条件下并道时较为谨慎，对车辆纵向稳定控制较好。

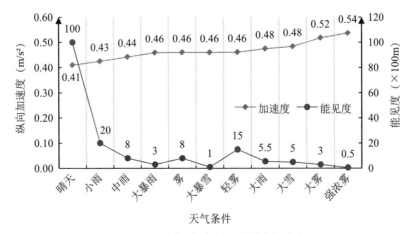

图 8-78　不同天气条件下的纵向加速度

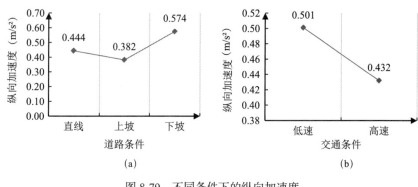

图 8-79 不同条件下的纵向加速度
（a）不同道路条件；（b）不同交通条件

3. 分析结果

驾驶员在超车的变道及并道阶段，受道路条件影响较小，而受天气与交通条件影响较大。在大雾、大暴雨、大暴雪及强浓雾天气下，驾驶员与周围车辆之间距离基本呈增加趋势，对车辆的稳定性控制变差，而在雾、小雨等能见度略小于晴天的天气下超车时，车辆与周围车辆距离相对晴天减小，危险性增加。在超车的加速阶段，驾驶员受天气影响较小，车辆稳定性控制受道路条件影响较大。

8.3 影响因素模型构建

基于微观驾驶行为特征描述，本节利用主成分分析及线性回归方法，构建不同天气、道路及交通条件对微观驾驶行为影响模型，定量化描述了不同的外部环境对驾驶员跟驰、变道及超车行为的影响，进一步剖析了交通特性中微观驾驶行为在不良天气等条件下的变化规律，为开展不良天气下交通特性分析提供了研究思路。

8.3.1 主成分分析

1. 哑变量处理

首先需要处理自变量表现形式，即将不同的天气、道路及交通条件进行哑变量处理，以道路条件为例，哑变量处理过程如表 8-12 所示。

哑变量处理过程　　表 8-12

道路条件		道路条件1	道路条件2	道路条件3
1		1	0	0
2		0	1	0
3		0	0	1

2. 天气、道路、交通变量主成分分析

主成分分析是一种通过正交变换将一组可能存在相关性的变量转换为线性不相关变

量的方法，能够将高维空间问题转化到低维空间处理，使问题简单、直观。主成分分析在评估过程中避免了人为因素干扰，保证了评估结果的客观性。

将天气、道路及交通总共16种变量数据标准化后进行主成分分析，得到主成分的累计贡献率如表8-13所示。分析结果显示，前14个主成分的累计贡献率达到了100%，因此取前14个主成分作为新的成分变量进行回归。

主成分的累计贡献率 表8-13

组件	初始特征值			提取载荷平方和		
	总计	方差百分比	累计贡献率（%）	总计	方差百分比	累计贡献率（%）
1	2.000	11.765	11.765	2.000	11.765	11.765
2	1.333	7.843	19.608	1.333	7.843	19.608
3	1.333	7.843	27.451	1.333	7.843	27.451
4	1.333	7.843	35.294	1.333	7.843	35.294
5	1.100	6.471	41.765	1.100	6.471	41.765
6	1.100	6.471	48.235	1.100	6.471	48.235
7	1.100	6.471	54.706	1.100	6.471	54.706
8	1.100	6.471	61.176	1.100	6.471	61.176
9	1.100	6.471	67.647	1.100	6.471	67.647
10	1.100	6.471	74.118	1.100	6.471	74.118
11	1.100	6.471	80.588	1.100	6.471	80.588
12	1.100	6.471	87.059	1.100	6.471	87.059
13	1.100	6.471	93.529	1.100	6.471	93.529
14	1.100	6.471	100.000	1.100	6.471	100.000
15	9.652E-16	5.678E-15	100.000	—	—	—
16	−2.206E-15	−1.298E-14	100.000	—	—	—

各主成分表达式如式（8-1）所示：

$$F_1 = 0.000a_1 + 0.000a_2 + 0.000a_3 + 0.000b_1 + 0.000b_2 + 0.000b_3 + 0.000b_4 + 0.000b_5 + 0.000b_6 + 0.000b_7 + 0.000b_8 + 0.000b_9 + 0.000b_{10} + 0.000b_{11} - 0.500c_1 + 0.000c_2$$

······

$$F_{14} = 0.000a_1 + 0.000a_2 + 0.000a_3 - 0.219b_1 + 0.138b_2 + 0.215b_3 + 0.610b_4 + 0.150b_5 - 0.452b_6 + 0.039b_7 + 0.067b_8 + 0.002b_9 - 0.131b_{10} - 0.417b_{11} + 0.000c_1 + 0.000c_2$$

(8-1)

式中 $F_1 \sim F_{14}$——分别代表第1主成分至第14主成分；
  a_1, a_2, a_3——分别代表直线、上坡、下坡；
  $b_1 \sim b_{11}$——分别代表晴天、轻雾、雾、大雾、强浓雾、小雨、中雨、大雨、大暴雨、大雪、大暴雪；

c_1、c_2——分别代表低速、高速。

将原始变量标准化后数据代入上述公式，计算主成分得分值，并应用线性回归方法，构建驾驶行为影响模型。

8.3.2 驾驶行为影响模型

1. 模型构建

驾驶行为影响模型的形式如式（8-2）所示：

$$y = B + k_1 晴天 + k_2 轻雾 + \cdots + k_i 直线 + k_{i+1} 上坡 + \cdots + k_{n-1} 高速 + k_n 低速 \quad (8-2)$$

式中 y——天气、道路及交通条件对驾驶行为影响程度；
$\quad\quad B$——模型常量；
$\quad\quad k_1 \sim k_n$——模型系数。

将处理后的驾驶行为指标及自变量输入 SPSS 中进行线性回归运算，得到驾驶行为影响模型系数，如表8-14、表8-15和附录C所示。其中，在跟驰行为模型中，由于停车间距、停车加速度描述的是车辆在启停阶段的特征，80km/h 加速度描述的车辆在自由流阶段的特征，而跟驰行为影响模型主要是面向跟驰过程，因此以上3个指标未列入跟驰行为影响模型中。

跟驰行为影响模型系数　　表8-14

系数矩阵	车头时距	跟驰变量	跟驰状态阈值	消极跟驰阈值	积极跟驰阈值	速度距离系数	振动加速度
R^2	0.615	0.857	0.729	0.761	0.664	0.119	0.686
（常量）	3.098	48.191	7.356	−4.642	6.636	0.16	0.381
直线	0.378	4.105	—	1.726	0.278	0.042	−0.037
上坡	−0.017	4.839	—	0.201	0.526	−0.054	−0.006
下坡	−0.36	−8.944	—	−1.927	−0.804	0.012	0.043
晴天	−1.158	−7.666	0.83	0.586	0.475	0.133	0.001
轻雾	−1.045	−3.62	1.027	0.877	0.89	0.012	0.032
雾	−1.071	−5.855	−0.418	0.914	0.319	−0.017	−0.009
大雾	−0.95	−3.748	0.154	1.07	0.157	0.027	−0.024
强浓雾	6.039	24.325	−2.121	−2.739	−1.901	−0.099	0.004
小雨	−1.044	−3.964	0.196	0.962	0.585	−0.005	0.013
中雨	−0.899	−3.854	0	0.273	0.126	0.067	−0.008
大雨	−0.929	−3.922	−0.971	0.074	0.037	0.011	−0.005
大暴雨	−0.047	0.167	1.034	0.072	0.126	−0.064	−0.004

续表

系数矩阵	车头时距	跟驰变量	跟驰状态阈值	消极跟驰阈值	积极跟驰阈值	速度距离系数	振动加速度
大雪	−0.84	−0.863	−0.337	0.246	0.419	−0.03	0.005
大暴雪	1.943	9.001	0.605	−2.335	−1.234	−0.036	−0.006
低速	−1.076	−21.068	−0.998	−0.339	−1.664	0.037	−0.017
高速	1.076	21.068	0.998	0.339	1.664	−0.037	0.017

变道行为影响模型系数　　　　　　　表 8-15

系数	前车车头时距	左前车车头时距	左后车车头间距	横向加速度	纵向加速度
R^2	0.601	0.568	0.723	0.728	0.362
（常量）	2.776	2.315	28.459	0.436	0.451
直线	−0.022	−0.017	−0.133	−0.12	−0.002
上坡	0.248	0.257	−1.252	−0.198	−0.037
下坡	−0.23	−0.392	3.49	−0.247	0.067
晴天	−0.803	−0.733	−2.336	0.088	−0.023
轻雾	−0.947	−0.788	−1.317	0.05	0.031
雾	−0.878	−0.785	−2.932	0.044	−0.002
大雾	−0.71	−0.727	−2.09	−0.057	−0.03
强浓雾	5.208	4.925	13.474	−0.054	0.052
小雨	−0.828	−0.757	−1.615	0.051	0
中雨	−0.776	−0.678	−1.752	−0.034	−0.056
大雨	−0.722	−0.707	−2.821	−0.053	−0.002
大暴雨	−0.15	−0.214	−0.483	−0.047	−0.003
大雪	−0.667	−0.718	−2.023	0.032	0.009
大暴雪	1.273	1.181	3.894	−0.019	0.025
低速	−0.878	−0.712	−7.192	−0.171	0.033
高速	0.878	0.712	7.192	0.171	−0.033

2. 模型分析

驾驶行为影响模型系数代表不同天气、道路及交通条件对微观驾驶行为指标的影响，为了研究不同外部条件对微观驾驶行为的综合影响，本节以驾驶行为影响模型为基础，通过对模型系数的分析，获取不同天气、道路及交通条件对跟驰、变道及超车行为的影响，以期为交通管理部门制定相应管理措施提供依据。

以跟驰行为影响模型回归系数为例，对系数进行横向加权求和，得到不同天气、道路及交通条件对驾驶行为的综合影响得分，如图 8-80 所示。

该得分反映的是不同天气、道路及交通条件对驾驶行为综合影响的程度，不同天气、道路及交通对微观驾驶行为影响分析如下。

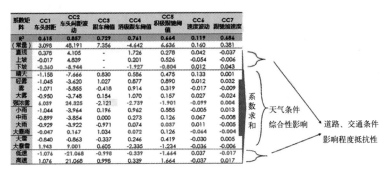

图 8-80　不同天气、道路及交通条件对驾驶行为的综合影响得分

(1) 跟驰行为

1) 不同等级天气条件对驾驶行为影响

图 8-81 显示,在车辆跟驰过程中,不良天气对驾驶行为的综合影响均大于晴天;强浓雾天气对驾驶行为影响最大,相对于其他天气,雾天和大雨天气对驾驶行为的影响较小。

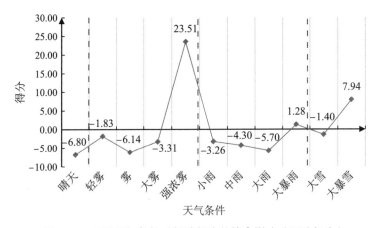

图 8-81　不同天气条件对驾驶行为的综合影响(跟驰行为)

2) 不同道路条件对驾驶行为影响

图 8-82 显示,在车辆跟驰过程中,直线道路条件对驾驶行为的影响大于上坡与下坡条件。

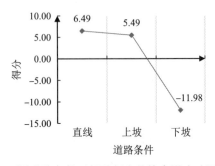

图 8-82　不同道路条件对驾驶行为的综合影响(跟驰行为)

3）不同交通条件对驾驶行为影响

图 8-83 显示，跟驰过程中，低速条件对驾驶行为的综合影响较小，而高速条件对驾驶行为综合影响较大。

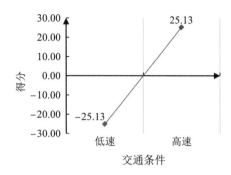

图 8-83　不同交通条件对驾驶行为的综合影响（跟驰行为）

（2）变道行为

1）不同等级天气条件对驾驶行为影响

图 8-84 显示，基于变道行为，多数天气条件对驾驶行为的综合影响相较于晴天变化不大，强浓雾、大暴雨及大暴雪天气对驾驶行为的影响较大。

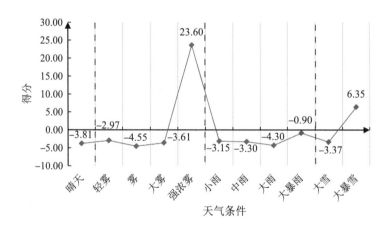

图 8-84　不同天气条件对驾驶行为的综合影响（变道行为）

2）不同道路条件对驾驶行为影响

图 8-85 显示，基于变道行为，相较于直线条件，弯道和上坡道路条件对驾驶行为的影响较小，而下坡条件影响较大。

3）不同交通条件对驾驶行为影响

图 8-86 显示，基于变道行为，低速条件对驾驶行为影响较小，高速条件对驾驶行为影响较大。

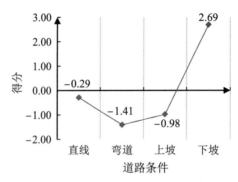

图 8-85 不同道路条件对交通运行驾驶行为的综合影响（变道行为）

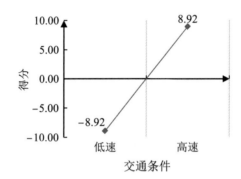

图 8-86 不同交通条件对驾驶行为的综合影响（变道行为）

（3）超车行为

1）不同等级天气条件对驾驶行为影响

图 8-87 显示，基于超车行为，在同一类天气条件下，随着天气恶劣程度提升，天气对驾驶行为的影响增大，而轻雾、雾等不良天气对驾驶行为的影响小于晴天。

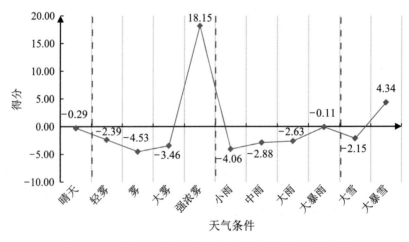

图 8-87 不同天气条件对驾驶行为的综合影响（超车行为）

2）不同道路条件对驾驶行为影响

图 8-88 显示，基于超车行为，相对于直线，上坡和下坡道路条件对驾驶行为的影响较大。

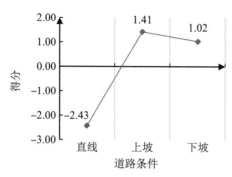

图 8-88　不同道路条件对驾驶行为的综合影响（超车行为）

3）不同交通条件对驾驶行为影响

图 8-89 显示，基于超车行为，低速条件对驾驶行为的影响较大，高速条件对驾驶行为影响较小。

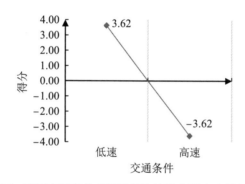

图 8-89　不同交通条件对驾驶行为的综合影响（超车行为）

8.4　基于微观驾驶行为的不良天气对交通流影响

微观驾驶行为是不良天气影响交通的深层原因，交通运行状况是不良天气的直接表现。不良天气条件下，驾驶员的微观驾驶行为的改变导致交通流特征产生相应变化。本节基于不良天气条件下微观驾驶行为特征，以微观驾驶行为参数为中介，利用 VISSIM 仿真，获取交通流基本特征，实现从不良天气条件下微观驾驶行为与中观交通流的互联互通，探究不良天气条件对交通特性中交通流特征的影响，为道路交通管理部门在不良天气条件下制定管控措施奠定基础。

8.4.1　VISSIM 仿真环境标定

1. 仿真流量提取

利用 Python 软件，获取 2016 年 4 月交通仿真流量，如表 8-16 所示。

交通仿真流量（工作日） 表 8-16

时间	流量（pcu/h）
早高峰	4534.58
早平峰	3909.52
午高峰	3749.074
午平峰	3702.463
晚高峰	3947.636

2. 仿真标定

分析北京市相应时间内该路段天气情况发现，在该段时间范围内，仅存在晴天和小雨两种天气，且小雨天气仅存在于工作日平峰时段。因此，使用平峰晴天条件下数据进行标定。

通过不断循环调整仿真路段出入口、匝道的路径分配，使得仿真交通环境与外场一致。以速度数据为指标，标定结果如图 8-90 所示。

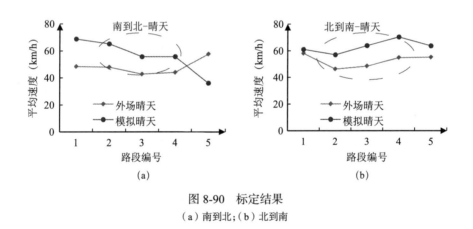

图 8-90 标定结果
（a）南到北；（b）北到南

其中，路段编号定义如图 8-91 所示。

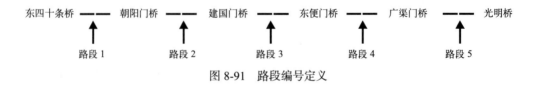

图 8-91 路段编号定义

图 8-90 的标定结果显示，在南到北、北到南的两个方向上，路段 2、路段 3、路段 4 在模拟仿真环境下的仿真速度参数虽然与外场数据相比较高，但其变化趋势一致，而路段 1、路段 5 的速度参数与外场有较大的差别。此情况出现可能由于仿真场景两端是仿真流量输入的初始路段，未能形成较为稳定的交通环境所致。

此外，对比路段 2、路段 3、路段 4 在小雨天气条件下的速度数据，验证标定环境有效性，结果如图 8-92 所示。

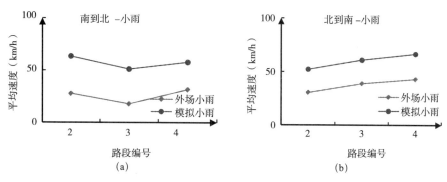

图 8-92　小雨天气条件下标定验证结果
（a）南到北；（b）北到南

图 8-92 显示，在小雨天气条件下，仿真结果与外场数据趋势一致，表明仿真环境标定有效。因此，在后续仿真测算中，以路段 2、路段 3、路段 4 为研究对象进行仿真测算与比较。

8.4.2　不良天气对交通流特性影响

本节以平峰交通环境为例，进行仿真测算，获取不良天气影响下交通流特征变化趋势。

1. 平均速度

对比不同天气条件下模拟仿真路段 2、路段 3、路段 4 的平均运行速度，以及基于模拟驾驶的自由流速度，如图 8-93 所示。

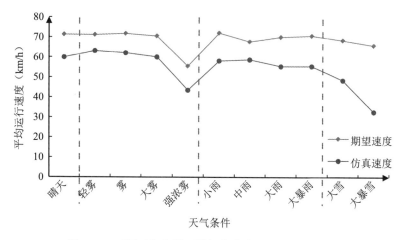

图 8-93　不同天气条件下模拟仿真路段的平均运行速度

图 8-93 显示，路段运行速度受到驾驶员期望运行速度影响较大。不同类型天气下，随着天气条件恶劣程度增加，平均运行速度降低，极端天气条件对道路交通流运行速度

影响较大;而非极端天气对交通流运行速度影响较小;雪天对交通流运行速度影响较大。

2. 平均流量

对比不同天气条件下模拟仿真路段 2、路段 3、路段 4 的平均流量,如图 8-94 所示。

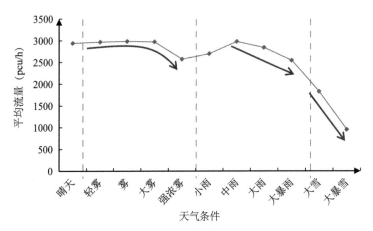

图 8-94　不同天气条件下模拟仿真路段的平均流量

图 8-94 显示,不同等级雨、雪、雾天气对交通流平均流量影响不同。雨雪天气下,随着恶劣程度增加,平均流量减小;特别是在雪天条件下,平均流量减小程度较大;非极端的雾天对平均流量影响较小。

3. 平均密度

对比不同天气条件下模拟仿真路段 2、路段 3、路段 4 的平均密度,如图 8-95 所示。

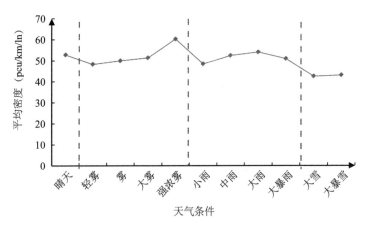

图 8-95　不同天气条件下模拟仿真路段的平均密度

图 8-95 显示,雾天条件下,交通流平均密度随着恶劣程度增加而增加,服务水平降低;但轻雾条件下平均密度反而较之晴天较低。雨天条件下,平均密度随着恶劣程度增加,但在极端条件下反而降低,可能是由于驾驶员更加谨慎所致。雪天条件下平均密度均较低,可能是谨慎程度较高所致。

4. 平均延误

对比不同天气条件下模拟仿真路段 2、路段 3、路段 4 的平均延误，如图 8-96 所示。

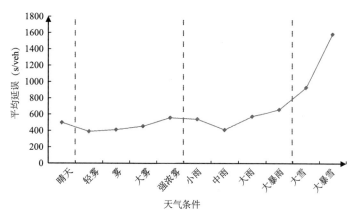

图 8-96 不同天气条件下模拟仿真路段平均延误

图 8-96 显示，平均延误随着天气恶劣程度增加而增加；特别在雪天条件下，平均延误剧增。

5. 自由流速度折减系数

以小雨天气条件下交通流特征变化为参照，推算不同天气条件下自由流折减系数。

通过标定结果可知，虽然在同一种天气情况下，仿真环境下交通流运行速度与实际情况具有一定差异，但其变化趋势相似。因此可利用现有小雨条件下交通流运行数据进行推算。仿真环境下自由流速度折减系数与实际情况下自由流速度折减系数关系如式（8-3）所示：

$$k_o = \frac{k_s}{1.383} \quad (8-3)$$

式中 k_o——实际情况下自由流速度折减系数；

k_s——仿真环境下自由流速度折减系数。

不同天气条件下自由流速度折减系数如图 8-97 所示。

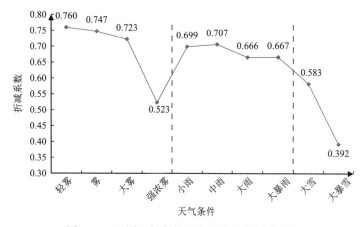

图 8-97 不同天气条件下自由流速度折减系数

图 8-97 显示，各天气条件下，随着恶劣程度增加，自由流速度折减系数变大。强浓雾和大暴雪条件下自由流速度折减较多；雪天条件下，自由流速度折减系数较大。

6. 通行能力折减系数

通过不断改变路网流量，仿真测算不同天气条件下的通行能力，取各条件下的最大通行能力并计算折减系数，如图 8-98 和图 8-99 所示。

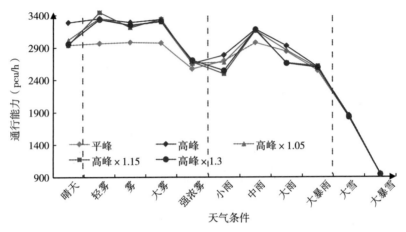

图 8-98 不同天气条件下的通行能力

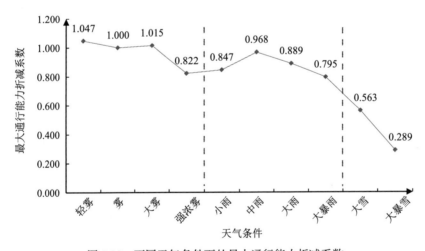

图 8-99 不同天气条件下的最大通行能力折减系数

图 8-98、图 8-99 显示，雾天条件下的最大通行能力折减系数较大，而各类天气条件下随着恶劣程度增加，通行能力降低。

附录 A

案例：宽度为 2m 的无人配送车运行仿真结果（机非隔离）

表 A

长度 (m)	属性	无人配送车仿真数量（辆）										
		0	50	100	150	200	250	300	350	400	450	500
150	非机动车速度（km/h）	16.93	16.50	16.18	15.89	15.61	15.36	15.11	14.97	14.80	14.65	14.52
	非机动车密度（veh/km）	64.37	65.51	66.89	67.71	69.54	70.97	72.11	73.35	74.12	74.91	75.14
	无人配送车速度（km/h）	0.00	12.94	12.90	12.90	12.89	12.87	12.86	12.85	12.83	12.83	12.82
	无人配送车密度（veh/km）	0.00	4.02	8.20	12.27	15.30	19.33	23.04	26.55	30.46	33.84	37.74
	所有车辆密度（veh/km）	64.37	69.64	75.09	79.98	84.84	90.30	95.15	99.90	104.58	108.76	112.88
	非机动车输出流量（辆）	1081.67	1081.00	1083.00	1075.67	1086.67	1090.33	1089.67	1100.33	1097.67	1099.00	1091.67
	无人配送车输出流量（辆）	0.00	53.67	106.33	158.33	197.33	250.67	297.33	341.33	389.67	434.67	484.33
	非机动车速度增长率（%）	0.00	−2.54	−4.43	−6.14	−7.80	−9.27	−10.75	−11.58	−12.58	−13.47	−14.24
	非机动车密度增长率（%）	0.00	1.77	3.91	5.19	8.03	10.25	12.02	13.95	15.15	16.37	16.73
200	非机动车速度（km/h）	16.63	16.14	15.77	15.46	15.20	14.94	14.70	14.55	14.39	14.24	14.12
	非机动车密度（veh/km）	65.06	66.97	68.66	69.61	71.44	72.97	74.12	75.35	76.28	77.10	77.27
	无人配送车速度（km/h）	0.00	12.93	12.88	12.88	12.88	12.86	12.84	12.83	12.80	12.80	12.79
	无人配送车密度（veh/km）	0.00	4.13	8.19	12.27	15.33	19.32	23.08	26.58	30.54	33.92	37.80
	所有车辆密度（veh/km）	65.06	71.10	76.85	81.88	86.77	92.30	97.20	101.94	106.81	111.01	115.07
	非机动车输出流量（辆）	1081.67	1081.00	1083.00	1075.67	1086.67	1090.33	1089.67	1100.33	1097.67	1099.00	1091.67
	无人配送车输出流量（辆）	0.00	53.67	106.33	158.33	197.33	250.67	297.33	341.33	389.67	434.67	484.33
	非机动车速度增长率（%）	0.00	−2.95	−5.17	−7.04	−8.60	−10.16	−11.61	−12.51	−13.47	−14.37	−15.09
	非机动车密度增长率（%）	0.00	2.94	5.53	6.99	9.81	12.16	13.93	15.82	17.25	18.51	18.77
250	非机动车速度（km/h）	16.41	15.84	15.46	15.12	14.87	14.62	14.39	14.26	14.10	13.97	13.51
	非机动车密度（veh/km）	65.92	68.24	70.05	71.19	72.94	74.58	75.68	76.85	77.80	78.60	78.81
	无人配送车速度（km/h）	0.00	12.92	12.87	12.87	12.86	12.84	12.82	12.81	12.78	12.77	12.76

221

续表

长度(m)	属性		0	50	100	150	200	250	300	350	400	450	500
250	无人配送车密度(veh/km)		0.00	4.11	8.18	12.28	15.35	19.33	23.11	26.63	30.60	33.96	37.87
	所有车辆密度(veh/km)		65.92	72.35	78.23	83.47	88.29	93.90	98.78	103.47	108.40	114.16	116.68
	非机动车输出流量(辆)		1081.67	1081.00	1083.00	1075.67	1086.67	1090.33	1089.67	1100.33	1097.67	1099.00	1091.67
	无人配送车输出流量(辆)		0.00	53.67	106.33	158.33	197.33	250.67	297.33	341.33	389.67	434.67	484.33
	非机动车速度增长率(%)		0.00	-3.47	-5.79	-7.86	-9.38	-10.91	-12.31	-13.10	-14.08	-14.87	-17.67
	非机动车密度增长率(%)		0.00	3.52	6.27	7.99	10.65	13.14	14.81	16.58	18.02	19.24	19.55
	非机动车速度(km/h)		16.22	15.60	15.21	14.87	14.63	14.37	14.16	14.04	13.89	13.77	13.65
300	非机动车密度(veh/km)		66.72	69.29	71.22	72.42	74.12	75.86	76.92	78.10	78.96	79.76	79.94
	无人配送车速度(km/h)		0.00	12.91	12.86	12.85	12.85	12.83	12.80	12.78	12.75	12.74	12.73
	无人配送车密度(veh/km)		0.00	4.09	8.18	12.28	15.38	19.34	23.13	26.67	30.66	34.02	37.95
	所有车辆密度(veh/km)		66.72	73.38	79.40	84.70	89.50	95.20	100.05	104.77	109.62	113.77	117.89
	非机动车输出流量(辆)		1081.67	1081.00	1083.00	1075.67	1086.67	1090.33	1089.67	1100.33	1097.67	1099.00	1091.67
	无人配送车输出流量(辆)		0.00	53.67	106.33	158.33	197.33	250.67	297.33	341.33	389.67	434.67	484.33
	非机动车速度增长率(%)		0.00	-3.82	-6.23	-8.32	-9.80	-11.41	-12.70	-13.44	-14.36	-15.10	-15.84
	非机动车密度增长率(%)		0.00	3.85	6.74	8.54	11.09	13.70	15.29	17.06	18.35	19.54	19.81
	非机动车速度(km/h)		16.05	15.39	15.00	14.63	14.43	14.18	13.98	13.85	13.73	13.61	13.50
350	非机动车密度(veh/km)		67.45	70.23	72.16	73.47	75.14	76.90	77.94	79.16	79.91	80.67	80.85
	无人配送车速度(km/h)		0.00	12.91	12.86	12.84	12.84	12.81	12.78	12.76	12.73	12.72	12.71
	无人配送车密度(veh/km)		0.00	4.08	8.18	12.29	15.40	19.35	23.16	26.71	30.69	34.04	38.01
	所有车辆密度(veh/km)		67.45	75.31	80.33	85.75	90.54	96.26	101.10	105.88	110.60	114.71	118.86
	非机动车输出流量(辆)		1081.67	1081.00	1083.00	1075.67	1086.67	1090.33	1089.67	1100.33	1097.67	1099.00	1091.67
	无人配送车输出流量(辆)		0.00	53.67	106.33	158.33	197.33	250.67	297.33	341.33	389.67	434.67	484.33
	非机动车速度增长率(%)		0.00	-4.11	-6.54	-8.85	-10.09	-11.65	-12.90	-13.71	-14.45	-15.20	-15.89

续表

长度(m)	属性	无人配送车仿真数量(辆)										
		0	50	100	150	200	250	300	350	400	450	500
400	非机动车密度增长率(%)	0.00	4.12	6.98	8.93	11.40	14.01	15.55	17.36	18.47	19.60	19.87
	非机动车速度(km/h)	15.90	15.21	14.82	14.48	14.26	14.02	13.83	13.71	13.60	13.49	13.38
	非机动车密度(veh/km)	68.13	71.07	72.97	74.38	76.02	77.80	78.79	79.97	80.68	81.47	81.56
	无人配送车速度(km/h)	0.00	12.90	12.85	12.83	12.82	12.79	12.76	12.74	12.71	12.70	12.69
	无人配送车密度(veh/km)	0.00	4.08	8.18	12.29	15.42	19.37	23.20	26.76	30.72	34.09	38.08
	所有车辆密度(veh/km)	68.13	75.15	81.15	86.68	91.44	97.18	101.99	106.73	111.40	115.56	119.64
	非机动车输出流量(辆)	1081.67	1081.00	1083.00	1075.67	1086.67	1090.33	1089.67	1100.33	1097.67	1099.00	1091.67
	无人配送车输出流量(辆)	0.00	53.67	106.33	158.33	197.33	250.67	297.33	341.33	389.67	434.67	484.33
	非机动车速度增长率(%)	0.00	−4.34	−6.79	−8.93	−10.31	−11.82	−13.02	−13.77	−14.47	−15.16	−15.85
450	非机动车密度增长率(%)	0.00	4.32	7.10	9.17	11.58	14.19	15.65	17.38	18.42	19.58	19.71
	非机动车速度(km/h)	15.76	15.06	14.67	14.33	14.12	13.88	13.71	13.59	13.49	13.39	13.29
	非机动车密度(veh/km)	68.73	71.78	73.69	75.19	76.78	78.55	79.51	80.65	81.33	82.10	82.17
	无人配送车速度(km/h)	0.00	12.89	12.84	12.82	12.82	12.78	12.74	12.73	12.69	12.68	12.67
	无人配送车密度(veh/km)	0.00	4.07	8.18	12.30	15.43	19.39	23.23	26.80	30.75	34.12	38.13
	所有车辆密度(veh/km)	68.73	75.86	81.87	87.48	92.21	97.95	102.74	107.45	112.08	116.22	120.30
	非机动车输出流量(辆)	1081.67	1081.00	1083.00	1075.67	1086.67	1090.33	1089.67	1100.33	1097.67	1099.00	1091.67
	无人配送车输出流量(辆)	0.00	53.67	106.33	158.33	197.33	250.67	297.33	341.33	389.67	434.67	484.33
	非机动车速度增长率(%)	0.00	−4.44	−6.92	−9.07	−10.41	−11.93	−13.01	−13.77	−14.40	−15.04	−15.67
	非机动车密度增长率(%)	0.00	4.44	7.22	9.40	11.71	14.29	15.68	17.34	18.33	19.45	19.55

附录 B

案例：宽度为 3.5m 的无人配送车运行仿真结果（机非混行）

表 B

长度(m)	属性	无人配送车仿真数量（辆）										
		0	50	100	150	200	250	300	350	400	450	500
150	非机动车速度（km/h）	18.12	17.66	17.27	16.80	16.59	16.35	16.18	15.95	15.73	15.57	15.36
	非机动车密度（veh/km）	22.07	22.35	23.30	24.22	24.64	24.71	24.63	25.02	25.56	25.97	26.32
	机动车速度（km/h）	19.39	17.74	16.63	15.76	15.29	14.84	14.54	14.24	14.02	13.86	13.68
	机动车密度（veh/km）	19.75	21.62	22.43	23.93	24.59	25.74	26.35	27.58	28.36	28.54	28.93
	无人配送车速度（km/h）	0.00	12.96	12.94	12.92	12.90	12.87	12.84	12.82	12.80	12.78	12.75
	无人配送车密度（veh/km）	0.00	4.02	8.25	11.59	15.76	19.21	23.24	26.58	30.28	33.98	37.84
	所有车辆密度（veh/km）	41.81	47.98	53.98	59.75	64.98	69.66	74.22	79.17	84.19	88.49	93.08
	设计流量（辆）	800.00	800.00	800.00	800.00	800.00	800.00	800.00	800.00	800.00	800.00	800.00
	非机动车输出流量（辆）	400.33	394.33	402.67	408.33	407.33	404.33	397.00	399.00	402.67	404.33	403.33
	机动车输出流量（辆）	383.33	383.67	373.33	377.67	376.67	383.67	384.00	393.33	398.33	396.33	395.33
	无人配送车输出流量（辆）	0.00	52.67	107.67	149.00	202.67	248.33	310.33	329.67	388.33	433.67	483.67
	非机动车速度增长率（%）	0.00	-2.54	-4.69	-7.28	-8.44	-9.77	-10.71	-11.98	-13.19	-14.07	-15.23
	非机动车密度增长率（%）	0.00	1.27	5.57	9.74	11.64	11.96	11.60	13.37	15.81	17.67	19.26
	机动车速度增长率（%）	0.00	-8.51	-14.23	-18.72	-21.14	-23.47	-25.01	-26.56	-27.69	-28.52	-29.45
	机动车密度增长率（%）	0.00	9.47	13.57	21.16	24.51	30.33	33.42	39.65	43.59	44.51	46.48
200	非机动车速度（km/h）	17.94	17.39	16.93	16.42	16.17	15.92	15.75	15.49	15.29	15.13	14.90
	非机动车密度（veh/km）	22.30	22.71	23.75	24.78	25.27	25.42	25.32	25.76	26.30	26.72	27.13
	机动车速度（km/h）	18.77	17.09	15.98	15.21	14.79	14.39	14.14	13.87	13.69	13.55	13.38
	机动车密度（veh/km）	20.39	22.41	23.36	24.75	25.43	26.54	27.10	28.30	29.02	29.22	29.56
	无人配送车速度（km/h）	0.00	12.97	12.93	12.91	12.88	12.85	12.82	12.79	12.77	12.75	12.72
	无人配送车密度（veh/km）	0.00	4.01	8.27	11.60	15.78	19.23	23.26	26.63	30.36	34.08	37.95

续表

长度(m)	属性	0	50	100	150	200	250	300	350	400	450	500
200	所有车辆密度（veh/km）	42.69	49.14	55.38	61.13	66.49	71.19	75.68	80.69	85.68	90.02	94.64
	设计流量（辆）	800.00	800.00	800.00	800.00	800.00	800.00	800.00	800.00	800.00	800.00	800.00
	非机动车输出流量（辆）	400.33	394.33	402.67	408.33	407.33	404.33	397.67	398.33	402.67	404.33	403.33
	机动车输出流量（辆）	383.33	383.67	373.33	377.67	376.67	383.67	384.00	393.33	398.33	396.33	395.33
	无人配送车输出流量（辆）	0.00	52.67	107.67	149.00	202.67	248.33	299.33	340.67	388.33	433.67	483.67
	非机动车速度增长率（%）	0.00	-3.07	-5.63	-8.47	-9.87	-11.26	-12.21	-13.66	-14.77	-15.66	-16.95
	非机动车密度增长率（%）	0.00	1.84	6.50	11.12	13.32	13.99	13.54	15.52	17.94	19.82	21.66
	机动车速度增长率（%）	0.00	-8.95	-14.86	-18.97	-21.20	-23.34	-24.67	-26.11	-27.06	-27.81	-28.72
	机动车密度增长率（%）	0.00	9.91	14.57	21.38	24.72	30.16	32.91	38.79	42.32	43.31	44.97
	非机动车速度（km/h）	17.87	17.14	16.64	16.13	15.94	15.68	15.48	15.28	15.07	14.95	14.73
	非机动车密度（veh/km）	23.09	23.78	24.73	25.62	25.98	26.31	26.16	26.43	26.65	27.11	27.55
	机动车速度（km/h）	18.50	16.74	15.55	14.95	14.57	14.22	13.93	13.67	13.48	13.38	13.24
	机动车密度（veh/km）	21.16	23.29	24.55	25.70	26.48	26.98	28.10	28.86	29.34	29.42	29.95
	无人配送车速度（km/h）	0.00	12.93	12.90	12.87	12.85	12.83	12.80	12.77	12.74	12.72	12.70
250	所有车辆密度（veh/km）	44.26	51.13	57.72	62.64	67.74	72.41	77.22	82.06	86.81	91.16	95.77
	设计流量（辆）	800.00	800.00	800.00	800.00	800.00	800.00	800.00	800.00	800.00	800.00	800.00
	非机动车输出流量（辆）	400.33	394.33	402.67	408.33	407.33	404.33	397.67	398.33	402.67	404.33	403.33
	机动车输出流量（辆）	383.33	383.67	373.33	377.67	376.67	383.67	384.00	393.33	398.33	396.33	395.33
	无人配送车输出流量（辆）	0.00	52.67	107.67	149.00	202.67	248.33	299.33	340.67	388.33	433.67	483.67
	非机动车速度增长率（%）	0.00	-4.09	-6.88	-9.74	-10.80	-12.26	-13.37	-14.49	-15.67	-16.34	-17.57
	非机动车密度增长率（%）	0.00	2.99	7.10	10.96	12.52	13.95	13.30	14.47	15.42	17.41	19.32

续表

长度(m)	属性	0	50	100	150	200	250	300	350	400	450	500
300	机动车速度增长率(%)	0.00	-9.51	-15.95	-19.19	-21.24	-23.14	-24.70	-26.11	-27.14	-27.68	-28.43
	机动车密度增长率(%)	0.00	10.07	16.02	21.46	25.14	27.50	32.80	36.39	38.66	39.04	41.54
	非机动车速度(km/h)	17.60	16.88	16.34	15.83	15.54	15.27	15.11	14.87	14.66	14.55	14.32
	非机动车密度(veh/km)	22.72	23.42	24.60	25.71	26.31	26.51	26.44	26.88	27.40	27.76	28.21
	机动车速度(km/h)	17.82	16.09	15.10	14.53	14.17	13.86	13.66	13.44	13.30	13.21	13.08
	机动车密度(veh/km)	21.43	23.80	24.72	25.90	26.51	27.56	28.05	29.14	29.83	29.98	30.27
	无人配送车速度(km/h)	0.00	12.96	12.92	12.89	12.85	12.81	12.78	12.75	12.72	12.70	12.67
	无人配送车辆密度(veh/km)	0.00	4.01	8.29	11.60	15.79	19.30	23.34	26.72	30.48	34.25	38.08
	所有车辆密度(veh/km)	44.15	51.23	57.61	63.20	68.61	73.38	77.83	82.74	87.70	91.98	96.57
	设计流量(辆)	800.00	800.00	800.00	800.00	800.00	800.00	800.00	800.00	800.00	800.00	800.00
	非机动车输出流量(辆)	400.33	394.33	402.67	408.33	408.67	404.33	397.67	398.33	402.67	404.33	403.33
	机动车输出流量(辆)	383.33	383.67	373.33	377.67	376.00	383.67	384.00	393.33	398.33	396.33	395.33
	无人配送车输出流量(辆)	0.00	52.67	107.67	149.00	185.67	248.33	299.33	340.67	388.33	433.67	483.67
	非机动车速度增长率(%)	0.00	-4.09	-7.16	-10.06	-11.70	-13.24	-14.15	-15.51	-16.70	-17.33	-18.64
	非机动车密度增长率(%)	0.00	3.08	8.27	13.16	15.80	16.68	16.37	18.31	20.60	22.18	24.16
	机动车速度增长率(%)	0.00	-9.71	-15.26	-18.46	-20.48	-22.22	-23.34	-24.58	-25.36	-25.87	-26.60
	机动车密度增长率(%)	0.00	11.06	15.35	20.86	23.71	28.60	30.89	35.98	39.20	39.90	41.25
350	非机动车速度(km/h)	17.45	16.65	16.07	15.58	15.29	15.03	14.86	14.64	14.45	14.33	14.12
	非机动车密度(veh/km)	22.91	23.73	25.02	26.12	26.75	26.94	26.90	27.32	27.78	28.19	28.61
	机动车速度(km/h)	17.46	15.75	14.83	14.30	13.97	13.69	13.50	13.31	13.18	13.09	12.99
	机动车密度(veh/km)	21.85	24.33	25.19	26.30	26.88	27.90	28.38	29.42	30.07	30.23	30.50
	无人配送车速度(km/h)	0.00	12.95	12.91	12.88	12.84	12.80	12.77	12.73	12.70	12.68	12.64

续表

长度 (m)	属性	无人配送车仿真数量（辆）										
		0	50	100	150	200	250	300	350	400	450	500
350	无人配送车密度（veh/km）	0.00	4.02	8.30	11.61	15.80	19.32	23.38	26.77	30.52	34.33	38.15
	所有车辆密度（veh/km）	44.76	52.08	58.51	64.02	69.43	74.16	78.66	83.51	88.37	92.74	97.26
	设计流量（辆）	800.00	800.00	800.00	800.00	800.00	800.00	800.00	800.00	800.00	800.00	800.00
	非机动车输出流量（辆）	400.33	394.33	402.67	408.33	406.33	404.33	397.67	398.33	402.67	404.33	403.33
	机动车输出流量（辆）	383.33	383.67	373.33	377.67	378.33	383.67	384.00	393.33	398.33	396.33	395.33
	无人配送车输出流量（辆）	0.00	52.67	107.67	149.00	183.67	248.33	299.33	340.67	388.33	433.67	483.67
	非机动车速度增长率（%）	0.00	-4.58	-7.91	-10.72	-12.38	-13.87	-14.84	-16.10	-17.19	-17.88	-19.08
	非机动车密度增长率（%）	0.00	3.58	9.21	14.01	16.76	17.59	17.42	19.25	21.26	23.05	24.88
	机动车速度增长率（%）	0.00	-9.79	-15.06	-18.10	-19.99	-21.59	-22.68	-23.77	-24.51	-25.03	-25.60
	机动车密度增长率（%）	0.00	11.35	15.29	20.37	23.02	27.69	29.89	34.65	37.62	38.35	39.59
	非机动车速度（km/h）	17.32	16.44	15.84	15.37	15.08	14.83	14.67	14.44	14.27	14.14	13.94
	非机动车密度（veh/km）	23.08	24.04	25.40	26.48	27.13	27.31	27.27	27.71	28.13	28.54	28.96
	机动车速度（km/h）	17.17	15.47	14.61	14.13	13.81	13.55	13.39	13.20	13.09	13.01	12.91
	机动车密度（veh/km）	22.21	24.77	25.59	26.62	27.18	28.16	28.63	29.65	30.27	30.42	30.69
	无人配送车速度（km/h）	0.00	12.95	12.90	12.87	12.82	12.79	12.75	12.71	12.68	12.66	12.62
400	无人配送车密度（veh/km）	0.00	4.01	8.30	11.62	15.82	19.33	23.41	26.81	30.56	34.40	38.22
	所有车辆密度（veh/km）	45.29	52.82	59.29	64.73	70.12	74.80	79.31	84.17	88.96	93.36	97.88
	设计流量（辆）	800.00	800.00	800.00	800.00	800.00	800.00	800.00	800.00	800.00	800.00	800.00
	非机动车输出流量（辆）	400.33	394.33	402.67	408.33	407.33	404.33	397.67	398.33	402.67	404.33	403.33
	机动车输出流量（辆）	383.33	383.67	373.33	377.67	376.67	383.67	384.00	393.33	398.33	396.33	395.33
	无人配送车输出流量（辆）	0.00	52.67	107.67	149.00	202.67	248.33	299.33	340.67	388.33	433.67	483.67
	非机动车速度增长率（%）	0.00	-5.08	-8.55	-11.26	-12.93	-14.38	-15.30	-16.63	-17.61	-18.36	-19.52

续表

长度(m)	属性	无人配送车仿真数量（辆）										
		0	50	100	150	200	250	300	350	400	450	500
450	非机动车密度增长率（%）	0.00	4.16	10.05	14.73	17.55	18.33	18.15	20.06	21.88	23.66	25.48
	机动车速度增长率（%）	0.00	-9.90	-14.91	-17.71	-19.57	-21.08	-22.02	-23.12	-23.76	-24.23	-24.81
	机动车密度增长率（%）	0.00	11.53	15.22	19.86	22.38	26.79	28.91	33.50	36.29	36.97	38.18
	非机动车速度（km/h）	17.18	16.24	15.63	15.18	14.89	14.66	14.50	14.28	14.12	13.98	13.80
	非机动车密度（veh/km）	23.27	24.34	25.73	26.81	27.44	27.64	27.60	28.05	28.45	28.86	29.26
	机动车速度（km/h）	16.91	15.22	14.43	13.99	13.69	13.45	13.29	13.11	13.02	12.94	12.85
	机动车密度（veh/km）	22.53	25.16	25.92	26.88	27.43	28.37	28.84	29.84	30.43	30.59	30.83
	无人配送车速度（km/h）	0.00	12.94	12.90	12.86	12.81	12.77	12.73	12.69	12.66	12.64	12.60
	所有车辆密度（veh/km）	45.80	53.51	59.96	65.33	70.70	75.35	79.87	84.74	89.48	93.91	98.40
	设计流量（辆）	800.00	800.00	800.00	800.00	800.00	800.00	800.00	800.00	800.00	800.00	800.00
	非机动车输出流量（辆）	400.33	394.33	402.66	408.33	403.00	401.66	400.00	398.33	402.66	404.33	403.33
	机动车输出流量（辆）	383.33	383.67	373.33	377.67	385.33	380.67	392.00	393.33	398.33	396.33	395.33
	无人配送车输出流量（辆）	3.07	3.13	3.27	3.37	3.30	3.30	3.37	3.33	3.37	3.33	3.40
	非机动车速度增长率（%）	0.00	-5.47	-9.02	-11.64	-13.33	-14.67	-15.60	-16.88	-17.81	-18.63	-19.67
	非机动车密度增长率（%）	0.00	4.60	10.57	15.21	17.92	18.78	18.61	20.54	22.26	24.02	25.74
	机动车速度增长率（%）	0.00	-9.99	-14.67	-17.27	-19.04	-20.46	-21.41	-22.47	-23.00	-23.48	-24.01
	机动车密度增长率（%）	0.00	11.67	15.05	19.31	21.75	25.92	28.01	32.45	35.06	35.77	36.84

附录 C

超车行为影响模型系数

表 C

系数	前车车头时距(s)	左前车车头时距(s)	左后车距离(m)	横向加速度(m/s²)	纵向加速度(m/s²)	车速(m/s)	加速度(m/s²)	前车车头时距(s)	右前车车头时距(s)	右后车距离(m)	横向加速度(m/s²)	纵向加速度(m/s²)
R^2	0.472	0.709	0.756	0.466	0.744	0.992	0.9	0.83	0.148	0.689	0.385	0.713
(常量)	2.052	1.635	25.347	0.399	0.461	-59.913	0.474	3.834	1.465	17.791	0.275	0.466
直线	0.03	0.358	5.872	-0.005	-0.008	-1.421	-0.019	-0.279	0.144	-7.079	-0.003	-0.022
上坡	0.079	-0.032	-2.954	-0.011	-0.131	2.412	-0.132	0.4	0.006	1.865	-0.005	-0.084
下坡	-0.109	-0.326	-2.918	0.016	0.139	-0.992	0.151	-0.121	-0.15	5.214	0.008	0.106
晴天	-0.125	0.005	1.825	0.205	-0.044	1.105	-0.02	0.13	-0.041	-3.278	-0.002	-0.057
轻雾	-0.113	-0.068	-2.507	0.045	-0.006	0.266	0.026	0.037	0.018	-0.071	-0.013	-0.005
雾	-0.137	-0.11	-1.409	-0.06	-0.017	-0.47	0.01	-0.176	-0.008	-2.191	0.048	-0.006
大雾	0.007	-0.007	-3.002	-0.025	0.041	-0.626	0.017	-0.012	0.042	0.076	-0.02	0.052
强浓雾	0.443	0.304	7.669	-0.031	0.003	1.203	-0.004	-0.114	0.122	8.448	0.038	0.072
小雨	-0.077	-0.06	-1.393	0.094	-0.004	-0.43	-0.014	-0.078	-0.078	-1.974	-0.009	-0.041
中雨	-0.055	-0.072	-1.536	-0.036	-0.017	0.134	-0.014	0.146	0.084	-1.478	-0.013	-0.026
大雨	-0.146	-0.084	-1.785	-0.015	-0.017	0.305	-0.004	0.014	-0.065	-0.78	-0.057	0.009
大暴雨	0.019	0.016	-0.585	-0.098	0.014	-0.346	-0.01	0.034	-0.015	0.957	-0.084	-0.009
大雪	0.047	0.024	-0.284	-0.02	0.028	-0.231	0.014	0.079	-0.081	-1.893	0.15	0.016
大暴雪	0.136	0.052	3.006	-0.06	0.018	-0.911	0	-0.06	0.022	2.182	-0.038	-0.006
低速	-0.104	-0.047	-6.065	0.02	0.024	13.779	0.06	-0.713	0.139	-3.465	-0.047	0.035
高速	0.104	0.047	6.065	-0.02	-0.024	-13.779	-0.06	0.713	-0.139	3.465	0.047	-0.035

229

参 考 文 献

[1] 申丽君. 基于 AIMSUN 的城市交通流的仿真研究 [D]. 西安：长安大学，2007.

[2] 孔维轩. 城市交通系统中的最优路径算法研究及数据库优化技术实现 [D]. 上海：同济大学，2007.

[3] 王琛. 交通仿真系统平台的研究与开发 [D]. 上海：同济大学，2006.

[4] C Liu，X Meng，Y Fan.Determination of Routing Velocity with GPS Floating Car Data and Web GIS-Based Instantaneous Traffic Information Dissemination[J].Journal of Navigation，2008，61（2）：337-353.

[5] 庄焰，胡明伟，李德宏. 微观交通仿真软件 PARAMICS 在 ITS 模拟和评价中的应用 [J]. 系统仿真学报，2005，17（7），561-566.

[6] M Essa，T Sayed.A comparison between PARAMICS and VISSIM in estimating automated field-measured traffic conflicts at signalized intersections[J].Journal of Advanced Transportation，2016，50（5）：897-917.

[7] GDB Cameron，GID Duncan.PARAMICS-Parallel microscopic simulation of road traffic[J].Journal of Supercomputing，1996，10（1）：25-53.

[8] L Bloomberg，J Dale.Comparison of VISSIM and CORSIM traffic simulation models on a congested network[J].Transportation Research Record：Journal of the Transportation Research Board，2000，1727（1），52-60.

[9] 盖春英. VISSIM 微观仿真系统及在道路交通中的应用 [J]. 公路，2005（8）：118-121.

[10] M Fellendorf，AG Ptv.Validation of the Microscopic Traffic Flow Model VISSIM in Different Real-World Situations[C].Meeting of the Transportation Research Board，2001.

[11] 马建明，荣建，任福田，等. 信号交叉口微观仿真模型研究 [J]. 计算机仿真，2001，4：58-60.

[12] 孙晋文. 基于 Agent 的智能交通控制策略与可视化动态仿真研究 [D]. 北京：中国农业大学，2001.

[13] 邓兴栋. 城市宏观交通仿真系统架构与关键技术研究 [D]. 广州：华南理工大学，2010.

[14] 廖爱国，韩可胜，李光耀，等. 城市混合交通微观仿真系统构架设计 [J]. 计算机工程与设计，2006（9）：1681-1684.

[15] 苏岳龙，程思瀚，许闻达，等. 交通参与者行为模式分析和仿真系统架构设计与实现 [C]. 全国智能运输系统协调指导小组，山东省人民政府. 2008 第四届中国智能交通年会精编论文集. 北京：人民交通出版社，2009：644-649.

[16] 罗永琦，燕雪峰，冯向文，等. 动态数据驱动的交通仿真框架研究与实现 [J]. 计算机科学，

2014，41（S1）：459-462+480.

[17] 张驰，魏东东，兰富安，等.基于驾驶模拟技术的道路行车安全性研究综述[J].交通信息与安全，2022，40（4）：1-12+25.

[18] 魏朗，田顺，Chris SCHWARZ，等.驾驶模拟技术在汽车智能技术研发中的应用综述[J].公路交通科技，2017，34（12）：140-150+158.

[19] Kaber D B，Liang Y，Zhang Y，et al.Driver performance effects of simultaneous visual and cognitive distraction and adaptation behavior[J].Transportation research part F：traffic psychology and behaviour，2012，15（5）：491-501.

[20] KING L M，NGUYEN H T，LAL S K.Early driver fatigue detetion from electroencephalography signals using artificial neural networks[C].28th Annual International Conference of Engineering in Medicine and Biology Society.New York：IEEE，2006.

[21] SOUDBAKHSH D.Development of a novel steering control collision avoidance system[D]. Washington，D.C.：The GeorgeWashington University，2011.

[22] 杨建森.面向主动安全的汽车底盘集成控制策略研究[D].长春：吉林大学，2012.

[23] 高振海，吴涛，赵会.车辆虚拟跟随避撞中驾驶员制动时刻模型[J].吉林大学学报（工学版），2014，44（5）：1233-1239.

[24] DAVIDSE R J.Assisting the older driver：Intersection design and in-car devices to improve the safety of the older driver[D].Groningen：University of Groningen，2007.

[25] WANG X，WANG T，TARKO A，et al.The influence of combined alignments on lateral acceleration on mountainous freeways：A driving simulator study[J].Accident Analysis & Prevention，2015（76）：110-117.

[26] LEE C，ABDELATY M. Testing effects of warning messages and variable speed limits on driver behavior using driving simulator[J].Transportation Research Record：Journal of the Transportation Research Board，2008，2069（1）：55-64.

[27] YAN X，WU J.Effectiveness of variable message signs on driving behavior based on a driving simulation experiment[J].Discrete Dynamics in Nature and Society，2014（2）：1-9.

[28] 张驰，贺亚龙，黄星，等.雾天不同能见度条件下高速公路限速建议值研究[J].交通信息与安全，2018，36（5）：25-33.

[29] BELLA F.Driver perception of roadside configurations on two-lane rural roads：Effects on speed and lateral placement[J].Accident Analysis & Prevention，2013（50）：251-262.

[30] 戴骏晨.基于交通冲突技术的高速公路互通立交交织区交通安全评价[D].南京：东南大学，2016.

[31] YAN X，ABDEL-ATY M，RADWAN E，et al.Validating a driving simulator using surrogate safety measures[J].Accident Analysis & Prevention，2008，40（1）：274-288.

[32] 侯莉莉，方沂.基于PC-CRASH的道路交通事故分析及再现研究[J].天津职业技术师范大学学报，2013，23（1）：46-49.

[33] 高晶.基于VISSIM的驾驶模拟系统交通流仿真研究[D].昆明：昆明理工大学，2007.

[34] 梁星灿.货车分心驾驶行为对交通安全的影响研究[D].北京：北京交通大学，2021.

[35] 邓兴栋.城市宏观交通仿真系统架构与关键技术研究[D].广州：华南理工大学，2010.

[36] 徐建军，关志伟，刘晓锋.TransCAD在交通预测"四阶段法"中的应用[J].天津职业技术师范大学学报，2015，25（4）：46-49.

[37] 关醒权，闫磊，吴鲁香.基于TransCAD的公交客流预测应用研究[J].物流科技，2021，44（9）：76-80.

[38] 闫小勇，刘博航.交通规划软件实验教程[M].北京：机械工业出版社，2010.

[39] 王克红，赵磊.CUBE软件在宏观交通仿真系统中的应用[J].中国新技术新产品，2010，（2）：3-4.

[40] 徐子汉.高真实度微观交通仿真引擎关键技术研究与应用[D].成都：电子科技大学，2022.

[41] 蒲云，徐银，刘海旭，等.考虑多车影响的智能网联车跟驰模型[J/OL].吉林大学学报（工学版）：1-10[2023-02-04].http://kns.cnki.net/kcms/detail/22.1341.t.20221207.1230.003.html.

[42] Kerner B S，Konhäuser P.Structure and parameters of clusters in traffic flow[J].Physical Review E，1994，50（1）：54.

[43] 赵秀云，王健.VISSIM交通仿真软件模型的构建[J].科技创新导报，2020，17（2）：11+13.DOI：10.16660/j.cnki.1674-098X.2020.02.011.

[44] 谢秋荣.基于VISSIM平台应用技术研究[D].西安：长安大学，2017.

[45] 张存保，万平，梅朝辉，等.雨天环境下高速公路交通流特性及模型研究[J].武汉理工大学学报，2013，35（3）：63-67.

[46] 赵晓华，李海舰，李振龙，等.驾驶人交通特性模拟研究[M].北京：人民交通出版社，2023.

[47] 任贵超.不良天气条件下微观驾驶行为对交通特性综合影响研究[D].北京：北京工业大学，2019.

[48] 赵佳.基于驾驶模拟实验的雾天对驾驶行为影响的研究[D].北京：北京交通大学，2012.

[49] 秦雅琴，熊坚，高晶，等.驾驶模拟器与微观交通仿真VISSIM的数据接口研究[J].昆明理工大学学报：理工版，2007，32（1）：77-79.

[50] 中关村智通智能交通产业联盟，北京智能车联产业创新中心.北京市自动驾驶车辆道路测试报告（2021年）[R].北京，2022.

[51] 李宇轩.城市低速无人配送车行为仿真与投放策略研究[D].北京：北京工业大学，2023.

[52] 陈鹏飞.面向多用户的微观交通仿真系统优化技术研究与应用[D].成都：电子科技大学，2021.

[53] 汪宇轩.城市公共交通系统多维度评价模型研究与软件实现[D].南京：东南大学，2019.